梦山书系

尝试教学流派

——尝试路上的开拓者

主　编　邱学华
副主编　黄　勇　张伟俊　杨占良
　　　　聂林丘　冀要朋　王　成

海峡出版发行集团 | 福建教育出版社

图书在版编目（CIP）数据

尝试教学流派：尝试路上的开拓者/邱学华主编
. —福州：福建教育出版社，2023.6
 ISBN 978-7-5334-9629-6

Ⅰ. ①尝… Ⅱ. ①邱… Ⅲ. ①教学研究 Ⅳ.
①G420

中国国家版本馆CIP数据核字（2023）第043110号

Changshi Jiaoxue Liupai——Changshi Lu Shang De Kaituozhe

尝试教学流派——尝试路上的开拓者

主　编　邱学华
副主编　黄　勇　张伟俊　杨占良　聂林丘　冀要朋　王　成

出版发行	福建教育出版社
	（福州市梦山路27号　邮编：350025　网址：www.fep.com.cn
	编辑部电话：0591-83727542
	发行部电话：0591-83721876　87115073　010-62024258）
出 版 人	江金辉
印　　刷	福州万达印刷有限公司
	（福州市闽侯县荆溪镇徐家村166-1号厂房第三层　邮编：350101）
开　　本	710毫米×1000毫米　1/16
印　　张	19.75
字　　数	294千字
插　　页	2
版　　次	2023年6月第1版　2023年6月第1次印刷
书　　号	ISBN 978-7-5334-9629-6
定　　价	55.00元

如发现本书印装质量问题，请向本社出版科（电话：0591-83726019）调换。

"尝试教育理论研究"丛书

顾明远题

中国教育学会名誉会长、北京师范大学资深教授顾明远先生题词

智慧生成由尝试

人间无价是文章

为"尝试教育理论研究丛书"题

二〇一四年元月 柳斌

原国家教育委员会副主任、国家总督学柳斌先生题词

前　言

具有中国特色的尝试教学流派已在中国大地横空出世。

1982年11月，《福建教育》杂志刊登我的第一篇关于尝试教学的文章：《尝试教学法的实践和理论》，一石激起千层浪，开启了全国尝试教学研究的序幕，到今天已经历了整整40年。我的这篇文章犹如一粒种子，由《福建教育》播撒在中国大地上，生根发芽，虽几经风雨，但仍顽强地茁壮成长，40年来已长成为参天大树。尝试教学法已发展成规模宏大影响深远的尝试教学流派，它一直奋勇向前，势（试）不可当。

在历史的长河中，40年仅是一瞬间；而对一个人来说，是一生的工作时间。发表此文时，我48岁，正是风华正茂的青壮年，现在我已是88岁的耄耋老人。还好我身体尚好，思维清晰，庆幸自己还能亲自写文章和著书，或许对后人有所启迪。

尝试教学法从酝酿发展到现在的尝试教育，历经60年时间，其中20年酝酿初试，40年实验研究和推广应用。应用范围广、受益师生多。它已成为全国最具影响力的教学流派之一。

所谓教学流派，从汉语字面上讲，是指在教学方面比较流行，有自成一派的趋同现象。一般界定具有六个标志：一有独特的教育理念；二有代表人物，有教学流派的领军者；三有一定特色的课堂教学风格；四有代表著作，有一定的理论基础；五有信奉这个独特的教学理念和实施一定的课堂教学风格的群体；六是这种独特的教育理论和一定特色的课堂教学风格已受到教育界和广大教师的认可。以下用事实和数据论证尝试教学法已发展成比较成熟的尝试教学流派。

1. 应用范围已遍及全国31个省、市、自治区及港澳台地区，应用教师近百万，受教学生达三千多万，已有150多个市、县（区）大面积推广应用。它从普教发展到职教、幼教、特教领域。它已成为全国乃至世界规模最大的教学实验之一。

2. 理论层面已从尝试教学法升华为尝试教学理论和尝试教育理论，已构建成比较完整的理论体系。出版专著六十多本，有《尝试教学法》《尝试教学论》《尝试教学新论》《尝试教学策略》《尝试教学理论》《尝试教育研究》《尝试教学法简明读本》等；发表文章约三千篇。作者除教研人员和一线教师外，一些硕士、博士研究生也以尝试为主题撰写研究论文。有理论构建和评析文章，也有实验报告和经验交流文章。纵观国内外的教学流派，有如此深厚的理论和实践基础还是少见的。

3. 研究成果，先后荣获江苏省一等奖、特等奖，教育部二等奖以及2014年基础教育国家级教学成果一等奖。因此，在2014年第30个教师节时，我赴京领奖受到习近平总书记等国家领导人的接见。

4. 促进了教师专业化成长。在实验教师群体中涌现出近百名特级教师，几千名教学名师，这些都是尝试教学流派的领军人物。在尝试教育思想的引领下，已有几十位名师创立了各具特色的教学风格和教学主张。

5. 积极参与和促进了改革开放后的教学改革，服务于九年义务教育的实施，落实素质教育和创新教育，以及配合新课程改革的实施。它服务于教学改革，又在教学改革中得到发展。

6. 提高了教师参与教育科研的积极性，活跃了教育研究的氛围。每两年一次的全国尝试教育学术年会已坚持举行了二十届，另外每年还要举行各种研讨会、观摩会、赛课活动等培训活动，共计两百多次，每次都有几百至几千人参加。最多的一次是在广东佛山市体育馆举行的全国小学数学研讨观摩会，约有五千人参加。2020年由于疫情原因，全国第20届年会采用线上举行，4天时间前后有几万人参与，盛况空前。

7. 尝试教学的推广应用，主要的贡献在于培养人的尝试精神。"请不要告诉我，让我先试一试""做到做不到，试试就知道"已成为教育界的流行语。它极大地调动了学生的积极性、主动性和创造性。四川眉山师范附小的小学数学特级教师李志军，20年不布置家庭作业，但教学成绩达到高质量水平；内蒙古自治区阿拉善盟左旗塔尔岭小学是一所地处沙漠边缘，自然条件恶劣，教学条件简陋的多民族五年制简易小学，五个班级七位教师，在校长王旗荣（蒙古族）带领下，运用尝试教学法连续11年达到高质量水平，小学数学毕业班平均成绩最高达99.8分（满分100分），全班学生几乎都考100分了，创造了内蒙古小学数学教育历史上最好成绩；河北邯郸市永年县（区）在中小学各科全面运用尝试教学法，使教育质量得到了大面积提高。这对当前贯彻中央以减轻学生负担为主的"双减"政策，提供了一套科学的教学方法。

8. 尝试教育已走出国门，逐步走向世界。《人民日报（海外版）》《中国新闻》《新华社电讯》《中国教育科学》《教育研究》《课程·教材·教法》《人民教育》等刊物，多次向海外报道。1990年和2021年，我两次参加国际数学教育会议，并在会上发言。在广东深圳举行首届国际尝试学习研讨会，在澳门举行华人尝试教育论坛。论文已译成日文、英文、德文、俄文、韩文在国外发表。

以上从八个方面，用事实和数据，简要地介绍40年来尝试教学研究走过的历程和研究成果。它已成功地从尝试教学法走向尝试教学流派。

尝试教学流派是植根于中国大地具有中国特色的中国本土的教学流派。据鲁东大学苏春景教授研究，改革开放以来出现的新教法有130多种，其中产生全国影响的有16种，尝试教学法就是其中之一，而且是规模最大、影响最深、坚持时间最长的一种。尝试教学流派以尝试为理念，采用尝试教学"先练后讲、先学后教、先试后导、先行后知"为教育教学策略，我和我的弟子们及其追随者数十年行走在尝试的路上并成长起来了，这是尝试教学流派走向成熟的标志。

构建尝试教学流派的大军中，有四方面主力军。

1. 广大的一线教师。没有他们在课堂上应用，再好的教育理论也是一句空话，没有他们在教育实践中打磨，就无法发现问题，升华提高。

2. 各级教育行政机构、教科院（所、室）的领导和工作人员。当今的教育改革大都是在教育部门统一领导下有计划地进行的，没有他们的组织和支持，尝试教学法无法大面积推开，迄今为止已有150多个市县（区）全面推广尝试教学法。

3. 教育理论工作者的参与，其中有高等院校的教授专家。他们高屋建瓴，从理论层面上给予指导和帮助，例如顾明远、郭振有、刘佛年、柳斌、朱永新、苏春景、陈梓北、李伯棠、戴汝潜、袁振国、刘良方、汪刘生、宋乃庆、张奠宙、成尚荣、张梅玲、王坦、王如才、汪甄南等。他们在教育界威望高，影响大。

4. 新闻媒体的大力支持和宣传。尝试教学的研究，高速发展和长盛不衰，教育媒体功不可没。特别是教育部主管的《中国教育报》和《人民教育》，1985年，尝试教学法在受到打压的情况下，全国24个单位共同发起在常州举行第一次全国性的尝试教学法研讨会，《中国教育报》排除干扰派记者参加，会后率先在头版报道研讨会的情况，这在全国产生了极大的影响，先后报道了十多次，其中4次用整版介绍。《人民教育》曾两次出版专辑介绍，一次是"尝试教学专辑"，一次是"尝试教育专辑"。教育部主管的一报一刊，发行量大，影响大，对推动尝试教学法的发展产生了不可估量的作用，全国许多教育局和学校，都是看它们刊登的文章后决定参加实验研究或全面推广。发表尝试教学法第一篇文章的《福建教育》，更是追踪报道了近40年，开创了教育出版史上的新纪录。

这四方面主力军，凝聚起来，共同努力，创建了具有中国特色的尝试教学流派，他们都是尝试路上的开拓者和行走者，而且大都是无名英雄，令人尊敬。他们的参与、支持和帮助，我内心无限感激，终生难忘。

为此，我一直想编一本书，反映一线教师学习和研究尝试教学法的心路历程，以及亲身感悟。一年前开始策划组稿，现已基本完成。

本书的主角是一线教师，很多是20世纪80年代第一批实验教师，有的早已退休。他们用几十年时间，学习和应用尝试教学法，他们亲力亲为，体会最深，给后来者以启示。同时，他们又带领自己的徒弟和同行继续应用尝试教学法，代代相传。

本书作者中有很多是农村山区及少数民族地区的教师，他们本来"一穷二白"，尝试教学法观点鲜明，道理简单，操作简便，效果显著，深受他们欢迎。我推广的重点就放在农村山区和少数民族地区。我两上雪域高原西藏，十多次到新疆，跑遍云南各地州，二十多次到北大荒，十多次去内蒙古草原，二十多次深入湖南湘西贫困地区，其他各省市区到过一百多个县区。有些人讥讽我"邱学华有什么水平，只能跑跑农村"，我不以为耻，反以为荣，乐此不疲。我获得过许多荣誉称号，但我最喜欢的是著名教育家朱永新对我的一句评价："教育的光明使者，创造纪录的长者。"

本书的文章大都采用叙事形式，文笔简练，短小精悍，大都是亲身经历，发自肺腑，感人至深。本书提供了大量从尝试教学研究中成长起来的优秀教师的个案；书中一篇篇精美的短文、一个个精彩的故事，体现了尝试教育人的尝试精神和孜孜不倦的探索精神，为教师专业化成长提供了榜样，更有启迪和激励作用，所以这是一本促进教师专业化成长的参考书。

本书开头是我写的两篇文章，作为尝试路上引领的理论文章。接着是尝试教学流派中近百位骨干分子的文章，作者大都是我的学生或徒弟以及朋友，有的追随尝试教学法几十年，有的早已退休。根据文章的内容，分成10个栏目编排，便于读者查阅。

最后是"尝试教学研究之第一"作为附录。这里记录着：第一位实验教师、第一所实验学校、发表第一篇尝试教学法文章的教育杂志、第一个在全县推广尝试教学法的教育局局长、第一个承办全国尝试教育学术年会的学校……一共有三百多项。他们不怕风险、排除干扰、克服困难、勇当"第一"。他们在尝试路上给予我极大的支持和帮助，没有他们的支持，就没有尝试教学法的今天。我一笔一笔记在心里，永生不忘，感恩他们所做的贡献。这是一份尝试教育研究的重要文献，他们将永载史册。

这本书由福建教育出版社出版，具有十分重要的意义。我的第一篇尝试教学法文章《尝试教学法的实践和理论》由《福建教育》杂志于1982年发表，第一本尝试教学法专著《尝试教学法》，由福建教育出版社于1988年出版，由此在全国掀起尝试教学实验研究的热潮。尝试教学法从福州走向全国，功不可没。有人说，"福州、福州，有福之州"，的确如此，名不虚传。有些人把我当作福建人，我感到荣幸，也享受到了福建之福了。现今，尝试教学法已在全国推广应用，福建教育出版社又将出版《尝试教学流派——尝试路上的开拓者》一书，为尝试教育研究的开拓者和行走者叫好助威，我已是88岁的耄耋老人，这本书可能是我的收山之作。

福建教育出版社历经40年，从催生到助力尝试教学流派成长，这在中国图书出版史上是少见的，作为一个有70多年教龄的老教师，我无限感激。本书的顺利出版应该感谢该社教育理论编辑室的成知辛主任以及责编丁毅先生。

本书的组稿和编辑工作极其复杂艰难，作者来自全国各地，有的已经退休；文章要求短小精悍，言之有物，给人启示，尽可能保持统一格调。因而我邀请了六位副主编，协助我工作。特别是黄勇副主编做了大量的工作，从组稿、修改、文字录入、全书编排统稿，样样都做，工作认真，配合默契，是我的好助手。

编写这本书是我多年来的愿望，现在终于实现了，我心里特别高兴，也为我这个88岁老人还能做点工作而感到庆幸。尝试路还在行进中，我身体尚好，争取还能同大家一起肩并肩手挽手行进在尝试路上，祝愿尝试教学流派越来越壮大。目前重点研究尝试教育思想，着眼于培养人的尝试精神。希望有更多有志者参与，也希望得到教育界及社会各界的继续支持！欢迎读者继续同我交流（13776884613@126.com）。

邱学华

时年八十有八

2022年8月于常州香树湾

目 录

一、理论导引 ……………………………………………………… 1
邱学华尝试教育研究 60 年 ………………………… 邱学华 3
邱学华从事小学数学教育研究 70 年 ……………… 邱学华 25

二、专业成长 ……………………………………………………… 45
在我心中的邱学华与尝试教学法 …………………… 李志军 47
尝试教学引领我走向成功之路 ……………………… 王旗荣 52
我的偶像邱学华 ……………………………………… 房富本 57
尝试，邱学华老师送给我的法宝 …………………… 雷树福 60
从初出茅庐的小姑娘到特级教师 …………………… 李玲玲 63
结缘尝试　促我成长 ………………………………… 王　成 67
尝试处处看人生——恩师邱学华先生三记 ………… 王红梅 71
尝试教学理论，让我的教育人生有了诗和远方 …… 陈敬文 74
我的杏坛引路人——邱学华老师 …………………… 李素香 78
我是邱学华老师的正宗弟子 ………………………… 吴菊芬 82
遇见尝试教学迈出了教育人生出彩的第一步 ……… 刘佳伟 85

1

三、创新发展 ··· 89

邱学华与杜郎口中学 ··· 徐　利 91
永远的榜样 ··· 刘金玉 94
邱学华先生助我构建结构尝试教学法 ··· 王　俊 98
跨越三十多年时空的师生情 ··· 缪建平 101
尝试能成功——人生远足一路走来 ··· 黄传骅 105
我心目中的邱学华先生是中国的苏霍姆林斯基 ··· 林建华 108
我构建师徒互助尝试教学法的故事 ··· 门社强 110
"三重五步"作文尝试教学模式诞生记 ··· 相春喜 114
让世界了解中国的尝试学习理论 ··· 饶春平 117
探索脑科学研究成果在尝试教育中的转化应用 ··· 黄　勇 120

四、代代相传 ··· 125

邱学华老师是一种榜样 ··· 黄爱华 127
我的小学老师邱学华 ··· 钱耀海 128
我是邱学华小学数学高级研究班的"卢班长" ··· 卢专文 131
"尝试"引领我成长 ··· 鲁家宝 134
身边的榜样——我的老师邱学华 ··· 黄浪波 137
三代同场上课，尝试教育思想代代相传 ··· 郑水忠 142
我的师父和师父的师父 ··· 彭小强 144
子承父业，走上尝试之路 ··· 鲁正超 148
尝试教育思想代代相传 ··· 陆建英 150
学习尝试教学，传播尝试教学 ··· 林文伟 153

五、推广应用 ··· 157

邱学华与《福建教育》 ··· 陈笑晴 159

千万里我追寻着你——河北省永年县整体推进尝试教学法的经验教训
………………………………………………………… 杨占良 164
尝试教育促进区域教育优质均衡发展 ………… 黄耀学 168
洛龙区尝试教育联盟的诞生与发展 ……………… 冀要朋 172
区域推进，从尝试教学到尝试教育 … 徐 斌 刘 川 李 洪 175
尝试教育在山东省的实践与推广 ………………… 谢兆水 178
我们与尝试教育同行 ……………………………… 张伟俊 181

六、民族情怀 …………………………………………………… 185
尝试教学法在雪域高原开花结果 ………… 尼 玛（藏族）187
尝试教育理论走进锡林郭勒大草原 …… 达日玛（蒙古族）189
"教育的光明使者"到小街中学
………………………… 龙家文（彝族） 谢天录（哈尼族）191
"试一试"让我在教改之路踏歌而行
………………………… 阿依萨勒很·努尔哈特（哈萨克族）195
尝试教学法在苏尼特草原生根开花
………………… 巴达玛（蒙古族） 宝苏日嘎拉图（蒙古族）197
我在祖国边陲新疆霍尔果斯推广尝试教学法的故事 …… 刘香玲 199
邱学华湘西教育扶贫之路 ……………… 王本慈（土家族）202

七、港澳台地区 ………………………………………………… 207
尝试教学法在澳门 ………………………… 汪甄南（澳门）209
尝试教学让澳门的孩子快乐学数学 ……… 邵 敏（澳门）211
尝试教学法在香港的传播与发展 ………… 冯立荣（香港）214
尝试教学法是一种理想的教学模式 ……… 陈美莉（台湾）217

八、中小学教育 ·········· 221
邱学华是小学生的好朋友 ········ 邢 艳 223
走在尝试的路上 ············ 高 灿 226
尝试路上 追梦无悔 ·········· 霍芳欣 228
我是邱学华著作的"铁杆粉丝" ······ 谭 鹏 232
乘着尝试的翅膀与孩子一起飞翔 ····· 崔艳丽 235
尝试教育，从小处做起 ········· 牛逢源 236
尝试教学促进师生共同成长 ······· 王春艳 238
一堂课使"尝试教育"在我心中悄悄地生根发芽 ··· 颜木燕 240
尝试教学理念给我的启迪 ········ 张建伟 242
尝试教学让课堂教学改革真正发生 ···· 潘世菊 244
听邱学华先生上语文课《济南的冬天》有感
　　················ 张 微 薛燕霞 陈海燕 246

九、幼教特教 ············ 249
放手，让幼儿自主成长 ········· 卢 眺 251
邱学华与聋哑学校 ··········· 陆轶力 253
尝试教学在智力缺陷幼儿教育中的应用 ·· 丁 枫 256
尝试教学法在聋校数学教学中的应用——以"平方差公式"为例 ···
　　·························· 冯红兵 258

十、学生反响 ············ 261
四年级学生做五年级的应用题 ······· 许盈盈（小学四年级学生）263
神奇的数字编码 ············ 孙一迪（小学五年级学生）264
尝试，让我们打开知识的大门 ······ 路皓涵（小学五年级学生）265
我学会了"尝试" ··········· 靳吉祥（小学五年级学生）266

我们期待已久的好课 ················· 王　鹏（八年级学生）267
我喜欢的数学课 ················· 陈思诺（初中生）268
尝试课堂三部曲，我们赞成 ··········· 张凝露（八年级学生）269
尝试教会我成长 ··················· 王俞培（高中生）271
我们寻觅的"偶像" ·········· 大连师范学校三年级（1）班 272
听邱学华老师在澳门大学演讲有感 ··············
　　　　　　　　　··············· 姚　伟（大学四年级学生）273

附录　尝试教学研究之第一 ················· 275
一、研究人物方面 ····························· 275
二、研究论著方面 ····························· 280
三、媒体推介方面 ····························· 285
四、实验教师方面 ····························· 288
五、实验学校方面 ····························· 291
六、推广应用方面 ····························· 294

一、理论导引

　　尝试教学流派，现已发展成为中国最具影响力的教学流派之一，此流派主要以邱学华提出的尝试教育思想作为指导。

　　邱学华论著丰富，主要有两个方面：一是尝试教学，二是小学数学教育。这两方面是互相贯通的，尝试教学法就是在研究小学数学教法改革中产生的，邱学华把两者结合起来研究，互相促进，共同发展。邱学华先生《邱学华尝试教育研究 60 年》和《邱学华从事小学数学教育研究 70 年》两文是他最新撰写的两篇总结性文章，这是先生教育研究的精华之总结，集中体现了邱学华的教育思想，它们作为尝试教学流派的核心思想，进一步促进尝试教学流派的发展。

THE 14TH INTERNATIONAL CONGRESS ON
Chinese Mathematical Society
邱学华
论数学教育
人民教育
2011. 13-14
“尝试教学”专辑
人民教育
PEOPLE'S EDUCATION
“尝试教育”专辑
尝试教学论
尝试教育研究

邱学华尝试教育研究 60 年

常州大学尝试教育科学研究院　邱学华（院长）

　　邱学华最大的贡献是，他从自己的长期和不懈的探索中，找到了一种符合教育规律和切合中国教育实际、能够解决中国教育问题、具有中国特色的教育理论和实践模式——尝试教育。教育家之所以能被称为教育家，非常重要的是，他必须提出一个自己的鲜明的教育理念。"尝试教育"这个概念，可以说是邱学华的一大发现，一大发明和一大创造。

——中国教育学会常务副会长　郭振有

　　60 年，在历史的长河中，仅是一瞬间，可恰是人的一生宝贵的工作时间。

　　我从 20 世纪 60 年代，在华东师范大学附属小学搞教学改革时，萌发"先练后讲"的思想，这是尝试教学法的萌芽，历经千辛万苦，到现在终于形成了世界上规模最大的教学流派之一，整整花了 60 年时间。我从一个大学刚毕业的毛头小伙子，到现在已是耄耋老人，恰是人的一生。回首往事，历历在目。

一、尝试教学研究的历程

（一）准备阶段

此事要从 1951 年谈起，那时我足龄才 16 岁，由于家庭经济困难，高中一年级还没有读完，辍学在家。一次偶然的机会，我毅然到江苏常州乡下，去武进县塾村中心小学当代课教师。我当时还是一个不懂事的孩子，但我勤奋学习，刻苦做事，第二年转为正式教师，后来提拔当了教导主任、少先队大队辅导员、中心小学校长，在小学滚打爬5年。

5年的农村小学教师生涯，使我热爱教育事业，喜欢孩子，也使我有了许多困惑：为什么教师教得辛苦而得不到好的效果？为什么同一个教师教同一个班级，而学生成绩有差异？能不能找到使所有学生都能学好的理想方法……当时我只是一个高中才读了半年的辍学生，没法解决这些困惑，我决定报考大学。没有高中毕业的学历，考大学谈何容易，我只能一边工作，一边自学。1956年，我如愿以偿考入了向往已久的华东师范大学教育系。

我是带着问题进入大学的，好像一头饿牛闯入了牧场，如饥似渴地拼命学习。每天早早起来读外语，中午从不午睡，总是一吃完午饭就到教室去啃书，晚上则泡在图书馆。几年时间，我阅读了图书馆里大部分小学教育方面的藏书，读了许多世界教育名著。从教育理论著作中我发现，古今中外教育家的思想，虽各有特点，但都有一个共同的思想："相信学生，要让学生主动学习。"这个思想就成为我以后从事尝试教学研究的主导思想。

1960年，我以优异成绩毕业并留校任教。按照我的特长，教小学算术教学法。从一个农村小学代课教师成为一所重点师范大学的教师，我上大学非但没花一分钱，而且还要拿工资。我对祖国和人民培养的感激之情油然而生，我立志要为建设中国的教育理论发奋工作。

5年的小学教师生涯给我打下了教育实践基础，4年的大学教育系的学习又为我打下较为扎实的理论基础，这为我今后从事尝试教学研究做好了准备。

(二) 萌芽阶段

当了大学教师后，在我面前有两条研究的道路：一条是关起门专心搞研究，广泛搜集资料，汇集各方面的观点，再作理论上的分析，就能写出论文和专著，这种办法既省力又容易出成果；另一条是深入中小学搞教育实验和调查研究，再从大量的教学实践经验上升到理论，而教育实验周期长，又容易受外界因素干扰，往往既费时费力又难出成果。但我觉得第一条路大都是重复别人讲过的话，理论分析得再好也是别人的东西；第二条路虽然艰苦，但搞的是自己创造的东西，能够产生新方法、新思想和新理论。从古至今的中外大教育家，哪一个不是在长期的教育实践中产生他们各自的教育思想呢？我决定走出大学校园，深入教学第一线搞教育实验。

我主动向教育系领导请求到师大附小搞教育实验研究，为了工作方便还兼任副教导主任。决心已下，我把铺盖搬到附小教师宿舍和他们同吃同住同工作。我一边在大学上课，一边在附小搞实验。由于大学课不多，每周4课时，我大部分时间在附小，以至于很多人弄不清我是大学教师还是附小教师。

我当小学教师时遇到的困惑"教师教得辛苦，为什么得不到好效果"一直盘旋在我脑海中。经过长期的观察思考，我发现问题的根子出在"先讲后练、先教后学"的教学模式上，教师讲，学生听，教师问，学生答，学生始终是一个被动接受者。由此，我产生一个大胆的设想，改革必须从这个根本问题上开刀，能否反其道而行之，把"先讲后练、先教后学"改成"先练后讲、先学后教"？

"让学生先做题，然后教师再讲"，这种"先练后讲、先学后教"的办法其实就是尝试教学法的雏形。我和附小教师一同搞实验，发现这种方法效果好，学生兴趣提高了，学习成绩也上升了。但那时政治运动不断，无法搞系统的教育实验，后因"文革"而中断。

（三）初试阶段

"文革"中，家庭情况有了变化，在家乡常州，我妻子带着我的母亲和两个幼小的孩子下放农村去了。为了照顾家庭，我毅然离开上海，主动要求调到江苏溧阳县农村。到溧阳后，我被分配在一所农村中学。校长问我，你从大学来的，教什么学科呢？我说教数学吧。其实我心里明白，教中学数学我是不够资格的，我的数学知识充其量只有初中水平，而且多年不用，大部分都忘了。

我一边自学，一边教。先自学例题，看懂了再认真做练习题。做题遇到困难时，我又不好意思问别的教师，试想大学教师连中学数学书上的题目都不会做，岂不成了笑话？这样逼着自己思考，查阅参考书，直到弄明白为止。有了这样的亲身体会，我就知道学生学的时候难在哪里，该怎样去突破难点。学生反映邱老师上课听得懂，学得会，都喜欢上我的数学课。

后来我想，用这种方法自己都学会了，为什么不把这种自学的方法教给学生，这不是以前我在华东师大附小搞教育实验的办法吗？要求学生先自学例题，再做尝试题，遇到困难再听我讲解。我教的班级我做主，我坚持用这套"先练后讲"的办法上课。结果，我教的班级数学成绩在全县名列前茅。我的亲身实践为我在20世纪80年代启动尝试教学法实验研究做好了准备。

（四）实验阶段

"文革"结束，拨乱反正。我们全家回到家乡常州。

我被分配到常州市教师进修学院（后划归常州师范学校），负责小学数学教师培训，办起了全国第一个"小学数学教学研究班"，培训数学教研员和骨干教师，这为我开展教育实验创造了条件。

"先练后讲、先学后教"的新教法重新在我头脑中浮现，改革开放的大好形势鼓舞着我，时机已经成熟，1980年，我决定进行系统的教学实验，用科学的教育实验方法验证我的设想。

教师还没有教，先让学生尝试练习，然后教师再讲。改革的步子太大了，大部分教师都不能接受，不敢实验。我找到小学数学教学研究班的学员、劳动中路小学徐老师，他一口答应，就在他教的四年级数学课上开始实验。我制订了教学实验方案，大家共同上课，他上课我听，我上课他听。

由于有了20世纪60年代在华东师大附小的思考和初试，20世纪70年代在溧阳农村中学的亲自实践，加上在华东师大教育系已初步掌握了教育实验方法，因此实验工作按计划有条不紊地进行。一年后，实验班学生的自学能力和学习成绩大幅度提高。

在一次"三步应用题"测试中，学生自学课本后做尝试题的正确率，实验班达 88.2%，而普通班只有 54%。期末考试成绩，实验班平均分 96.5 分，而普通班平均分只有 80.6 分。在其他学校，实验班也取得同样的教学效果。实验取得了成功，实验证明：先练后讲是可行的也是有效的。原来大胆的设想，已经成为现实。

我当时有一个琢磨了很久的问题，即为这一新教法起什么名称，曾想用"五步教学法""探究教学法""引导发现教学法""先练后讲法"等，但都不理想。早晨骑自行车上班，是我思考的好机会，早晨空气新鲜，头脑清醒，心情舒畅，许多好主意都是在这时想出来的。一天早晨，在骑车上班的路上，我忽然想到，取名为"尝试教学法"。"尝试"两字在中国通俗易懂，而且能揭示这一新教法的本质特征，能够区别于其他教学法。学生先练是带有尝试性质的，教师先不讲，先让学生试一试，可能做对，也可能做错。我觉得用"尝试"比较贴切，比用"发现""探究"更切合学生实际。

我用了三个多月的时间，经过反复修改写成论文《尝试教学法的实践和研究》并在《福建教育》（1982 年第 11 期）上发表。意想不到的是，这篇文章发表后在国内教育界引起强烈的反响，"学生能在尝试中学习"的新观点震动了大家。各地教育杂志相继转载，各地教师纷纷开展实验。各地实验都取得成功，证明"学生能在尝试中学习"的观点是正确的、有效的，全国掀起了一股尝试热。

（五）挫折阶段

任何一种新教法的发展都不是一帆风顺的。

我的第一篇尝试教学法的论文《尝试教学法的实践和理论》在《福建教育》一经发表，立即引起小学数学教育界的轰动。学生能在尝试中学习，学生通过自学课本，先尝试自己解决问题；"先练后讲"的尝试教学模式颠覆了"先讲后练"的传统模式。这些新观点使大家耳目一新。它观点鲜明，又有可操作的教学模式，立即吸引了大家，掀起了第一波"尝试热"。四川省眉山师范附小李志军老师回忆，他 1983 年从中师毕业，分配到学校工作，第一次教研活动就是学习《福建教育》上我的文章，学校印发给教师每人一份。四川忠县教研室学习那一篇文章后，1983 年率先在全县开展尝试教学实验，一年之后，全县小学毕业班语数双科及格率，从1982年的13.1%上升到1984年的90.9%，提高幅度惊人。

正当我沉浸在实验初获成功的喜悦中，意想不到的打击已经来了。1983年10月，也就是文章发表不到一年，在西安举行的中国教育学会小学数学教育专业委员会全国第二届研讨会上，理事长李某在大会上公开指责说："不要提这个法那个法，小学生还能自学?!"大家心里明白他指的是尝试教学法。在教育杂志编辑座谈会上，他更指责《福建教育》杂志社陈笑晴同志说："你们办刊物的不要胡刊宣传这个法，那个法，国外的发现教学法不是也被批判了？"大家心知肚明，他是指《福建教育》发表邱学华的尝试教学法。会后，很多教育杂志的同行找到陈笑晴，表示，这种观点对当时的教学改革发展是不利的，纷纷表示对《福建教育》的支持。

当时"文革"刚结束，"极左"思潮尚未肃清，人们还存在着"唯上"的思想。参加会议的有省、市小学数学教研员和教育杂志的数学编辑，这位"权威人士"的话被当成"西安会议"精神传达到全国各地，一时间尝试教学法受批判的消息不胫而走。各地实验纷纷下马，有些教育杂志也不敢发表有关文章，有些单位本来想邀请我去讲学都不敢请了。在许多人眼里我成了有争议的人物。

西安会议后，《福建教育》认为尝试教学法符合教改方向，引导小学生自学没错，继续支持尝试教学法，并保持宣传的连续性。

《福建教育》顶住压力，旗帜鲜明地支持尝试教学法，龚总编反而加大了宣传力度。在《福建教育》编辑部的支持和鼓励下，我又继续写出"再谈尝试教学法""三谈尝试教学法"。《福建教育》又陆续刊登华东师大李伯棠、华中师大姜乐仁、河南大学陈梓北、中科院心理研究所张梅玲等教授的评析文章，以及各地教研员和学校实验研究的成果。这阶段，几乎每期都有尝试教学法的研究文章。《福建教育》旗帜鲜明支持尝试教学法的态度和实际行动，引起全国教育界的广泛关注，当年的《福建教育》的发行量是相当高的，读者群遍及全国。这给大家传递一个重要信息，尝试教学法没有垮，仍在继续发展。

《福建教育》编辑部除了有计划发表文章外还亲自参与尝试教学法的

研究与推广工作。1983年西安会议否定尝试教学法的观点逐渐淡化，《福建教育》高举支持尝试教学法的大旗使大家有了信心，许多学校坚持开展实验研究。为了把全国各地开展尝试教学实验学校凝聚起来，我们决定在江苏常州市举行第一次尝试教学法研讨会。当时遇到一个困难：用什么名义召开？大家商量用集体的名义联合举办，作为民间协作的合作教研活动。《福建教育》派陈笑晴全程参加，我们联系到全国24个单位共同举办，并邀请了教育报刊社。

这次研讨会于1985年4月在常州召开，意想不到竟有400多人参加会议，十多家教育报刊社派记者参加。当时民间的学术教研活动还不多见，《中国教育报》派记者张玉文到常州，临行前领导交代，到常州参会只听不讲，不表态，不报道。某些言论可能起了作用，张玉文记者到常州后，按领导指示低调行事。她在会上认真听取各地代表的实验成果和经验介绍，会后又采访专家和各地代表，听了示范课，亲眼看到尝试教学法彻底改变了传统的课堂教学，小学生完全能够通过自学课本，自己尝试去解决问题。所见所闻，使她惊讶和感动。邱学华原是华东师大的大学教师，他进行的尝试教学法研究，既不是上级布置的课题，也没有研究经费，出于对中国教育事业的责任感，不惧权威，不怕困难，自愿开展实验；各地代表都是为了同一个目标自发参与实验；尝试教学法教育理念先进，操作简便，效果显著。出于一个记者的良知，她连夜打长途电话向报社领导汇报。这位领导水平高，不相信外界的传闻，而相信自己的记者亲眼目睹的事实，立即指示张玉文，以最快的速度写篇新闻稿，用传真发至报社。会后，《中国教育报》以最快的速度在头版显著位置刊登了张玉文的新闻报道，标题为"常州等地开展小学数学尝试教学法的实验——这种教学法有利于培养学生的自学能力，有利于调动学生的积极性，减轻学生课后作业负担"。《中国教育报》是教育部的机关报，有很高的权威性，张玉文这篇新闻报道，在教育界产生巨大的影响，从此，尝试教学研究走出困境，踏上一个新阶段。

我国著名语文教学法专家、华东师大李伯棠教授首先提出尝试教学法同样可以在语文教学中运用。浙江省绍兴市语文特级教师周一贯先生在绍兴县许多学校开展语文尝试教学法的实验并取得成功,全国有许多学校开展把尝试教学法应用到常识、音体美等学科的实验。许多中学也自发开展尝试教学法实验。尝试教学法已从小学数学学科拓展到中小学各科,已成为普适性很强的通用教学法。

按理说尝试教学研究已大功告成了,但是广大教师迫切需要更具体的操作方法,理论上必须进一步提高,光靠写几篇文章是不能解决问题的。为此,我决定写一本专著《尝试教学法》。

当时工作十分繁忙,既要当校长,又要搞研究,还要到全国各地推广尝试教学法,我只能利用休息时间写作。白天利用点滴时间思考问题打腹稿,晚上抓紧写作。对我来说没有星期天和节假日,就这样前后用了将近一年时间完成了这本著作,由福建教育出版社出版。

该书从理论和实践两方面回答了"学生能在尝试中学习"的命题,并建立了比较完整的理论体系,对于如何在小学数学、语文、常识以及中学数学教学中的运用,提出具体的操作模式。我国著名教育家、我的导师刘佛年教授和日本国立横滨大学片桐重男教授为该书题词。此书出版后大受教师欢迎,推动了尝试教学法的推广与应用,几年里再版重印数次,总印数达十万多册,这在教育理论著作中是少见的。1989年全国首届教育理论著作评选,这是新中国成立以来第一次,参加评选的都是一些著名教育理论家撰写的著作,结果仅评选出49本书获优秀教育理论著作奖,出乎我意料的是,《尝试教学法》一书竟获此殊荣。

1992年,举行第六届全国尝试教学学术年会时,国家教委基础教育司专门发来贺电:"尝试教学法在十年来的实验中,取得了很好效果,目前已广泛应用于小学各学科的教学中,并且实验分布在全国许多省、自治区、直辖市,促进了我国各地教法改革的广泛开展。"

(六) 理论研究阶段

尝试教学实验研究发展迅猛,许多市、县都大面积推广,需要我亲临各地指导,同时尝试教学法还需在理论上进一步提高。而师范学校校长行政事务繁忙,我家住在常州城区最西边,而学校在最东边,每天骑自行车上班往返要两个小时。时间矛盾越来越尖锐,或当校长,或辞去校长搞研究。我思量再三，又作出一个出人意料的决定，辞去校长职务，集中精力深入搞尝试教学研究。许多朋友都劝我不要轻易辞去师范校长职务，"有官不当，有权不要，是傻子。""尝试教学法已经大功告成，见好就收吧。"我认为，个人当不当领导是小事，两亿多中小学生需要新教法是大事。主意已定，我坚决向上级提出辞职请求。1988年，我正式调离常州师范，到常州市教科所当一名普通研究人员。后来常州市委组织部把我作为知识分子能官能民、能上能下的典型。

辞去校长职务又婉拒了当所长的安排，在教科所做一名普通研究人员，这为我换来了最宝贵的时间。在师范当校长，我搞研究只能利用业余时间，吃了苦还要被旁人说"不务正业"。到教科所后，搞研究是我的正业，我可以正大光明全身心地投入，心情特别轻松愉快。教育局和教科所领导非常关心照顾我，一般不布置其他任务给我，让我集中精力搞尝试教学研究。

从1988年到教科所，直到1996年退休，这段时间是尝试教学研究大发展的时期。我从多方面抓紧工作，奋力攻关。工作千头万绪，十分繁忙，真是比在师范当校长还忙，不过都是自己主动要去做的，没有任何人逼我，再苦再累心里也是欢畅的。

从20世纪90年代开始，我有了新的思考："为什么尝试教学法在中小学各科都呈现积极的势头，是否证明了这是一种教育规律在起作用？尝试教学法是从小学数学教学开始实验，尔后发展到语文、常识等学科；又从小学发展到中学、大学；又从普教发展到幼教、特教、职教。大量的教学实践充分证明："学生能在尝试中学习"是带有普遍意义的，这凸显了一种教育规律。因此，我萌发了把尝试教学法升华到尝试教学理论的设想，提出"尝试教学理论研究与实践"的研究课题。

这项研究得到国家教委和中央教科所的支持，经全国教育科学规划领导小组审核批准，这个课题列入"八五"规划全国教育科学重点研究课题。尝试教学研究从此进入了一个新的阶段，一个雄心勃勃的研究计划开始了。

构建教学理论是一项复杂的系统工程，靠个人的力量是无法完成的，必须联合各方面的力量。经中国教育学会数学教育研究会的批准,成立了尝试教学理论研究会,把全国各地有志于进行尝试教学研究的同志凝聚起来,在各地建立实验学校。我以实验基地学校为依托,组织106个子课题配合,我的研究重点也逐步转向理论层面。

经过五年的研究,我终于写成了"尝试教学理论研究与实践"研究主题报告,106个子课题也相继写出实验报告和研究论文,汇编成近60万字的论文集——《尝试·成功·发展》,由湖北人民出版社出版。

1996年10月,在湖北省十堰市举行第八届全国协作区尝试教学学术年会,同时举行国家重点研究课题"尝试教学理论研究与实践"的专家鉴定会,全国教育科学规划办金宝成主任主持并委派以四川省社会科学院查有梁研究员为首的专家组进行鉴定。

专家组听了来自全国各地代表的发言,又听了运用尝试教学理论上的观摩课,然后再审阅课题的研究主报告。他们对研究成果给予高度评价,专家组鉴定意见中有三条主要结论:

一是尝试教学理论,主要是在中国古代优秀的教育思想基础上,升华出的现代教学理论。

二是尝试教学理论,从实践到理论已经历15年的实践检验。尝试教学法普适性强,已成为基础教育的重要教学方法之一,值得推广。

三是这一课题的成果,为基础教育的学科科学改革作出了卓有成效的新尝试。

国家重点研究课题"尝试教学理论研究与实践"通过专家鉴定,标志着尝试教学法已上升到尝试教学理论。这项研究成果在1999年荣获全国第二届教育科学优秀成果二等奖。

按政策,我可以延长到65岁退休,为了争取更多的时间和更大的空间,1996年我按时办理了退休手续。退休后,我在尝试教学研究上开始了新的征途。

"尝试教学理论研究与实践"研究课题虽已结题,但并不表示研究的结束,而是一个新的起点。一种教学理论的形成和发展,必须经过长时间的反复实践,并在教学实践中不断检验,不断提高,不断完善。同时还要加强理论建设，必须有厚实的理论基础。退休了，我更知道时间的宝贵，珍惜每一分每一秒，加快尝试教学研究的步伐。

从 1998 年开始，我着手编写"尝试教学理论丛书"，一套 8 本，有理论建设的，有中小学各科具体应用的，有幼教和职教具体应用的。这套丛书由教育科学出版社出版，它将不断充实和完善尝试教学理论体系，并作为奠定尝试教学理论的基石，这是一项艰巨复杂的系统工程。我没有助手，只能夜以继日地工作，编写、打印、校对、发行样样都干。几乎是每年出一本，直到 2009 年才全部完成。这 8 本书，总字数达 200 多万，花费了十年时间，没有一定的意志力是难以完成的。

这套丛书中最主要的一本是《尝试教学论》（近 50 万字）。该书从理论实质特征、历史源流、理论依据、操作模式，直到中小学各学科运用，比较完整地提出尝试教学理论的框架和实际应用。

（七）研究领域拓展阶段

"先让学生试一试"不仅仅是一种教学方法，而且是一种教育理念，一种教育精神。它有强大的生命力，拓展的空间是巨大的，随着教学改革的深入，研究领域不断拓展。

1998 年 10 月，我在湖南省张家界市举行的第九届全国尝试教学学术年会上作了"尝试教学是实施素质教育的有效途径"的主题报告，提出把推广尝试教学法同实施素质教育结合起来。论文发表在《湖南教育》（1997 年第 10 期）。

2000 年 10 月，在山东省济南市举行的第十届全国尝试教学学术年会上，我作了"在尝试中创新"的主题报告，把尝试教学与创新教育结合起来，完整地提出"学生能尝试、尝试能成功、成功能创新"的新观点。论文《尝试中创新》发表在《福建教育》（2000 年第 10 期），《中国教育报》开辟了"邱学华谈尝试与创新"专栏，连载 6 篇文章。

2002 年 10 月，在广州市举行的第十一届全国尝试教学学术年会上，我作了"尝试教学与新课改"的主题报告，把尝试教学理论同实施新课改结合起来。论文《尝试学习与新课程改革》发表在《福建教育》（2002 年第 11 期）。

2008年9月，在北京举行的第十四届全国尝试教学学术年会上，我作了"尝试教育思想的研究与实践"的主题报告，提出大尝试的构想，尝试思想不仅运用到课堂教学中，而且可以运用到学校管理、班主任工作、团队工作、课外活动、家庭教育中，构建尝试教育思想的理论体系。论文《请不要告诉我，让我先试一试》发表在《人民教育》（2011年第13—14期）。

2012年10月，在四川省宜宾市举行的第十六届全国尝试教学学术年会上，我作了"尝试教育理论研究与发展"的主题报告，进一步提出用尝试教育思想指导课堂教学，跳出智育看课堂，注重学生的全面发展，重点研究把尝试教育思想应用到德育中。出版了论文集《尝试教育研究》（2012年10月，北京师范大学出版社出版）。

随着我国教育改革形势的发展，尝试教育理论的研究与实践还需继续进行，目前正在筹划出版"尝试教育理论研究丛书"一套18本，准备再用6年时间完成。

从1980年开始，历经30多年的实验研究，尝试教育已取得了辉煌的成果。从理论层面上，从尝试教学法升华到尝试教学理论、尝试教育理论，再到尝试教育思想，已构建比较完整的尝试教育理论。著书60多本，发表文章200多篇，论文已译成英文、日文、德文、韩文等传播到国外。从实践层面上，尝试教学法已广泛运用到中小学各科以及职教、幼教领域，应用范围遍及全国31个省市区以及港澳台地区，应用教师超百万，受教学生达3000多万，成为全国乃至世界最大规模的教学实验之一。因此，该项研究成果获得"2014年基础教育国家级教学成果一等奖"。

二、尝试教学的要义

我对尝试教学研究长达半个多世纪，用了近20年时间酝酿思考亲自摸索实践，再用30多年时间进行系统的教学实验，不断探索、提高并进行理论概括，直到构建具有中国特色的尝试教学理论。我在长期的教育研究与实践中，形成一生中最重要的教育理念：

学生能在尝试中学习

学生能在尝试中成功

根据这个教育理念，我在教学实践的基础上逐步建立了尝试教学理论体系。这一教学理论的架构为：（1）以"先让学生试一试"为指导思想；（2）以"学生能尝试、尝试能成功、成功能创新"为理论核心；（3）以中华教育思想的精华为理论支撑；（4）以"先练后讲、先学后教"为操作模式；（5）以全国范围3000万学生为实验基础；（6）以长达40年的教学实验为实践检验。

（一）尝试教学的实质

"尝试"两字似乎是很普通的字眼，但它却蕴含着博大精深、不可估量的内涵、教育价值以及深刻的哲理。尝试是一种理念，也是一种精神。

尝试既然这么重要，为什么不把尝试思想引进教学活动中来？为什么不用"尝试"的办法教学生呢？正是这些想法推动我对尝试教学法长达60年的研究。柳斌先生曾说过："邱学华的贡献在于把'尝试'这个概念引进到教育、教学中，这本身是从哲学高度上进行思考。"

怎样用"尝试"的办法上课呢，不就是"先让学生试一试"吗？把本堂课要教的内容，先让学生试一试，练一练，学生才知道哪里已经会了，哪里还不懂，然后再听教师讲解。这不就是学生学习的本来面目吗？因此，尝试教学的实质可表述为：让学生在尝试中学习，在尝试中成功。它改变了传统的"先讲后练、先教后学"教学模式，不是先由教师讲解，把什么都讲清楚了，学生再做练习。而是先由教师提出问题，学生在旧知识的基础上，自学课本和互相讨论，依靠自己的努力，通过尝试练习初步解决问题。最后教师根据学生尝试练习中的难点和教材的重点，针对性地进行讲解。创设一定的教学条件，把学生的主体作用和教师的指导作用有机地结合起来，可使学生的尝试活动取得成功。

小学语文有一篇课文《小马过河》，把尝试的含义说得非常清楚。这篇课文，叙述了一匹小马要过河，老牛对它说水很浅，能趟过去。松鼠对它说水很深，会淹死的。弄得小马没了主意，回去问妈妈。妈妈对它说：光听别人说，自己不动脑筋，不去试试是不行的。你去试一试，就明白了。小马听了妈妈的话，去试了试，原来河水既不像老牛说的那样浅，也不像松鼠说的那样深。

这篇课文通过寓言揭示了辩证唯物主义认识论的重要内涵：认识来自实践，实践是检验真理的唯一标准。同时，它也说明"试一试"是学习的基本形式。这篇课文把尝试的含义说得具体形象。

对于尝试，邓小平同志高度概括成一句通俗易懂的话："摸着石头过河。"意思是，要知道河的深浅，不要站在岸上看，要亲自去尝试，摸着石头过河。他带领全国人民走上改革开放的道路，建设有中国特色的社会主义。"建立经济特区""一国两制"都是他伟大的尝试。

"尝试是创造的前提，尝试是成功的阶梯"，这两句话是简单朴素的真理，为世人所公认，充分说明了尝试的重要意义。

（二）尝试活动的界定

人的尝试活动至少由三个要素构成：（1）尝试活动的主体，指进行尝试活动的人，这是首要的条件；（2）尝试问题，既然尝试是一种针对性的活动，必须明确去尝试什么，解决什么问题；（3）探测活动，它是联系主体和问题的纽带，也就是尝试主体解决问题的过程。

现实社会中的尝试一般有四种：（1）生活中的尝试，是指学走路、骑车、做饭、穿衣服、拿筷子等，一般是属于技巧性的；（2）科学研究中的尝试，是指有目标的科学实验，一般是属于发现性和创造性的；（3）社会改革中的尝试，是指社会中的改革，如社会革命、经济改革、政治体制改革、医疗改革等，一般属于试探性、实践性的；（4）学校教育中的尝试，是指尝试教学、尝试德育等，一般属于学习性的。

根据以上分析，学校教育中的尝试是一种特殊的尝试活动，它既是尝试活动，又是教育教学活动。这种尝试活动具有三个特点：（1）通过学生的尝试活动达到学校教育中的一定目标，尝试问题非常明确；（2）学生是在班级授课制环境下的尝试，有教师的指导和学生之间的合作交流，它是一种有指导的尝试；（3）尝试形式主要是解决教师根据教育教学的目标所提出的尝试问题，任务比较明确和单一，又可以发挥教科书的示范作用，能够引导学生，争取尝试成功。

上述分析，说明我们所提的尝试，同美国著名心理学家桑代克在"尝试错误说"中所提的尝试是有区别的。桑代克的理论是从动物实验中的尝试引出的,这是一种盲目尝试,动物必须通过不断尝试,不断错误,才能掌握一种技能,把动物实验迁移到人的学习是不科学的。对人的学习来说,我主张"尝试成功说",而不是桑代克的"尝试错误说"。由于人的尝试学习,可以发挥旧知识的迁移作用、教师的指导作用、学生之间的互补作用以及教科书的示范作用,学生的尝试活动能够争取成功。我在《尝试教学论》中有一章专门谈"尝试成功说"阐明我的主张。

（三）尝试教学的特征

尝试教学活动有鲜明的特征,归纳成两句话:先练后讲,先学后教。其实这两句话是一个意思:先学生尝试练习,后教师指导讲解。传统教学的特征一般是"先教后学、先讲后练",尝试教学同传统教学截然相反,是"先练后讲、先学后教"。

从"先讲后练"到"先练后讲",从"先教后学"到"先学后教"引起教学过程的深刻变化:(1)学生的地位变了,从被动地位转化为主体地位;(2)教师的角色变了,从主宰者转化为引导者;(3)课本的作用变了,从习题集转化为自学本;(4)学生之间的关系变了,从各听各的转化为合作交流。

虽然只是前后位置的变动,但恰能引起课堂教学一系列的根本变化,而这些变化,不需要教师刻意去做,是"先练后讲、先学后教"尝试教学模式本身所决定的。

上面所讲的这些变化,如保证学生的主体地位,促进教师的角色转化,指导学生自学课本、自主探索,鼓励学生合作交流,都是新课程改革的主要教育理念。这里给我一个很大的启示,落实新课改的教育理念必须抓根本,抓住教学模式这个根本,从"先讲后练"到"先练后讲",从"先教后学"到"先学后教",一步走对,全盘皆活。

（四）尝试教学操作模式体系

尝试教学没有固定的模式,根据各种不同教学情况变化的要求,在长期教学实践中已形成一套操作模式体系。它有三大类。

第一类:基本模式(适用一般情况的常用模式)。分七步进行:准备练习—出示尝试题—自学课本—尝试练习—学生讨论—教师讲解—第二次尝试练习。

第二类：灵活模式（灵活应用基本模式的变式）。包括：①增添式（增加一步、两步）；②结合式（把自学课本与尝试练习结合起来、把学生讨论与教师讲解结合起来）；③调换式（自学课本和尝试练习调换）；④超前预习式（把前三步：出示尝试题、自学课本、尝试练习放在课前预习进行）。

第三类：整合模式（把尝试教学模式同其他教学模式整合）。我历来主张，提倡一种教学法并不意味着排斥另外一种教学法，它们之间不应该是对立的，而应该融洽，综合应用。实际上一堂课不可能只用一种教学方法，而是"一法为主，多法配合"。

尝试教学法有很大的兼容性，可以吸纳很多教育思想和教学方法，如目标教学、情境教学、合作教学、愉快教学、分层教学、结构教学、多媒体辅助教学等。因而各地学校可以创设各具特色的尝试教学模式，为课堂教学模式的创新留有巨大的空间。如洋思模式、杜郎口模式、宜兴实验中学的结构尝试教学模式、深圳松坪学校的"先学后研"尝试教学模式、河南罗山的愉快尝试教学模式等，给教师选择有较大的空间，达到既有模又无模的境界。

（五）尝试教学的实践效果

建立在"尊重学生、相信学生"教育理念上的尝试教学，充分发挥学生的主动性和积极性，有效地提高课堂效率，促进学生智能发展。

1. 有利于大面积提高教学质量，提高全民族素质。

近40年来有几万份实验报告和论文表明，运用"先练后讲、先学后教"的尝试教学法，都能取得积极的效果，不管是城市还是农村，不管是沿海还是边疆都能促使教学质量得到大面积提高。特别在边疆少数民族地区效果更为显著，西藏、宁夏、湖南、内蒙古等地的教育实践已经得到证明。藏族、蒙古族地区有的学校主动把尝试教学研究文章翻译成藏文、蒙文给教师学习。

2. 有利于培养学生自学能力，促进智力发展。

教师不先讲，为什么学生能做尝试题？靠的就是让学生自学课本，从课本中找到解决问题的线索。因而学生的自学能力大大提高，同时也促进了智力发展。

教学实践证明，一般经过一个学期的应用和培养，学生自学课本后，解答尝试题的成功率可达 80% 以上。一所薄弱中学的初二年级数学课，学习因式分解，先让学生自学课本 10 分钟，然后做 10 道因式分解题，全班正确率达 93.27%。

3. 有利于培养学生的尝试精神和创新精神。

尝试教学法的着眼点，是培养学生敢于"试一试"的精神。学生天天要上课，课堂的潜移默化作用是强大的，使学生从小就知道"做到做不到，试一试就知道""试一试，就有 50% 的成功机会"。

尝试是创新的前提，不去尝试，何来创新？四川省眉山师范附小李老师讲了一则案例：当年他教的小学生竟能做出高考数学题，后来这个学生考上清华大学。这个案例从某个角度说明尝试教学模式应是培养创新人才的模式。

4. 有利于提高课堂教学效率，减轻学生课外作业负担。

尝试教学模式一开始就向学生提出尝试题，让学生自学课本后先尝试练习，然后教师再针对性讲解。这样可以留有充裕时间让学生当堂练习，当堂解决。许多实验学校做到：小学不布置家庭作业，中学的家庭作业的时间，每门学科不超过半小时。当前，中央颁布了"双减"政策，减轻学生过重的作业负担，已提到政策层面，因而大家都在寻找一种既能减轻学生负担，又能提高教学质量的教学方法，尝试教学法是一个很好的选择。

5. 有利于促进教学改革，推动教育科学研究。

尝试教学法必定会促使教师的教育思想发生转变，必然引起课堂结构、作业批改、考试方法等一系列的改革。因此，尝试教学法的推广使用会引起学校教育的整体性改革，从而又能加快师资水平的提高。正如原宁夏回族自治区教育厅教研室主任周卫先生指出："尝试教学法在我区的推广与应用，其意义远远超过其方法本身，有力地促使教师的教育思想转变，使全区小学数学教学研究出现新局面。"

尝试教学研究，提高了教师参与教育科研的积极性。据不完全统计，几十年来撰写的实验报告、论文、案例有 10 万多篇，其中公开发表的文章有 3500 多篇。实验教师群体中已经走出许多特级教师和优秀教师，这是一笔巨大的财富。

（六）尝试教学对学生发展的深远影响

运用尝试教学法上课，其重要意义在于让学生掌握尝试学习的方式，培养学生的尝试精神。

无数事实证明，潜移默化的作用十分强大，教师天天给学生上课，他们所采用的教学方法对学生的思维方法和习惯产生巨大的影响。如果采用"教师讲、学生听"的注入式教学，教师把知识嚼得很烂喂给学生，学生只能被动地接受教师灌输的知识，什么都跟着教师走。长此以往，学生就会养成"人云亦云""依样画葫芦""随大流"等思想方法和习惯。

如果采用"先练后讲、先学后教"的尝试教学法，大胆让学生去尝试练习，在尝试中学习，在尝试中成功。这样从小培养学生"试一试"的精神，逐步形成一种敢于尝试、勇于创新的精神。他们长大以后对于不懂的事理，不会做的工作，都能有"让我试一试"的精神，自己去解决。这种敢于尝试的探索精神是极其可贵的。社会主义现代化建设就需要大批敢于尝试、敢于探索的闯将。

古往今来无数事实证明，人们尝试、探索精神的强弱，是一个国家、民族兴旺发达与否的重要标志。因此，作为一名教育工作者，目光要放远一点。采用什么样的教学方法，并不仅仅为了提高学生的学习成绩，而是关系到民族的素质、人才的培养和国家的兴旺。

"先练后讲、先学后教"的尝试教学法，要求学生以尝试的精神和自学的方法，自己去获得知识，解决问题。这种尝试学习方式同学生离开学校、走上工作岗位的自学方式是一致的。在学校里采用尝试教学法，已经在模拟学生走上工作岗位的自学方式，这样对学生的终身学习将会产生巨大的积极影响。尝试学习模式是创新人才的培养模式。

（七）尝试教学思想的历史渊源

尝试教学理论吸取了不断发展的中华教育思想的营养，继承和发展了中华教育的优良传统，是具有中国特色的教学理论。在中国这块沃土上产生和发展尝试教学理论，这是历史的必然发展。

我国教育历史悠久，尝试思想自古有之。

我国古代《易经》在其第四卦"蒙"卦中，石破天惊地指出"匪我求童蒙，童蒙求我"，意为师长不应强迫孩子学习，而应该等待孩子来求教。这表明中华远古教育文明从一开始就从原始的生命直觉提出"童蒙求我"，这在人类教育史上是非常了不得的发现。尝试教学法，先让学生试一试，使学生遇到困难，就会产生"童蒙求我"的需求。由此可见，尝试教学思想源自《易经》中的"童蒙求我"。

孔子的"不愤不启、不悱不发"的启发教学思想已经闪耀着尝试教学思想的光辉。孟子更明确说出，"我虽不敏，请尝试之"。我国最早的教学论著作《礼记·学记》中的名言："学然后知不足，教然后知困。知不足，然后能自反也；知困然后能自强。"这里已经显露出"先学后教、先练后讲"的特征了。宋代的朱熹主张，学生的最佳学习过程是自己读书，自己思考，反对别人把学习内容领会了再向学生灌输。

现代教育家陶行知、叶圣陶等都主张让学生自己去尝试学习。叶圣陶认为最好的学习方法是"唯有让他们自己去尝试"，并说："无论成功与否，尝试都比不尝试有益得多；其故就在运用了一番心力，那一番心力是一辈子要运用的，除非不要读书。"

所以说，尝试教学理论并不是我的发明，我只是吸取了中华教育思想的精华，并在大面积的教育实践中不断提炼、完善和升华，形成一套完整的教育理论体系。

三、 60年尝试教学研究引发的思考

60年的尝试教学研究，几乎用了我一生的时间，感慨良多，尝试教学研究发展的轨迹引发了我许多思考，或许能对研究中国教育理论的发展有所参考。

（一）教育实践是教育理论的源泉

尝试教学研究的发展历程证明一个颠扑不破的真理：教育实践是教育理论的源泉。为解决教育实际问题，在教育实践中产生的理论才有生命

力，才会受到广大师生的欢迎。我的许多新方法、新思想都是在教育实践中萌发出来的。

走出书斋，投身到教育实践中，虽然艰难困苦，但有取之不尽的泉源和无穷无尽的乐趣。在教育实验中应该平等对待实验教师，不要以指导者自居。不能单做指挥员，同时也要做战斗员，要亲自上研究课，取得第一手实验资料。

我能亲自给中小学生上公开课，成了我得天独厚的条件。我到各地讲学，都是先讲理论，再借班上课，这大受教师欢迎，他们觉得亲切可信。这样，走一地，传一片。这对推广尝试教学法起了极重要的作用。

(二) 继承和发扬中国教育思想，走自己的路

教育理论界也有崇洋媚外者，看不起自己的东西，翻开教育教学著作，多是外国的教育理论。纵观 20 世纪以来教育理论的发展，先是学日本，后来学美国，新中国成立以后又学苏联，现在又全面"开放"，外国各种各样的教育理论、教育思潮涌进中国。

事实证明，外国的教育理论并不能完全解决中国教育的实际问题。我们要继承和发扬中国教育思想，在改革开放以来的丰富多彩的教育实践中形成自己的教育理论，走自己的路。蓦然回首，我们的出路还是在中国深厚的教育和文化的根基上，还是在自己的国土上。

(三) 教育实验周期长，必须坚持长期作战

教育实验是一种特殊的实验活动。一是周期长，小学一轮是 6 年，中学一轮又是 6 年，一种教学理论和方法必须经受长期的检验；二是实验对象是学生，一般自然科学的实验，失败了可以重来，而教育实验失败了，将会影响孩子的心灵，是无法挽回的。必须谨言慎行，由点到面，逐步推开。

尝试教学研究已经搞了 60 年，到现在还在进行中，我准备再搞 10 年，到那时已是 90 多岁的老人了，如果身体条件允许，我还要干下去。一生中能做好一件事就不简单了，做一件事除非你放弃，否则你永远不会是失败者。

所以，搞教育实验的人，千万不能浮躁，不能急功近利，要耐得住寂

寞，要经得起诱惑。

（四）教育实验要面向农村，到最需要的地方去

在中国，有大部分的学校在农村。一种教育理论和教育方法如果在农村（包括山区）取得成功，才算是真正成功了。目前农村山区经济尚不发达，教学设备相对落后，教师水平也不高，这是我们考虑问题的出发点。广大农村山区教师急需的不是艰涩难懂的外国教育理论，他们需要的是教育观点鲜明，操作程序明确，表述语言清楚的教育理论，尝试教学理论正符合这些要求，因而受到他们的欢迎。锦上添花固然好，更重要的是雪中送炭。

我工作的重点在农村，在"老少边穷"地区。我几十次到黑龙江北大荒，十多次到湖南湘西山区，跑遍了云南所有的地州，两次登雪域高原拉萨，到过内蒙古阿盟阿拉善左旗最贫困简陋的简易小学。这样做我并不感到辛劳，反而觉得是我的福分。

一项研究成果不能写本书得个奖就算完事，这里也有把科研成果转化成生产力的问题。我们研究的目的，主要是为了广大教师掌握新思想和新方法，使孩子得到更好的教育。把自己关在书斋里讲空话是办不到的，去摇旗呐喊，应该放下架子到教学第一线扎扎实实去做推广工作。

朱永新在《中华教育思想研究》中指出："中国是一个人口大国、农业大国，农村小学占了绝大部分的比例，大面积、大幅度提高教育质量的关键首先在农村。现代教育家陶行知、梁漱溟等早已认识到这一问题，但真正取得成效的可能首推尝试教学法。"

（五）组织各方面力量，形成研究团队

把志同道合的人组织起来，形成研究团队，依靠集体的力量把尝试教学实验规模越做越大，这是尝试教学研究长盛不衰的重要原因。

我们在有关单位的支持下成立了"尝试教学理论研究会"以及"尝试教育科学研究院"，后来又开通了"邱学华尝试教学在线"网站（www.try-QXH.cn）、尝试教学流派微信公众号。有了研究、交流、展示的平台，能够把大家凝聚起来。

研究团队主要由四方面人员组成：一是各级教科所、教研室教研人

员；二是广大第一线教师；三是各级教育行政领导；四是高等院校专家教授。有了这支研究团队，再加上有3000多所实验学校作为基本队伍，就不会重蹈过去教改实验大起大落的覆辙。

我一再申明，尝试教学理论不是我个人的发明，而是集体智慧的结晶，是60多年来改革开放和教学改革的成果，凝聚了千千万万人的心血，绝非个人力量能够办得到。

（六）中国的教育理论要走向世界

由于历史原因，国际教育理论界很少听到中国的声音，我们缺少话语权，使外国人误解我们的教育还是封闭落后的，停留在20世纪三四十年代。这种状况与现象令人纠结。

我们要有自信，改革开放40多年来，我国在教学改革方面已取得骄人成绩，各具特色的新理论、新方法和新经验不断涌现，呈现出一派百花齐放的繁荣景象，现在中国的基础教育应该是世界一流的。

我尽自己所能使尝试教学理论逐步走向世界。尝试教学论文已译成日文、英文、德文、俄文在国外教育杂志上发表。中国新闻社、《人民日报（海外版）》《中国教育报》《中国教育科学》等主流媒体多次向海外报道。2011年在广东深圳举行首届尝试学习理论国际研讨会。美国佛州大学教授、国际著名智能测量专家瓦格纳指出："它的'先学后教、先练后讲'思想将学生推向前台，有利于学生更有效地、主动地学习，有利于教学的创新。""尝试教学理论在中国得到广泛应用，这是世界上最大规模的教育实验之一"。日本国立横滨大学片桐重男教授指出："尝试教学法先让儿童进行思考讨论，然后给予指导，它不失为一种理想的方法。"澳大利亚南澳州教育厅课程开发中心专家约翰·特纳指出："我认为邱先生主张尝试学习和澳大利亚许多学校里好的教学实践之间有很近的相似性。""而据我所知，很多中国班级班额都很大，所以我认为邱先生的尝试学习方式更适合中国学校的实际情况。"1990年和2021年，我两次应邀参加国际数学教育大会，并发言。1991年，受日本新算数教育研究会的邀请赴日本讲学。尝试教育理论已引起国际教育界的关注，正在逐步走向世界。

邱学华从事小学数学教育研究70年

常州大学尝试教育科学研究院　邱学华（院长）

邱学华的探索与创造远不止"尝试教学法"，特别是对小学数学教育改革的贡献，所涉及的范围之广在当代是绝无仅有的。

——中国教育科学研究院　戴汝潜

1951年，我开始在农村小学当代课教师，到现在已从教70年，中华人民共和国成立后的8次课改我都亲历，3次参与小学数学课本的编写，进行了30多项教育实验研究，出版了300多本书，发表了800多篇文章。70年来，道路坎坷，当过小学教师、大学教师、中学教师、师范学校教师、教科所教研员，有幸的是我始终没有离开我眷恋的小学数学，直到现在我已88岁，还坚持在教学第一线。

现在教育界对我的身份有各种不同的看法，有的认为我是著名的小学数学特级教师，有的认为我是专门研究教育理论的大学教授，有的认为我是从事学校管理的优秀校长……他们说的都没有错，我虽是师范学校特级教师，但我写了大量小学数学教育的文章，又在全国各地上了不少小学数学公开课，把我当成小学数学特级教师，我感到荣幸；我为了研究尝试教学法，写了众多的教育理论方面的著作，拙作《尝试教学法》曾获全国首届优秀教育理论著作奖，但把我当成大学教授是误解，不过江苏省教育厅为了表彰一批为基础教育作出贡献的已退休的老教师，我被评为"中小学荣誉教授"；我虽当过小学校长、中学校长、师范学校校长以及民办学校的总校长，但都没有当好，说我是优秀校长，受之有愧。上面所说，可以使读者对我有个全面认识，我是一个长期深入教学第一线的教育理论工作者，走的是一条理论联系实际的道路，这是形成我的数学教育观的基础。

一、我的学生学情观

小学生是6—12岁的儿童，特别要注意小学入学年龄已提前到6岁。中国是有14亿人口的大国，小学生就有2亿多。中国地域辽阔，经济发展不平衡，有经济发达的沿海地区，也有边远山区经济欠发达地区。这是我们考虑一切教育问题的出发点。

面对2亿多6—12岁的孩子，我们必须谨言慎行。必须根据儿童的年龄特点、心理特征、接受能力，决定教学内容、教学方法、教学手段。任何重大决策，应该通过教育实验，逐步推广。不能一哄而起，万一失策，影响2亿多小学生这就成了大问题。

从目前实际情况来看，小学生负担过重，原因比较复杂，它既有教育问题，又有社会问题。但大家忽视了一个重要原因，就是小学数学教材内容太多、太深、太难。

我以1992年颁布的《九年义务教育全日制小学数学教学大纲（试用）》为基准，同现行的2011年版数学课程标准相比较，小学部分增加了五方面内容：(1) 概率初步知识；(2) 统计初步知识；(3) 图形与位置认识；(4) 特殊解法的应用题；(5) 综合与实践活动。教学这五方面增加的内容，估计也得多花100多课时。而以前是每周6课时，现在是每周5课时，小学六年共计减少216课时。这样一增一减，就相差300多课时。再加上有的地区在数学课程标准之外搞拓展课程，又用弘扬数学文化的名义增加大量数学史资料。这对一个6—12岁的儿童来说，怎能受得了呢！我认为这也是小学生的负担始终减不下来的主要原因。何况许多内容到中学都要学习，何必提前到小学去为难小孩子呢！听说数学课程标准正在进行修改，已经关注以上问题，这是一件好事。

从许多欧美国家的小学数学课本来看，内容较浅，要求也不高，三、四年级还在学百以内四则计算，可是终点（高中毕业）的数学程度比我国高，大都要学微积分。他们采用的是"前松后紧"的办法。而我们的做法，恰恰相反，采用"前紧后松"的办法，小学数学内容太多、太难，特别是什么都要从娃娃抓起，大家都要站第一排，造成一年级的内容特别多、特别杂，使孩子从以游戏为主的幼儿园进入小学后，立即进入了"苦海"，孩子怎能受得了？小学生年龄小，少学一点，学慢一点，以后随着年龄的增大，再学多一点，学快一点，这符合学生的认识规律。我国的"前紧后松"做法，值得好好反思。

小学生、小学数学，都姓"小"，我们要以"小"字着眼，从"小"字上思考问题，分析问题，从"小"字决定教学策略和教学设计。时刻注意我们面对的是6—12岁的孩子，千万不要把他们当作成人，把他们当作什么都可以装进去的口袋。

由浅入深，循序渐进，是人类认识事物的规律，也是学生学习的规律。小学生年龄小，正是长身体增智慧的黄金时期，所以学习的内容要少而精，起步慢，步子小，让学生有多一点的自由活动的时间和空间，这是每一位教师必须知道的常识。不能一边高喊减轻学生负担，一边以各种名义增加教学内容，提高教学要求，布置过多的课外作业。

二、我的课程教材观

这个问题同前面第一个问题是紧密相连的。我们必须根据小学生的年龄特征和所处的实际情况来决定数学课程和数学教材。

目前的课程教材尚有不足之处，但总的来说，中华人民共和国成立70多年来，历经八次课改，已有很大的发展。我的课程教材观的核心是中国的小学数学应该立足中国，放眼世界，走中国化的道路，建立具有中国特色的新时代的小学数学教材体系。

70多年来，我们一直在探索走中国化道路，目前小学数学教材中已经渗入了许多中国元素：

1. 乘法口诀（根据汉字特点是世界上独有的）。
2. 珠算（算盘的认识，还应增加珠算加减法）。

3. 加强口算，特别是 20 以内加减法，表内乘除法。

4. 按中国计数特点，有个级、万级、亿级，把整数四则计算划分为百以内、万以内、多位数几个阶段。（欧美的计算单位只有"千"，没有"万"，一万称为十千，以前教材跟着西方只有"千"以内）

5. 先学小数，后学分数。因为儿童先接触小数，常用的也是小数，从小学生的实际出发，先学小数有利。而欧美是先学分数，再学小数，因为从理论上讲，小数是十进分数，应从分数的基础上，理解小数。

6. 根据数形结合的观点，把数与代数、图形与几何、统计与概率、综合与实践四个领域有机地结合起来，编排小学数学教材。欧美大都以整数、分数、小数四则计算为主。

7. 加强变式练习，把中国教师的经验列入教材中。主要为了防止学生形成思维定势，发展学生思维能力，加深知识的认知广度和深度。

目前，具有中国特色的小学数学教材体系正在逐步发展中。

面对 2 亿多小学生，我国的小学数学课程标准和教材始终解决不了一个重要问题，就是一个课程标准，无法适应各类地区的小学生的要求。因为统一标准和要求致使沿海发达地区学生吃不饱，边远山区学生吃不了。20 世纪 90 年代，大纲和教材采用一部分较难的内容作为选学内容，有些难题打上 * 号。根据当地情况，选学的内容可以不学，打 * 号的题目可以不做，而且不作考试内容，这种做法缓解了上述矛盾，可以参考。

最后，我想说一个观点：课程标准和教材应有权威性、严肃性。课程标准是由教育部颁布，是一种法律文件，课本是由许多专家根据课程标准要求编写的，这是我们进行课堂教学的依据。可是从目前实际情况来看，随意拔高、随意增加非课标内容的现象比较突出。

有的名师上"圆周率"一课，他大谈圆周率的发展史，从中国古代的"周一径三""祖率""微率"，一直谈到外国的圆周率发展史，美其名曰弘扬数学文化。有的名师给小学讲"莫比乌斯环"，这是德国数学家莫比乌斯首先发现的，是把一根纸条扭转 180 度后，两头再粘接起来做成的纸带圈，它的曲面从 2 个减少到只有一个，作为一种典型的拓扑图形。当然这堂课学生感到很新奇，像做游戏一样。这个内容在小学教材中当然不会有，到中学也没有，要到大学学习拓扑学才接触到。以上两堂课如果在课外活动中给有兴趣的学生讲，并无坏处。可是在一本权威的教育杂志作为名师课堂实录介绍出来影响就大了。大家都把名师的这堂课作为经典，都在课堂上给小学生讲"莫比乌斯环"。

另外，要特别指出，目前很多教师在教学设计上丢开课本另搞一套。明明课本上写得清清楚楚学生可以自己看，可是，还要教师用电脑做成课件。这样做既增加了学生的负担，也增加了教师的负担，华而不实，误人不浅。

三、我的教育哲学观

教学活动是教与学的双边活动，是特殊的认识活动，是极其复杂的。它存在着多种多样的矛盾，如果处理不好，一会儿偏重这一边，一会儿偏重那一边，会引起左右摇摆，出现问题。例如教与学是一对矛盾，过分强调教师的作用，会忽视学生的主体作用；过分强调学生的作用，又会造成削弱教师的指导作用。讲与练是一对矛盾，教师讲多了，会侵占学生练习时间，变成满堂灌；学生练多了，会影响教师讲解，变成题海战术，学生一知半解。加强基础和创新教育是一对矛盾，过分强调基础训练，会抑制学生创新精神；过分强调发展创新思维，又会削弱基础训练等等。

不能热衷于这个"论"那个"论"，却忘了一个最重要的辩证唯物主义认识论。教师要学一点哲学，现在是应该认真学习辩证唯物主义认识论的时候了，特别是毛主席的两论：《实践论》《矛盾论》。

我认为不能孤立地看问题，任何事物都有两面性，有长处也有短处，有优势也有弱处，不能强调了这一面，忽视另一面。我们要把矛盾的双方结合起来，做到对立统一。这是教育哲学中的核心思想。

中国古典哲学中充满着辩证思想，如"水能载舟，也能覆舟""食物用之得当则养生，用之不当则伤人"等。从古代的天人合一，到王阳明的行知合一，再到陶行知的教学做合一，都强调矛盾双方不应互相排斥，而应强调对立统一，做到互相结合。怎样结合？"恰到好处"应该是最高境界。

我们应该用辩证的哲学观点去分析和解决数学教育中的各类问题，研究如何做到"恰到好处"。下面举几例分析。

例1：结果重要还是过程重要？

这个问题一直有争论，好比先有鸡还是先有蛋的问题。以前过于关注结果，忽视过程。如只关注学生计算的结果是否正确，对计算过程是否合理、简便，是否有独到见解并不关心。

现在有些人从一个极端走向另一个极端，即偏重过程，忽视结果。说什么"结果如何并不重要，重要的在于过程""学到什么知识并不重要，重要的在于掌握方法和能力"。在这种思想指导下，不去追求计算结果的准确性和科学性，不去关心学生掌握基础知识的程度，不敢谈论学生的考试成绩，使数学教学进入另一误区。持这种观点的人，大概是害怕戴上应试教育的帽子，是在一定数学教学的观点下唱的"高调"。

其实，结果与过程是紧密联系在一起，不可分割的。没有过程，何来结果？没有结果，过程何用？这是一个非常简单的道理。结果与过程哪个重要？它是一个伪命题，引导大家走进误区。因为它是一个事物的两个方面，紧密在一起，互为因果，不存在哪个重要哪个不重要的问题。

在学生解题过程中，既要重视解答结果，又要重视解答过程；既要关注学生学习的结果，也要关注学习的过程。两头都要抓，缺一不可。

2011年版数学课程标准已经清楚地指出："在呈现作为知识与技能的数学结果的同时，重视学生已有的经验，使学生体验从实际背景中抽象出数学问题、构建数学模型、寻求结果、解决问题的过程。"其实这句话把结果与过程的关系阐述得非常明确透彻，特别是"同时"两字，用得特别恰切。

例2：结果唯一性与结果开放性哪个重要？

同上例一样，这也是一个伪命题，没有哪个重要的问题，而是两个都重要，要把双方结合起来，让学生分辨什么情况下结果是唯一的，什么情况下结果是可以开放的。

过去，过分强调结果唯一性，容易造成学生思维定势，不利于学生处理复杂多变的数学问题。提倡开放题后，强调结果的开放性，促使学生从不同角度、不同方法、不同范畴去分析问题和解决问题，有利于发展学生思维的灵活性、深刻性和独创性。但是结果开放性是有条件的，这一点必须十分注意。

有一个教例："文具店里有一种铅笔盒，每个15元，带100元钱，最多可以买几个？"这是一道有余数的除法，大多数学生的计算结果是6个，可是有一个学生回答说："最多可以买7个。"问他为什么，他说可以要求售货员打折。结果这个学生反而受到教师的赞赏，夸他聪明，思维灵活。

这个教例有争议，有的说这个教师做得对，有的说这个教师做得不对。我的观点很明确，这个教师做得不对，而且是有害的，会误导学生。

结果开放是有条件的，题目中并没有"可以要求售货员打折"这个条件。数学是严密性极强的科学，条件不能更改，也不能增添，严格按照所给的条件进行合情推理。不能把所有的题目都当成开放题。如果从小不注意这个问题，随心所欲，使学生思维混乱，会贻误孩子的一生。如果为了培养学生思维的灵活性和独创性，上面这道题后面可以增加一问："你想什么办法，可以多买些？"这样可以让学生分辨，什么情况下结果是唯一的，什么情况下结果是开放的。

这里还应实事求是地指出，就小学数学范围来说，主要是最基础的数与计算，结果唯一是普遍的，结果开放性是少数的，是有条件的，结果开放性的题目不宜太多，以免造成小学生思维的混乱。我们要做到"恰到好处""适可而止"。

我不是专门研究哲学的，但我切身体会到，作为一个数学教师，不要迷恋于这个"论"那个"论"，要认真学习辩证唯物主义认识论，特别要读懂、读通毛主席的《实践论》《矛盾论》，以此来分析、思考、处理数学教学的复杂多变的教育现象，才能不迷失方向，走科学正确的道路。

四、我的教育规律观

教学过程充满矛盾，复杂多变，但并不是杂乱无章，而是有规律可循的。古今中外无数教育家都在探索教育规律。70多年来，我也在不断学习和研究教育规律。

教育规律是教育现象发展过程中的本质联系和必然趋势，不以人的意志为转移。正像搞经济建设要按照经济规律办事，不按经济规律就要受到惩罚一样。教师搞教学工作也要按规律办事，不按教育规律办事，也要遭到惩罚，叫你辛辛苦苦，收效不高，真有点"顺我者昌，逆我者亡"的意思。

我从教 70 多年，有深切的体会，可是《教育学》《教学论》都是厚厚一本著作，有些教师看了也不得要领，我把最重要的，体会最深的几条提出来，和大家分享。

第一条：学生学习必须通过他自己大脑的积极活动，才能完成，旁人是无法代替的。

这是"以学生为主"的重要理论根据，从认知心理学的观点分析，学习是知识内化的过程。不通过学生的大脑思考分析，怎能理解知识？这是当教师的要懂的最简单的道理。所以教师要让学生自己学是重要的一条。

我在华东师范大学教育系读书的时候，读了古今中外教育家名著，得出一个结论：他们虽然观点和主张各有不同，但在有一点是相同的，都主张让学生自己学，教师不要包办代替。陶行知先生说得特别通俗明白：

"教学、教学，教学生自己学。"

第二条：练习是掌握知识和巩固知识的必要途径。

练习题是知识的载体，数和图形的认识、方法、思路、公式、定律大都可以通过习题来体现。所以学习数学，离不开练习。同时，练习也是检验学生理解和掌握数学知识的试金石。我在做学生的时候，就有深刻的体会，听教师讲解时，我还糊里糊涂，直到自己做过题目后，才豁然开朗。许多优秀数学教师的经验都是重视练习，把尽可能多的时间让学生练习。目前"讲多练少"的现象尚很严重。有的教师整堂课都在搞一对一的探究活动，甚至没有拿起笔做练习。这种课精彩无比，会获得满堂彩，受到听课教师的欢迎。但我是不赞同的，这将会误导教师，认为这是好课，大家都来学习。这种课仅是表演而已，不是真正的好课。我根据教育规律，联系自己一生的经历，体悟到两句话：

"学生真正意义上不是听会的，而是练会的。"
"一堂没有练习的课，不能算是成功的。"

第三条：遗忘是客观存在的，学生学习必须巩固复习。

人人都会遗忘，除非极个别天才，会做到"过目不忘"，但有一些无关紧要的东西，他还是会遗忘。

其实遗忘是大脑的一种保护性措施，如果一个人从小事事处处都能记住，他的大脑要崩溃的，因为无法装下。为了保护大脑，只能把重要的、印象深刻的、反复出现的记住了，把无关紧要、印象不深的、出现机会少的遗忘掉。所以遗忘是一种生理现象，一种正常现象。责怪学生"怎么又忘了"这是教师不懂这条教育规律。

目前，有些数学教师教学质量不高，其原因之一，是这些教师只重视上新课，忽视复习旧课。上课时，辛辛苦苦地教，但过后不重视复习，结果学生遗忘了许多，这是教学上最大的浪费。以前，我曾写过一篇文章，把不重视复习的教师比作喝醉酒的马车夫，只管装货，不知把货物用绳捆牢，结果到目的地回头一看，货物全丢了。

关于遗忘规律很多心理学家都在研究，其中最有名的是德国心理学家艾宾浩斯，他根据大量的实验数据提出著名的遗忘曲线，现称为艾宾浩斯遗忘曲线。他指出，学习的新知识，随着时间的推移，逐步被遗忘，特别是当天遗忘得最快，只剩下25%了。

我们的祖先几千年前就知道人是会遗忘的道理，我国伟大的教育家孔子早就提出"温故而知新"的道理，宋代的朱熹更进一步提出："须是温故方能知新，若不温故便要求知新，则新不可得而知，亦不可得而求矣。"

记得建国初期，学习苏联教育经验，听到一句口号"教师要同遗忘作斗争"，也是这个道理。

"教新课，别忘了复习旧课"，这是有经验教师的座右铭。我认为最好的办法是把复习旧课渗透到新课教学，把两者有机结合起来，具体做法归纳成一句话：

"导入新课时，以旧引新；当堂检测时，以新带旧。"

导入新课一般采用在旧知识的基础上引出新课题，这是数学教材的特点所决定的。一般新知识大都是在旧知识的基础上引申发展起来的，所以"以旧引新"符合数学教材的特点，在新旧知识之间架起一座桥梁，是科学的有效的。

"当堂检测时，以新带旧"，我提出的六段式课堂结构，倒数第二段是"当堂检测"，把这堂课的内容集中练习一下。我要求设计练习时，不但要有当堂的练习内容，还要有旧知识的练习内容，所以叫以新带旧，在练习新内容时，顺带把旧知识带出来。这样的做法，既有利于提高学生辨别新旧知识的能力，防止清一色的练习形成思维定势，又有利于旧知识反复巩固，防止遗忘。这是搭便车的办法，一举两得。

第四条：学生的学习过程是一个逐步积累的过程，不能靠突击，必须加强基本功训练，打好基础永远是最重要的。

从儿童的年龄特点分析，他们正是长身体的发育阶段，大脑也在不断发展的过程中。因此，学生的学习必然是逐步积累的过程，不能操之过急，拔苗助长。特别要重视打好基本功。

重视打好基础，进行基本功训练也是中国优良教育传统之一。千百年来，我们祖先留下许多智慧警句："一日练，一日功，一日不练十日空""只说不练，假把式""拳不离手，曲不离口""基础不牢，地动山摇"。

对小学生数学学习来说，百以内基本口算是一切计算的基础，它是重中之重。我对基本口算教学研究了几十年，早已证明"口算是笔算的基础"，小数和分数四则计算通过一定的变形，大都是百以内四则计算的问题。中学数学中的有理数运算，整式和分式的运算，代数方程式的运算，通过变形，其数值计算大都也是百以内四则计算。所以，学生的计算能力的高低取决于百以内口算的熟练程度。有些高年级小学生和中学生的计算错误，大都由于百以内口算不熟练所造成。所以我在1980年代初期提出一个结论：

"计算要过关，必须抓口算。"

为此，低年级的百以内四则计算教学应该认真对待，不要以为数目小，方法简单，就贪多求快。教学时，应该在理解的基础下，加强口算基本训练，不但要求会算，还要达到熟练。

有一个现象已引起大家关注，学生在低年级时成绩都很好，为什么到三年级成绩下降了？究其原因主要在于，低年级学百以内四则计算，由于数目小，方法简单，慢慢算，都能考高分，没有速度上的要求。待到三年级，数目大了，算法复杂了，如果基本口算不熟练，往往会出错，成绩必然会下降。

对百以内的基本口算的要求，一要正确，二要熟练，缺一不可。为此2011年版数学课程标准中，有基本口算熟练程度的标准，我是非常赞成的，这在国际上也是独创。1980年代，我联合20多个单位开展小学生口算能力的协作研究，参与调查测试的学生有7万多人次，根据大数据统计分析，制订出全国第一套口算能力量表。

在上述的调查测试中，有一个重要的现象，小学生的加减法计算水平不如乘除法。原因很明显，因为中国有乘法口诀，背熟乘法口诀，表内乘除法就畅行无阻了。受此启示，我就开始研究加法口诀，通过教育实验获得成功。同样，背熟20句加法口诀，加减法也迎刃而解了。加法口诀从九二11、九三12……一直到八三11、八四12……六五11、两个六12，一共20句。背熟这20句口诀，对小学生来说，小菜一碟，但可一生有用。

我国的小学数学教学水平已达到国际一流水平，已得到国际数学教育界的认可，主要原因是中国小学加强双基，学生的基础扎实，口算能力强。英国已引进上海版教材，浙教版教材已译成法文，2021年7月，我参加了在上海举行的第14届国际数学教育大会，数学教学中的中国经验已受到世界各国的关注。

第五条：数学系统性强，必须由浅入深，循序渐进。

这是根据数学教材的特点而形成的一条教育规律。数学学习好比爬楼梯，一阶一阶很清楚，缺掉一阶就无法爬。如果学生在某一阶掉了队，后面的学习就会受到影响，这是造成数学差生的主要原因。往往是旧账还未还清，新债又来了，到了积重难返的地步。著名数学家苏步青院士曾告诫我们：

"前面没有学好，千万不要学后面的。"

所以数学教学必须遵循"由浅入深，循序渐进"。千万不能目中无人，只顾自己教，不管学生学得好不好。

我主张稳扎稳打，一步一个脚印。还要采取一步一回头的"战术"，要经常回头看看，有没有掉队的学生，发现有人掉队，要及时补救。小洞不补，大洞吃苦。

为什么我主张每堂课最后要有"当堂检测"，而且当堂检测后还要做到"当堂发现错误，当堂订正错误"，错误不过堂，不拖尾巴到课后，真正做到"堂堂清""人人清"。当堂都清了，用不到家庭作业了，这是减轻学生课后负担的好办法。这样做看似简单，但特别有效，因为它符合数学教学这条基本规律。

有经验的教师还有许多辅助办法，如设计"诊断练习卡""错题本""数学知识档案袋"等，都是为了对学生查缺补漏，及时矫正学生错误。还有的教师成立"一帮一"的帮扶小组，同学之间互相帮助，发挥同学之间的力量，帮助差生查漏补缺。

以上介绍的是最主要的五条教育规律，请大家彻底弄懂弄通，并运用到教学实际中。这是五条铁律，不能违背。现在教师工作往往会受到来自各方面的干扰，我们要保持清醒头脑，不管你刮东南风还是西北风，咬定青山不放松，我自岿然不动！

目前，有些专家和教师，盲目追求西方的新理论、新名词、新手段，弄得教师眼花缭乱，不知所措。数学教学要回到原点，应该认真学习和遵循教育的基本规律，不搞花架子，不要乱提口号，实实在在把下一代教好。

五、我的教学方法观

大家都知道，我一生都在研究与推广尝试教学法，先后用了 60 年时间。用如此之长的时间研究一种教学法，这在国际上是少见的，这就形成了我的教学方法观。

我在华东师范大学教育系当老师，教的就是小学数学教学法，研究了古今中外各式各样的教学法。通过分析比较，自己亲自实验，最终总结出比较理想的教学法——尝试教学法。

尝试教学法的核心理念，用一句通俗的话来表述：

请不要告诉我，让我先试一试。

我在《人民教育》上用这句话作为标题发表了一篇文章，影响较广，所以这句话已成为中国教育界的流行语。这句话言简意赅，通俗易懂。教师仿照例题出一道尝试题，先不要告诉学生解题方法，让学生先去试一试，做出来很好，说明学生在旧知识的基础上自己能解决问题；做不出来或做错了也不要紧，使教师知道学生的困难在哪里，这时教师再作针对性讲解，就讲在刀口上了。所以尝试教学法并不神秘，它便于操作，它的奥妙无非是让学生先试一试。先试一下，就试出一个新天地了。这种"先练后讲""先试后导"就是尝试教学法的实质。

讲到这里，教师会产生一个顾虑：教师还没有讲，学生怎么会练呢？这是有些新教师刚开始用尝试教学法都会产生的顾虑。

教师还没有教，要学生尝试去练，学生会有一定的困难，这是很正常的。但是有一句话值得我们深思：

当学生遇到困难时，真正的学习才开始。

听教师讲解，对学生来说，并不是真正的学习，因为他只要被动地听，学生处在被动的位置上。如果学生先做尝试题，遇到困难了，这就会促使他采用一系列的主动学习活动，把学生推到主动的位置上：

1. 主动学习课本例题，从中寻找解题线索（靠课本）。
2. 主动寻找同学帮助，合作学习已成为他们的需要（靠同学）。
3. 主动积极思考，尝试自己解决问题（靠自己）。

为什么教师没有讲，学生会做尝试题了呢？许多教师百思不解。其实奥秘就在于，虽然教师不讲了，可是用尝试题引路，发挥"三靠"（靠课本，靠同学，靠自己）的作用，学生能在旧知识的基础上自己解决问题。这就是尝试教学法巧妙之处。其实这三靠，归根结底都是靠自己，一靠课本，要求学生主动去自学课本；二靠同学，要求学生主动去寻找同学帮助，所以都是要靠自己。

尝试教学法是尊重学生、相信学生的方法；

尝试教学法是重视发挥课本作用的方法；

尝试教学法是促进学生合作交流的方法；

尝试教学法也是一种切合实际的探究方法；

尝试教学法是提高质量、减轻负担的方法。

在长期的教学实践中，尝试教学模式体系逐步形成，一般有三类：

1. 基本模式：适合中小学各科的常用模式。
2. 灵活模式：根据教学情况，灵活应用基本模式。
3. 整合模式：同其他的教学方法整合起来运用。

这里请大家特别注意，尝试教学法不是一个模式，而是有一个模式体系，适合小学各年级数学各种不同的教学需要。尝试教学法为什么几十年来久盛不衰，应用规模越来越大，主要在于它"有法可依""有模可循"。

下面介绍常用的基本模式的教学流程。

1. 准备练习（为出示尝试题作好知识准备）。
2. 出示尝试题（一般仿照课本上例题编一两道尝试题）。
3. 自学课本（自学课本上例题，举一反三）。
4. 尝试练习（大胆放手让学生尝试练习）。
5. 学生讨论（有不同的答案，组织学生讨论，分辨对错）。
6. 教师讲解（根据学生尝试练习和讨论的情况针对性讲解）。

7. 第二次尝试练习（再给学生一次机会，提升学生认识）。

这是根据教学的要求和学生心理需求而安排的教学流程。

我在各地听课中发现，都说自己用的是尝试教学法，却是换汤不换药。主要是教师没有掌握尝试教学法的精髓。一定要遵照"先练后讲""先试后导""先学后教"的精神，安排教学的逻辑程序，有多少步不是固定不变的，正确运用尝试教学法应该注意以下6个问题。

1. 关键在于一定要有"尝试题"，没有尝试题学生尝试什么?！

2. 尝试题一定要让学生自己去尝试，不要做过多的铺垫、过度的启发。

3. 出示尝试题后，直接让学生自己去尝试，开门见山，不要兜圈子，会做的可以直接去尝试；有困难的，可以自学课本，也可请教同学。因材施教，各显神通，这样更具人性化。

4. 对学生尝试的结果，要及时评价。谁做对了，为什么会做对；谁做错了，错误的原因。先由学生评，最后由教师评讲。这一步其实就是教师讲解，保证学生获得全面的、科学的、系统的知识，我主张是"先练后讲"，并非"先练不讲"。

5. 重视创设尝试的氛围，要用尝试教学语言。教师经常要说：你敢试一试吗？真棒！你尝试成功了！我喜欢敢于尝试的人！不怕困难，大胆去试一试！暂时没有成功，不用怕，再试一下……我们不仅要让学生通过自己尝试学会知识，更重要的是从中培养他们的尝试精神。

6. 任何教学方法或教学模式都是相通的，不是互相排斥的，而是可以互相融合，所以我主张"一法为主，多法配合"。一堂课不可能用一种教学方法包打天下，而是可以互相配合。因而产生了目标尝试教学法、愉快尝试教学法、结构尝试教学法、分层尝试教学法等。尝试教学法同现代教育技术结合的问题，这是当今一个重要研究课题。在教学设计时，不要受条条框框限制，把多种教学方法结合起来使用，但不要忘了"先练后讲""先试后导"的基本精神不能丢。

我另外写了一篇文章《邱学华尝试教学研究60年》，专门论述了尝试教学法，大家可以参考，这里不再赘述了。

六、我的课堂教学观

任何教育理念和教学方法最终都要落实到课堂教学，否则都是空话。所以，研究课堂教学是永恒的课题。一个教师的教学水平高低，也是要看他上课上得如何。俗话说：

> 医生的功夫在病床，教师的功夫看课堂。

对此，我有深刻的体会。我的许多新思想、新方法都是在课堂教学实践中产生的，如果我不亲自上课，不可能产生尝试教学法。我是出身于农村的小学教师，大学毕业后工作几经变动，我都没有离开小学数学教学第一线。为了深入小学第一线，我把师范校长都辞了。我能给中小学生上示范课成了我得天独厚的优势，在全国各地推广尝试教学法，大都是先作讲座，再借班上示范课。教师反映：听邱老师讲座后，还模模糊糊，看了邱老师亲自用尝试教学法上课，我就清楚了，可亲可信。这样，走一地，传一片，尝试教学法在全国迅速推广。为什么我写的文章教师喜欢看？我想其主要原因在于，我写的东西都是通过自己上课体会总结出来的，看得懂，用得上。

怎样上好课，我写了许多文章，主要观点归纳成"三字十二条建议"，这里简要介绍一下。

三字：趣、实、活。

这三个字是对课堂教学的要求，也是好课的标准。"趣"是上课要上得有趣，调动孩子的学习积极性；"实"是要求学生实实在在学好基础知识，打好基本功；"活"是要求学生思维要灵活，课堂气氛要活跃。"趣、实、活"三字是达到课堂教学的最高境界。

但是如何达到这三个字的要求，不能不分主次，不能平均使用力量。从三个字的功能上分析，"趣"是手段，"实"是目的，"活"是提高。所以"实"是主要的，是一堂课的目标；"趣"仅是手段，有趣是为了吸引孩子，让他们实实在在学好基础知识，练好基本功；"活"是提高，不能只停留在学好基础知识，还应该提高他们的思维水平。

有人把"趣、实、活"戏说成邱学华的三字经。老实说，这三字要求不是我发明的，是从许多优秀教师的经验中概括出来的。我仅是做了总结、提炼和提高的工作。从目前的实际情况来看，许多人在认识上还有误区。

误区一：过分强调"趣"字，整堂课学生唱唱跳跳，嘻嘻哈哈，可是什么东西都没有学到。

误区二：过分强调"实"字，只重视基础知识讲解，学生埋头做作业，课上得枯燥乏味，死气沉沉。

误区三：过分强调"活"字，教师带领少数学生做解题的探究活动，一道难题在教师不断启发下，终于做出来了，大部分学生仅是旁观，跟着鼓掌。花样太多，华而不实。

我们要正确处理这三字的关系，应该运用前面介绍的辩证统一思想，要分清主次把三者有机融合起来，根据课本的教学要求做到"恰到好处"。

关于十二条建议，我已有文章作详细阐述，有的教师没有看到，有的手头暂时找不到。这里仅列出标题，供大家参考。详细内容可到网上查阅。

1. 及早出示课题，提出教学目标
2. 尽快打开课本，引导学生自学
3. 激发学习兴趣，活跃课堂气氛
4. 先让学生尝试，鼓励创新精神
5. 强调主动参与，摆正主体地位
6. 允许学生提问，发展学生思维
7. 组织学生讨论，增强合作意识
8. 控制教师讲话，多留练习时间
9. 练习当堂批改，及时反馈矫正
10. 加强动手操作，运用现代手段
11. 内容不要太多，把握教学节奏
12. 实施分层教学，重视因材施教

最后谈谈我对课堂结构的观点。

课堂结构是指一堂课分成几个阶段，每一阶段的任务，各个阶段是如何联系的，怎样分配大致的时间等。从中看出，课堂结构对教师的备课和上课是极其重要的。可是有些专家反对稳定的课堂结构，认为会导致教师照搬照套，限制教师的创造性。

我是主张应该有相对稳定的课堂结构，便于教师参照。从教育史上分析，19世纪德国教育家赫尔巴特的四个阶段结构论，20世纪苏联教育家凯洛夫的五个环节结构论对中国都产生了很大影响，他们都是根据学生的认识规律而设计的，反映了一定的教育规律，不能全盘否定。

课堂结构是客观存在的，上课必须预先安排先做什么，再做什么，最后做什么。既不能随心所欲，也不能天天翻新花样。教师需要一个相对稳定的课堂结构。1980年代我根据小学生学习数学的规律，根据一般的教学逻辑顺序，设计了"六段式课堂结构"，到21世纪根据新时代的要求，又作了修改。几十年的时间检验，证明这六段式结构是科学的，切合小学生的实际情况，教师也容易接受。

第一段　基本训练（5分钟左右）

小学数学最基本的内容，坚持天天练，如基本口算、常用数量关系、公式进率等。采用逐步积累，细水长流的办法。

第二段　导入新课（2分钟左右）

采用以旧引新的办法，在旧知识的基础上引出新课题，同时提出教学目标，这堂课学的是什么，要求是什么。时间只有2分钟，必须开门见山，立即转入新课。

第三段　进行新课（15分钟左右）

这是新授课的主要部分，运用尝试教学法的五步基本程序就安排在这里。只有15分钟时间，必须突出重点，切不可东拉西扯，拖泥带水。

第四段　巩固新课（第二次尝试练习，6分钟左右）

学生经过第一次尝试练习，发现了问题，再给学生一次巩固练习的机会。教师可以重点补充讲解，特别要帮助差生解决困难。

第五段　当堂检测（10分钟左右）

这一段实际上就是过去的"课堂作业"，但是要求比过去高了。一是要做到"当堂"，必须当堂完成，不能拖到课后去做；二是要达到检测的目的，所以题目要覆盖本堂课的知识点。完成后还要做到当堂校对，当堂订正。真正做到，这堂课的事这堂课清了。

第六段　课堂总结（2分钟左右）

让学生自己总结一下，这堂课学到了什么，有什么体会。教师再画龙点睛强调这堂课的学习重点。

上述六个阶段是互相联系的，灵活开放的，可以根据教学需要有所调整。特别要注意，这个六段式仅适用于新授课，至于练习课，复习课，评讲课，实践活动课等课型还有另外的六段式结构。

这个六段式曾遭到专家的反对，说这是邱学华搞的新的条条框框，特别是时间分配更遭到有些人的讥讽。一堂课是40分钟，如何在规定时间内出色地完成教学任务，必须科学地分配时间，否则就会落空。不能脚踩西瓜皮，滑到哪里算哪里。何况分配的时间都带有"左右"两字，说明仅是一个参考时间，仅仅为了让教师心里有数。

实施六段式结构，开始时会遇到困难，难就难在觉得时间不够，毛病在于有些教师用在"导入新课""进行新课"的时间太长，往往把当堂检测丢了，这种"虎头蛇尾"的做法，影响了课堂教学质量的提高。我主张上课要紧在前面，给后面留有余地。采用"保两头压中间"的策略。开头"保学生试一试"，导入新课要简单明了，开门见山，立即让学生做尝试题；最后保8—10分钟的当堂检测。作业在当堂完成，就不必布置家庭作业了。在中、高年级可逐步让学生预习明天的内容，也可做一两道尝试题。课前做过预习，可以减轻本堂课的负担，就能顺利地完成六段式结构，形成一个良性循环的教学系统。

以上从六个方面阐述我的数学教育观，也是我从事小学数学教育研究70年的感悟。我一生还算勤勤恳恳，做了不少事，写了不少著作和文章。我既要深入教学一线，并亲自上课，又要从事教育理论研究，做得虽艰难困苦，但感到其乐融融。我走遍了祖国的山山水水，东到山东威海天尽头，西到新疆伊犁，北到黑龙江黑河，南到海南天涯海角，为教师作讲座和上示范课近千场，听众近百万。为了把先进的教育理论传播给教师，我不感到辛苦，反而乐此不疲。因此著名教育家、中国教育学会副会长朱永新先生称我为"教育的光明使者，创造纪录的长者"，这是对我最大的褒奖。

文章写得很长了，感谢大家能看完。有什么问题，可以发邮件给我：13776884613@126.com，我们继续探讨交流。

二、专业成长

  作为一种教学流派，必须要有众多的教师参与实践应用。40年来，全国有近百万教师参与。它像一所大学校，教师在实验研究中提高，促进专业成长。他们中间已走出近百名特级教师、几千名教学名师以及一批教育教学专家。

  本辑中的11个感人故事，反映了11位教师专业成长的心路历程，他们仅仅是千千万万的尝试教育人中的代表，是尝试教育团队的一个缩影，但都是一颗闪闪发光的星星。

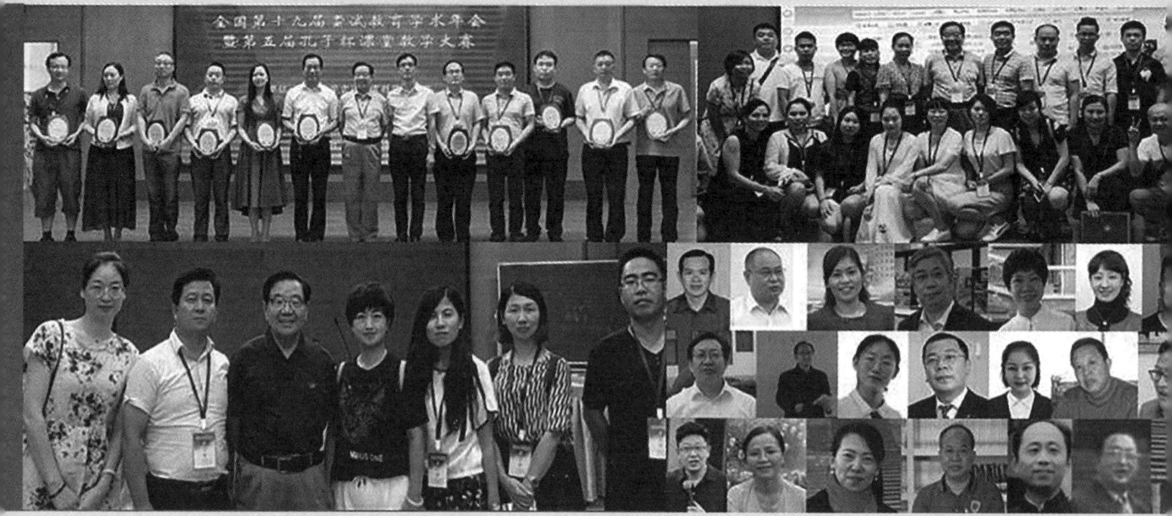
全国第十九届语文教育学术年会
暨第五届孔子杯课堂教学大赛

在我心中的邱学华与尝试教学法

四川省眉山师范附属小学　李志军（特级教师）

1983年，我中师毕业以后被分配到了四川省眉山师范附属小学，在学校第一次数学教研会上，教研组组长组织大家学习的就是邱学华老师的"尝试教学法"，因此邱学华老师是我从教后知道的第一个教育名家。

一、初试尝试教学法

尝试教学法离经叛道式的"先练后讲"教学模式一下震动了我：这与我在师范《教育学》书里学到的"先讲后练"教学模式相比，完全就是一百八十度的"颠覆"啊！

当时，我就非常信服了尝试教学法。但学归学，大部分老师不敢放手运用尝试教学法，可我"初生牛犊不怕虎"，立即大胆用了起来。

在眉师附小工作一年后，我被调到了老家的正山口小学，一个"山高皇帝远"的地方。面向山区的孩子，我仍然坚持用尝试教学法进行教学，并积极带动学校其余老师运用尝试教学法进行课改。

虽然我是面向山区的孩子运用尝试教学法实施教学，但效果照样非常灵验，我班的数学成绩连年期末考试稳居全学区第一，我高兴，校长更高兴。

在尝到尝试教学法给我和孩子们带来甜头的同时我就时常想：这个邱学华老师到底是何方神圣？怎么就会想到这样一个"倒行逆施"的教学方法呢？于是我就萌生出了想结识一下这位"离经叛道式"专家的念头。

二、寻找邱学华

当时信息闭塞，虽然每月翻遍学校订阅的两份教育杂志，也没找到邱学华老师的通讯联络方式。直到1991年我被重新调回眉师附小后，才在一本教育杂志上找到邱学华老师的通讯地址：江苏省常州师范学校。

找到邱学华老师的通讯地址后，我就抱着"泥牛入海"的心态，立即冒昧给他写信请教尝试教学法运用中的一些疑惑，同时也顺便寄去一套我发明并手工制作的"小学应用题接龙游戏学具"。万万没想到邱老师在百忙中立即就给我回了信，并对我探索游戏化教学大加鼓励，回信中说："教学游戏化，这是一条重要的思路。"

就这样，我与邱学华老师有了3次书信往来过后，在第4次信中我在没请示校长的情况下，就斗胆邀请邱老师来我校讲学。因为当时我想肯定是请不动这样的全国名家到咱们这个小地方的，所以就没提前请示校长。殊不知邱学华老师欣然答应了。当我把这个好消息告诉徐济文校长时，他很惊讶地问我："这么大的专家你都请得动啊？"我立即把邱学华老师给我的回信拿给他看，他看完信后非常高兴地连声说："好！好！好！"

可万万没想到的是，当徐校长把这个消息告诉县教研室一位领导时，情况陡然变了！这位领导严肃地对徐校长说"这人请不得，你请他就得罪了省教科所，他的那套教学法省教科所是不买账的"，还说，"大足县的刘某某就是学习邱学华的尝试教学法得罪了省教科所，当年连特级教师都没评上了。"

原来是学术纷争啊！后来才知道，当时小数界的权威反对邱学华的尝试教学法。可想而知，当时邱学华的压力有多大。讲学之事无奈取消，我愤怒！我无言！可我怎么向邱学华老师交待啊？我不敢向他讲出真话啊。过后我再也没脸联系邱老师了。这份"莫名的内疚"一直困扰着我整整18年，直到2009年。

三、了却20年的莫名内疚

2009年，我终于把沉闷在心里近20年的这件事公开表达了出来，我写了一篇名为《莫名的内疚》的博客文章分别登载到了我的新浪博客和网易博客上。一周后，我从特级教师黄爱华老师处打听到了邱学华老师的电子邮箱，于是我把这份《莫名的内疚》发给了邱学华老师。

有一天快晚饭时，我突然接到一个外地的电话。"谁啊？""我是邱学华啊。"啊！？我景仰的邱学华老师，主动给我来电了！虽然我与邱老师断断续续联系已有近20年了，但这是我第一次听到他的声音啊，我好感动。他老人家主动关心起我的近况和我发明的应用题学具的推广情况，并以他推广尝试教育理论的坎坷经历不断地鼓励我。更令人感动的是他老人家主动提出把"小学应用题接龙游戏学具"放到他的"尝试教学在线"网站上宣传，并请我寄一套应用题学具给他，存入他创建的"小学数学博物馆"，就连细节问题都一一叮嘱，我感动得悄悄流泪了……当我问他身体怎样时，他说："感谢老天爷给了我一副好身体！"我俩这对忘年交在电话里都开心地笑了！

后来，邱老为了了却20年前我俩未成之约的莫名遗憾，他愿义务到我校做一场讲座。邱学华老师只身一人来到了眉师附小，并留下一路感动。不收讲课金，不要宴请。坚决要求退掉我校提前为他预订的套房。这就是一个当年已75高龄的被誉为"小学教育界泰斗"的教育名家的博大情怀！

我从中师毕业就应用尝试教学法，直到现在，历经38年，亲身体悟到尝试教学法是一种让学生自主学习的理想方法，是一种提质减量的有效方法。

四、尝试教学法是实现"师生双减"的教学法

何为我心目中的"师生双减"？一是教师减轻教学负担，实现潇洒为师；二是学生减轻学习负担，达到轻松学习。

学生学习的过程应该是主动探索、自主构建的过程，必须建立在已有的知识经验基础之上，强调学生带着自己原有的知识背景、活动经验和理解能力走进学习活动。教师首先要找准学生学习的起点。

在实际教学中，一些教师往往一心想着"我要教什么"和"我要怎么教"而忽略了"学生需要学什么"和"学生最好怎么学"。课堂上常常遭

遇到这样的现象：有时刚刚导入新课，学生就喊我早就知道了，预先设计的教学活动学生却提不起劲来；有时教师精心设计的问题，学生窃窃私语，却无言以对……症结在哪里呢？症结是教师没有找准学的起点。可惜的是，这些教师不顾学情仍"执着"地按事先备好的详尽教案实施教学，生拉硬扯地把学生拉回来，让学生"假装不懂"。这种顾"己"不顾"学"的行为是教师教学"低效高负"的症结之一。

如何找准学生学习的起点呢？我运用过很多教学法，最终深信尝试教学法才是能真正找准学生学习起点的法宝。尝试教学法的关键是老师不要先讲，而是让学生在旧知识的基础先去尝试练习，这一步就是试探学生哪些地方已经懂了，困难在哪里，这就找到学习的起点。只有找准了学习的起点，教在学生需要教的地方，才能提高课堂教学的效率。这样教师讲在要害处，学生练在刀口上，大大节约了教师讲解的时间，省下的时间让学生大量练习，争取把课本上的习题做完，课后就不必布置家庭作业了。

五、尝试教学法是培养出精英人才的教学法

尝试教学法不仅培养学生的自信，而且能唤起学生敢于尝试的精神，这是一种激扬生命、激发创新精神的教学法。

我曾经教过一个名叫曾钦的学生，有一次高考刚结束，这个小学生到办公室神秘兮兮地悄悄告诉我："昨天的最后那道高考数学题，我把它做出来了！"

我惊讶而又疑惑地看着他，立即请他在我的备课本上把这道题目回忆写下来。于是，他歪歪斜斜地画出一个"宝塔"，数据却回忆不全了。看他一本正经的样子，我按捺不住兴奋，飞快地跑到学校外面的报亭买来昨天的《华西都市报》，迫不及待地请他边讲道理边解答给我看。这是一道等差数列，一座宝塔四周挂着灯，已知一、二、三层的灯数，推算第四、五层的灯数。他边画边讲："这样斜着看是把相邻两个数的差翻倍地加；那样斜着看是两倍数，也可以当成把相邻两个数的差翻倍地加；横着看同样是把相邻两个数的差翻倍地加，所以第四行该填17、18、20、24，第五行该填33、34、36、40、48"。果不其然，这个孩子居然把12分的高考压

轴题填空部分的9个空，全部填出来，得了9分！

其实，我更兴奋而又疑惑的是他怎么敢去做高考题?！我问曾钦："谁叫你去做的？"他说："没人叫我做，我乱翻昨天的报纸时，看着这个样子的图有意思，我就动脑筋想了起来。"哦，他根本没顾题目的叙述，况且他也看不懂这些叙述。我听了他的回答很兴奋！这种习惯，这种精神哪里来？尝试！难道是平时我在实施"尝试教学法"的过程中，最爱挂在嘴边的三句话"谁敢先尝试一下""我最欣赏那种敢于尝试的人""先试试，你能行"起了作用？

曾钦所在的这个班是一个大班额（因为家长动员各种关系进我的班）93人的班级，是我从一年级起以大循环形式带到毕业的。经跟踪调查统计，他们在中考时创下32人上700分（当年我区近万名中考生，上700分的仅156人）的辉煌后，后来参加高考再创辉煌，有近90%的同学上了一本线。曾钦进了清华大学。

作为教师，我认为不仅要关心学生的学习成绩，更重要的是要考虑我影响了这些孩子多少智力以及情感、态度、价值观呢？这些孩子跨入更高一级的学校或进入社会后，还能留着多少我给予他们的东西呢？趁这帮孩子来看我时，我问他们："你们进入初中、高中后，各自进了不同的学校，我教的什么方法最有用？"

"李老师，你教我们时的那句口头禅'先试试，你能行'，对我影响特别大。不管作业负担多重，不管老师安排不安排自学任务，我都一定要挤出时间提前自学、尝试解题，含糊的地方我会特别注明，听老师讲解的是我的关注点"，获我市当年文科亚军的李云迪同学的一席"坦白"，得到了同学们的认可。

受学生曾钦挑战数学高考题案例的启发，从此以后每年高考数学题一经公布，我都选择个别能用小学数学知识解答的高考题让学生"挑战不可能"。既然是"不可能"，高考题就是很好的题材之一，因为高考是众人关注的大事，这种关注度最高的题材被小学生"蚍蜉撼树"式撼动了一下，甚至完全拿下了，在周围人的惊讶目光下，孩子的学习兴趣和自信心爆棚。

恩师邱学华先生获悉我这项每年开展一次的"天方夜谭"式的教学实验后非常兴奋，把有关这项"小学生挑战数学高考题"的活动纪实先后推荐到了《人民教育》《小学数学教师》刊发。

我是"尝试教学法"的受益者，我的学生们更是最大的受益人。可以这样讲，尝试教学法成就了我，从一个山区的无名小卒，成为四川省小学数学特级教师，尝试教学法指导着我逐步形成了数学游戏尝试教学法，让我连续20年不向学生布置家庭作业且达到了高质量，并得到了社会的广泛认同。

抱着"吃水不忘挖井人"的感恩之情和"有福同享"的美好心愿，我也不断地创造条件去传播尝试教学法，把中国人自己创造的教学法传送给大家。

尝试教学引领我走向成功之路

内蒙古自治区阿拉善盟左旗塔尔岭小学

王旗荣（蒙古族，全国优秀教师）

1970年，初中未毕业的我在家乡的一个小村子塔尔岭当起了民办教师。塔尔岭地处偏远山区，气候十分恶劣，十年九旱，缺水少雨，交通不便，信息非常闭塞，常常是十天半月才能收到一次报刊。当地农牧民生活十分贫困，一年四季很少吃到新鲜的蔬菜，瓜果更是罕见。一千多人的村子几乎没有几个识字人。

当时的塔尔岭小学是典型的简易牧区学校，只有几间摇摇欲坠的土坯房，桌椅东拼西接，摇摇晃晃，教鞭是唯一的教具。五个教学班，七名教师，有蒙、汉、回三个民族的一百多名牧民子弟学生。很多学生每天上学要走近十里的路。由于路途遥远，好多孩子只能中午带几个黑面干馒头作午餐，饭后趴在课桌上休息。教学条件异常艰苦，很难留住人，教师走了一茬又一茬，根本无法开展正常的教育教学工作。数学成绩更是堪忧。1984年全区会考，数学平均成绩只有40.84分，及格率不到40%。面对惨淡的成绩，兢兢业业的教师们心情低到了谷底，时任校长和数学教师的我，被逼到了风口浪尖。如何提高农牧区教育质量？提高学生成绩成为了一条再难也要坚持走下去的唯一出路。

一、寻找出路，找到尝试教学法

　　我想寻找出路，一定要改革旧方法采用新的教学方法，可是新方法名目繁多，历时半年多的潜心钻研，反复筛选，尝试教学法的先进理念与简单易行的教学方法成了我的首选，"先试后导""先练后讲""先学后教""四个变式""五步教法""六段式结构"的先进课堂教学模式，简单易操作，非常适合农牧区学生的学习特点。我带领着全校6位教师在边学边试中开始了教学实验。

　　为了取得"真经"，尽快掌握尝试教学法的精髓，我抱着"试一试"的心态向邱学华老师发出了请教信，怀着忐忑不安的心情等待着回音，没有想到，邱老师在第一时间给我回了信，还在信中详细解答了我感到困惑的教学难题，并随信寄来了大量的书和很多实验资料，邱老师的信、著作和实验资料给予了我莫大的支持和精神动力，我搞尝试教学的信心更足了。

　　1985年，邱老师邀请我到江苏常州参加培训。由于路途遥远，交通不便，我辗转赶到常州时，培训已结束。邱老师到旅馆，不厌其烦地给我详细讲解尝试教学法的方法、实地教学中的应用，并在他常州师范学校办公室手把手给我演示课前准备、课堂教学等流程。这使我豁然开朗，也为我开展尝试教学打开了一扇窗，激励着我在尝试教学的道路上一走就是30多年。

　　尝试教学法有着非常显著的教学效果，经过短短一年的实验，1986年，我所带的毕业班数学统考成绩首次超过了中心校，1987年，又在全旗小学数学竞赛和毕业统考中拔得头筹。出色的成绩引起了上级教育主管部门的关注，盟教育处的领导找我谈话，问我为什么教学质量提高这么快，我老实回答，主要是用了邱学华的尝试教学法。于是盟教育处处长委托我邀请邱老师来阿盟讲学。接到邀请后，邱老师没有任何推辞，不顾路途遥远，舟车劳顿，来到了阿拉善盟，为全盟一千多名教师传经送宝。他满怀赤诚之心，毫无保留为少数民族地区传授尝试教学的教育理念、教育方法、操作方法，亲自上示范课，同时专程到我工作环境异常艰苦的塔尔岭小学进行考察，为我们答疑解惑。

回到常州后，邱老师将尝试教学的推广与阿拉善这块热土牢牢放在了心上，更对塔尔岭小学这个边远山区的小学校多了一份牵挂。邱老师常常通过信件对我的教改实验进行指导，并亲自为我制订教改方案、计划、实验目标，指导开展教改评估评价，指导撰写论文和实验报告，并邀请和支持我参加每两年召开一次的尝试教学年会，而且免除会务费并补助差旅费。

自1985年至1995年十年的时间，我连续对11个毕业班的数学教学进行了尝试教学法的教改工作。尝试教学法的实验，取得了骄人的成绩，班级在全盟、全旗的统考中成绩多次名列前茅，取得一届均分98.7的高分、连续4届96.8分、最低成绩均分91.4的良好成绩，达到内蒙古自治区有史以来最好的成绩。

二、没有教过的内容，学生也会做

1989年5月26日，我带领5名学生去巴彦浩特镇参加全旗小学毕业班数学竞赛，在学生临进考场前的两三分钟，听一些老师说，这次竞赛试题覆盖了全册课本的知识内容。可是我还有两个单元的新课知识没有教，听到这个消息，我特别紧张，赶快向教研室领导询问，得知试题内容确实包含了课本的全部内容。我心里七上八下，不知道该不该带孩子们继续比赛。这时一位监考老师着急而大声说："你们是哪个学校的？怎么还不赶快进教室！"我急忙说："我们是塔尔岭学校的，还有两个单元的新课没有学呢。"那位老师说："塔尔岭我知道，牧区一个大队（村）的小学，你就让娃娃们进去，开开眼界吧！"我的5个学生走进了考场。两个小时的竞赛，我的学生一个小时左右率先走出来考场，我根本不敢问学生答得怎么样。只听见身旁其他的几位带队教师说："牧区学校的学生就是不行，刚才还不敢进教室，这会儿又都早早地出来了，肯定做不出来。"听着这样泄气的话，我的情绪十分低落，后悔真不该让学生参加这次竞赛。但事已至此，只有匆匆忙忙地领着学生寻找饭馆吃饭，赶快赶车回家。可是饭桌上，没有看到学生们垂头丧气，却看到他们开心地讨论着试题的解法与答案。我万万没想到，竞赛中占18分没有教过内容的试题，学生们竟然大胆使用其他不同的方法尝试进行了解答。这次竞赛，我们取得了个人第一、第二名和团体第一名的好成绩。

事实证明，尝试教学法不仅能使学生熟练掌握所学知识，大面积提高农牧区教学质量，同时能有效培养学生自主学习的能力与习惯，减轻了师生的课业负担。随着教改的不断深入，塔尔岭小学这所五年制牧区简易学校的教学质量得到了大面积提升，成为阿拉善盟教育改革的"闪光点"。《阿拉善日报》和《内蒙古日报》分别以《王旗荣教改大面积丰收》《贺兰山下烛火红》《在教学方法上狠下功夫》为题进行了宣传报道。教改实验研究获得了内蒙古社会科学研究优秀成果三等奖，国家"九五"计划教育科学研究重点课题"尝试教学法与创新教育"获一等奖。我也有幸获得了"阿盟特殊贡献奖"和"全国优秀教师"等荣誉。

三、用尝试的精神当好教研员

1989年，塔尔岭学校由于办学条件太差、学生居住过于分散等多种原因，学校撤并到中心小学。我被调入阿左旗教研室担任数学教研员。

1989年，如何推进素质教育是教育改革的首要任务，我拟定了"以尝试教学法为主多法配合"为突破口的教学策略，推进全旗的素质教育。

然而，我这个连初中都没有毕业的牧区教师，又是刚到教研室的新兵，一无教研经费，二无固定的办公地点。加上少数民族地区教师缺乏教改意识和教育科研能力，要想在大面积范围进行教改实验谈何容易。为了"征兵入伍"，我夜以继日，深入各个学校，现场培训指导，亲自上示范课，通过不断的努力，很多教师自愿要求加入实验研究。

这项为推进素质教育培养创新能力的"以尝试教学为主多法配合"的实验研究，再一次得到了邱老师的大力支持和热情鼓励，他帮助我制订课题研究计划，提供实验研究资料。在6年的实验研究中，我始终把尝试教学理论与创新教育思想融合互补，有机结合，大胆探索素质教育与实施课程改革的途径和方法，培养学生的创新精神和动手实践能力。实践证明，尝试教学法对农牧区少数民族学生的素质和学习成绩的提高十分显著，实验班与对照班相比，实验班学生的综合素质特别是他们的动手能力，普遍得到了提高与发展，而且学生的学习兴趣、参与活动的积极性、情感态度、合作行为、探索精神及创新意识与自信程度等方面都胜人一筹。内蒙古自治区教育科学研究院在研究课题鉴定意见中提出："这项尝试创新教学改革实验将尝试落实在创新上，特别是让学生在尝试探究学习中创新，达到最终培养学生的创新精神与创新能力的目的，把尝试教学与创新教育有机结合起来，成为新的教学模式方法，这是这项实验研究的创新点，应该给予肯定，该项研究是成功的，是一个成功的示范。"这项实验获得了阿拉善盟人民政府"教育教学改革优秀成果奖"，同时也获得了首届"中国教育学会奖"（1999—2000年）三等奖，《阿拉善日报》以"尝试教育是改革的先进理念"，《内蒙古日报》以"教育教学改革之无止境"为题进行了宣传报道，我也因此被评为内蒙古自治区优秀教研员。

我是一个在尝试教育研究中成长起来的蒙古族教师。很难想象的是，连初中毕业的文凭都没有，然而却成长为一名中学高级教师、全国优秀教师、优秀教研员。我从内心感到，学习和实践尝试教学法，能够有效帮助基础较差的老师成长。三十多年来我在内蒙古阿拉善地区的实验也表明了，尝试教学法是边远山区学校提高教学质量最有效的教学方法。

我对邱老师更是心存感激，他同我相隔万里，由素不相识，到相识相知，三十多年来给了我很多帮助。从我踏上教师工作岗位，直到退休，三十多年来对我不离不弃，始终帮助我。他教给我尝试教学法，更用高尚的道德情操和对教育事业的奉献精神感染着我。一个人帮助别人一两次很多见，可是坚持三十多年是很少见的，我的恩师邱学华真是教育战线的活雷锋！

我的偶像邱学华

山东省青岛市长江学校小学部　房富本（优秀校长）

时间过去太久远了。我最初知道邱学华老师应该是在20世纪90年代。那个时候我刚刚师范毕业，记不清从哪里看到邱老师的大名，了解到有一种方法叫"试一试"，知道有一位采用尝试教学法的老师从来不布置家庭作业，但是教学成绩总是杠杠的，真是太神奇了。我朦朦胧胧中觉得，创立尝试教学法的这位老师太伟大了，真是值得敬佩！不知不觉中，我把邱老师作为心中的偶像崇拜起来，但是偶像太伟岸了，简直遥不可及。

那个时候我对尝试教学还没有深入的了解。我作为即墨师范学校优秀毕业生有幸留在县城工作，在即墨镇城南小学任教数学。刚毕业的毛头小伙子，浑身都有使不完的劲，干工作热情百倍，但是不得法，教了两个班的数学，成绩一塌糊涂；担任一个班的班主任，经常被学生"收拾"得青筋暴跳却又无可奈何。现在想想都是那么可笑。所以，那个时候特别迷恋优秀的教师、优秀的教学法、优秀的教学模式。我读了一些论文、实录，也看了一些专著、杂志，理论都是那么丰满，可是现实总是那么骨感。这些书上得来的东西在我这个年轻教师的课堂实践中总是用不上力。我很着急，越发佩服那位采用尝试教学法不布置家庭作业也能取得很好教学成绩的老师，越发更加敬佩邱学华老师！

1994年，即墨镇教委开始推广合作教学法。我打开教委发的那本关于合作教学的书，认真拜读。里面的基本概念、操作流程等等弄得我头晕脑涨。我忽然想到，邱老师的教学方法好像没有这么多复杂的东西，不就是学生先试一试，老师再讲吗！

我开始更多地留意邱老师的文章。可惜那个时候，信息技术不像现在这么发达，要淘到一篇好文章很难。但我一直在努力，一直从碎片化的信息里找到邱老师的影子。邱老师的文章通俗易懂，也容易操作，我大着胆子做起来。我开始在课堂上也让学生先试一试，自己先尝试做题，有疑问了就跟同桌交流、小组内讨论，讨论了还不会，老师参与，大家一起学。效果真的很明显啊！小学生的学习积极性一下子就上来了，学习变成了学生自己的事情。慢慢地，我的教学成绩也很神奇地蹭蹭地提高。更可喜的是，很多小学生开始追着我问问题了！但是，我最终还是没有胆量不布置家庭作业——我还是没得到邱老师的真传啊！

后来，因为教学成绩突出，各种赛课获奖，我被提拔当了校长。2001年，我有幸参加了山东省教育厅举办的一个校长培训班，跟我一个宿舍的是聊城市莘县实验小学的孙石山校长。孙校长是位很敬业的校长，培训间隙，他不停跟学校里的人联系。孙校长说是关于学校老师参加一个全国大赛的事，真是羡慕啊！不过我突然听到了一个熟悉的名字：邱学华！我大喜过望，我问孙校长认识邱老师吗？孙校长笑着说，邱老师是他们学校的顾问！天啊，我一下子感觉孙校长真可亲！邱老师一下子从神话中到了人间！原来邱老师跟我们山东有缘，到过山东啊！孙校长说，邱老师在他们学校带徒弟，经常到他们学校去！哎呀，多么令人羡慕啊！我对孙校长的学校充满了神往，因为邱老师是这个学校的顾问啊！

可是偶像还是偶像，并没有离我很近。后来，随着职务和工作上的变化，我可以经常看到邱老师的文章了，对尝试教学法、尝试教育理论开始有了更多的接触，深入的了解。邱老师博大精深的尝试教育思想体系让我更加敬佩了！我贪婪地读邱老师的文章，读他的书，我在想，什么时候能见到邱老师，当面跟他请教，那一定是我此生最大的幸福！

机会终于来了。2015年秋，我开始主持青岛长江学校小学部的工作了。我马上决定为学校引入尝试教育理论，将学校的核心理念确立为"尝试·出彩"，所谓"尝试"，就是邱老师说的"学生能尝试，尝试能成功，成功能创新"；所谓"出彩"，就是习近平总书记说的"让每个人都有人生出彩的机会"，所以"尝试能出彩"。因为学校发展的规模定位是一千人左右，结合学校的"长江"校名，我又提出了"千帆教育"文化品牌，让孩子们"千人千帆，帆帆不同；千帆千面，面面精彩"。如果说"尝试出彩"是注重学生主动发展的话，那么"千帆教育"则注重学生的个性发展。我和老师们又开始在尝试教育理论的指导下构建"千帆课程"，提出了一体两翼的课程体系，形成了自己的办学特色。

2016年，我忐忑不安地写信向邱老师提出了一个申请，希望学校能成为"全国尝试教育实验学校"。没想到，邱老师很快就批准通过了，并且给我寄来了一个铜牌。我马上把这个铜牌高高地挂在学校门口最显眼的位置！我们可以在邱老师的指导下，大张旗鼓地实施尝试教育了！

2018年，经过两年的尝试教育实践，我觉得有点底气去见邱老师了，就参加了邱老师在上海举行的尝试教学年会。这是我第一次亲眼见到我的偶像——邱学华先生！邱老师是那么慈祥，那么和善，那么睿智，又是那么平易近人。我跟他详细汇报了学校在尝试教育思想指导下做的一些工作，取得的一些成绩，他非常高兴。邱老师当即拿起笔来，给我写了八个大字"尝试出彩，千帆竞发"。我受宠若惊地手捧着这幅珍贵的赠言，感到无比的光荣。这是邱老师的一份肯定！是一位前辈、一位老教育工作者对我们年轻人的激励和鼓舞。我把这个题词印在我们学校文化册页的首页，这是邱老师专门写给我们的啊！

我跟邱老师的联系更紧密了。邱老师也特别关注我和我的学校，经常给我寄资料，寄他的新作。我每次都非常感动。我经常感叹邱老师这么大的年龄了，却仍然对教育事业有着这么高的热情，这份敬业、精进的劲头真值得我永远学习！

从此，邱老师组织的尝试教育学术年会我每次都参加。因为每次年会，邱老师都会有新的研究成果发布；每次年会，邱老师都会组织全国知名的重量级专家、教授、特级教师讲课、作报告；每次年会，邱老师都要组织全国骨干教师进行课堂教学比赛、论文案例评比等。这样的会议既有高端的进修，又着眼骨干教师专业成长，可以说每一次都收获丰盈。记得北京年会前，邱老师亲自给我来信，让我写一篇论文参加比赛。我诚惶诚恐，知道这是邱老师的激励和鞭策，不敢稍有怠慢。我把在尝试教育理论指导下，培养青年教师的"三段五环"课堂教学模式进行了提炼总结，呈给邱老师请他指导。没想到获奖了。邱老师笑眯眯地在大会上给我颁奖。那一刻真是太幸福了！因为我的观点得到了邱老师的赞赏。能从我的偶像手里接过获奖证书，这是我连想都不敢想的荣耀！

邱老师是我人生的楷模，无论做人还是教学。他八十高龄了还创建了尝试教育科学研究院，制订了宏大的研究计划；他著述等身，还坚持举行尝试教育年会；他到湘西去培训，去上课；他在疫情时交了12000元的特殊党费……

邱老师一直关心着我的发展。他的弟子李志军、王红梅等特级教师都到过我的学校上公开课，给老师们培训，将尝试教育思想、实践经验毫无保留地传授给我们。

2020年春，我也想向邱老师学习，出一本自己的书。邱老师知道后非常高兴，亲自给我打电话，指导我，鼓励我，并亲自给我写了序言。

敬爱的邱老师，您永远是我的榜样，是我的偶像！

尝试，邱学华老师送给我的法宝

四川省华蓥市教研室　雷树福（特级教师、全国教育先进工作者）

1984年8月，我调入华蓥市教研室，从事小学数学教研工作。当时教学改革风起云涌，邱学华老师创立的尝试教学法特别出色。

尝试教学法的基本特点是先练后讲，先学后教。主要优势是教学思想先进，教学方法科学，利于培养学生的创新精神和自学能力，教学步骤简明清晰，便于操作，利于推广。邱老师的尝试教学研究成果荣获了2014年基础教育国家级教学成果一等奖，具有中国特色，正在走向世界。邱老师的高尚品质和杰出贡献，得到了党和人民的高度认可。2014年9月9日，邱老师参加了第30个教师节暨教育系统先进集体和先进个人表彰大会，习近平总书记与他亲切握手交谈。我为邱老师的成就感到欢欣鼓舞，回想起我对邱老师追星的历程。

我一直仰慕邱学华老师，可是四川华蓥离江苏常州路途遥远，很难有相见的机会。直到1986年，机会来了。那年我"烟花四月下常州"。4月16日至22日，参加了由常州师范学校举办的小学数学教学改革讲习班的学习，当面听邱老师介绍尝试教学法。他的讲解事理结合，生动形象，精彩纷呈，引人入胜。我听得如痴如醉，既受到了思想的启迪，又得到了艺术的享受，佩服得五体投地。

我在乡村小学教书二十多年，孤陋寡闻，想不到世上居然有这样神奇的老师。邱老师成了我的偶像，我成了邱老师的粉丝。我如饥似渴地学习尝试教学法，遇到了问题，就向邱老师请教。他为人宽厚，平易近人，没有架子，不厌其烦地给我讲解，还把他的许多著作送给了我，我受益匪浅。从此我成了他的"函授"学生，他成了不收我学费的老师。

我提出在华蓥市推广尝试教学法的建议，得到市教委领导的大力支持。我先在华蓥市双河小学开展了推广尝试教学法的试点，在华蓥市开办了尝试教学法培训班，在《华蓥教研》上连续发表了介绍尝试教学法的文章。

推广尝试教学法的过程中，有教师提出：小学低段与非后继教材缺少相关知识基础，不能用尝试教学法。我认为，小学低段课本上的相关知识不足，但有生活中的相关知识作基础；非后继教材没有直接的相关知识作基础，但有间接的相关知识作基础，都可以灵活使用尝试教学法。我把自己的认识写成了《浅谈小学数学尝试教学法的"禁区"》，寄给邱老师征求意见。

文章寄出不久，我就收到了邱老师的回信，并邀请我参加全国协作区第三届尝试教学法学术年会。邱老师安排我在大会上发言。会后，重庆市沙坪坝区进修校教研室杨志遥主任向我索取了发言稿。结识了杨主任，从此我有了向重庆沙坪坝区同行学习的机会，并与他们共同研究尝试教学法。

为了更好地推广尝试教学法，我想请邱学华老师来华蓥市讲学。但不知道邱老师愿不愿意到西部边远小县城来。我写信试探性地谈了我的想法，邱老师爽快地答应了。我非常高兴，向市教委领导提出了邀请邱学华老师来讲学的建议，得到领导的大力支持。

1995年5月1日至3日，邱老师在华蓥市作了专题讲座，上了示范课，一千多名教师前来学习。邱老师的讲学生动形象，深入浅出，引起了强烈的共鸣，大家心悦诚服，深受启发。邱老师的讲座，简单明了，又能亲自应用尝试教学法上示范课，深受山区农村教师的欢迎，这才是中国的教育家。尝试教学法同教师有一种天然的联系，许多教师一看就懂，一学就会，一用就灵，非常欢迎。邱老师讲学后，华蓥市教师掀起了应用尝试教学法的热潮。大家把邱老师的课当作样板，模仿邱老师上课。就连一些偏僻山区的民办教师，也在课堂上先练后讲，先学后教。不管模仿得像不像，这对华蓥市的教学改革都是很大的促进。许多教师长期在偏僻的乡村学校教书，想怎么教就怎么教，也不知道这样教对不对、好不好。现在他们把邱老师的课当作镜子，对照自己的教学进行反思，不断改进，教学思想、教学方法有了较大转变。

我学习尝试教学法后，在实验研究过程中，撰写了《尝试教学法——鲜艳的教改新花》《浅谈小学数学尝试教学法的"禁区"》《运用尝试教学法培养儿童学习的技能》《尝试教学研究的特点》《尝试教学研究的途径》《尝试教学研究的启示》等文章。后来这些文章编成了一本小书叫《我交答卷给老师》，这些文章是我学习尝试教学法的亲身感受，也是我向邱老师交的答卷。表达我对邱老师的敬重和感激。

邱老师送给我的一本书的题词是"自古成功在尝试"，这是极其宝贵的精神财富。在邱老师尝试思想的引领下，我尝试写教研文章，尝试出教研专著，尝试编教研期刊，尝试搞教学改革，尝试搞专题研究，尝试搞教育科研，尝试开教研课程……我从教六十多年，先后尝试了教学工作研究，教研工作研究，教研理论研究，教研总结研究。教研文章发表164篇，论文《为公开课打磨辩护》被中国人民大学复印报刊资料全文转载。教研书籍编著6本,独立编著的《教研活动概论》由北京大学出版社作为"教学研究—师资培训—教材"出版,已经二次印刷。研究成果获奖15项,其中四川省政府一、二、三等奖各一项。特别是"说课"研究鉴定结论是"在全国同类研究中处于先进水平",列为四川省首批重点推广的优秀教学成果。《人民教育》1999年第12期《教研组研究课活动初探》一文中编者按指出,雷树福"对全国说课活动的开展起了积极的推动作用"。

邱老师是我学习的榜样,榜样的力量是无穷的。我对邱老师的追星行动促进了专业的发展,让我享受了尝试的喜悦,收到了很好的成效,我被评为四川省特级教师和国务院表彰的全国先进工作者。

我原是一个四川省边远山区的农村教师,40多年来一路追星邱学华,在邱学华老师的悉心帮助下,学会教研,著书立说,成了特级教师和全国教育先进工作者,我心存感恩,铭记心中。邱老师已88岁了,还在工作,现在我已退休,身体不算好,但仍要努力,追随邱老师,继续为中国教育事业做点力所能及的工作。

从初出茅庐的小姑娘到特级教师

福建省厦门市音乐学校　李玲玲（特级教师）

我于1990年中师毕业,如今在小学数学教坛已耕耘三十余年,每当回顾自己的专业成长之路,总是特别感恩能遇到邱学华老师,能走进尝试教育理论。

邱学华老师与福建渊源很深。1982年,他的第一篇关于尝试教学法的文章在《福建教育》杂志刊发;1989年,第一本尝试教学法专著《尝试教学法》由福建教育出版社出版,对全国推广尝试教学法起了巨大的作用。

1990年，邱老师到福建泉州讲学，当时我所在的南安市水头中心小学的吴安水校长刚好在泉州开会，因为对尝试教学法很感兴趣，到了现场聆听邱老师的报告，在听完后马上跟邱老师商量，请他到学校讲学。于是，一个普通乡镇有了一段尝试教育故事。

　　福建省南安市水头镇，目前是全国知名的石材生产贸易基地，但在当时，还是一个各方面条件都不是很好的乡镇。邱老师到学校讲学，不计较住宿的简陋、饮食的简单，他只有一个愿望，就是推广尝试教学法。在对学校进行考察后，南安市水头中心小学成了尝试教学实验基地学校，他应邀担任学校的教学顾问。一所乡镇中心小学因尝试教学而成了当时科研兴校的典型，这不仅成就了一批教师，而且使学校成了区域内具有较大影响力的学校。那段时间，邱老师每年至少都会到学校一趟。邱老师平易近人，学校的老师都把他当成自家人。

　　他每次到学校，都要听课、评课、讲座。有一次邱老师听我的课，当时我还是一个初出茅庐的小姑娘，听说邱老师听课，很紧张。邱老师听课的方式同其他专家不一样，前一天晚上先看我的教案，再听我说课，然后再讨论，在此基础上再帮我备课。明天的课应该怎样上，为什么要这样上的道理讲得清清楚楚，使我茅塞顿开，感悟到尝试教学法的真谛。上课时，本校和外校的教师都来听课。由于邱老师的事先指导，帮我备了课，这堂课上得出彩。邱老师在评课时大加赞扬，使我尝到了成功的喜悦。邱老师这样的指导方式，使我受益匪浅，后来我当教研员和学校领导，都用这个办法。

　　20世纪90年代，每年都会有全国性的尝试教学研讨会。那时学校经济条件并不是很好，但吴安水校长很重视教师的成长，千方百计筹措资金，让更多老师能有外出学习的机会。为了节省经费，外出都选择比较经济的方式，比如轮船、绿皮火车等等，虽然路途辛苦，但大家对每年一趟的外出学习都充满了期待。也正是因为有了参与尝试教学理论学习的机会，身处乡镇农村小学的老师，有了和全国各地优秀同行共同学习交流的机会，这对开阔视野、提升眼界很有帮助。1996年7月，在山东省龙口市举行的尝试教学研讨活动中，我执教了《平行四边形的面积》一课，获得了好评。一位教师的专业成长，离不开公开课的磨炼，这是我第一次在全国各地同行参与的研讨活动中上课，这也成了我专业成长的关键事件。

  2002年，我调到了南安市教师进修学校，引进尝试教学法的吴安水校长退休，他在几年后不幸患病去世，让人痛惜。这期间，由于课改教研重心的转变，再加上工作繁忙，没有与邱老师再联系。2006年，我调到福建省厦门实验小学，从教研员重新成为一名一线教师，突然有一天收到一封信，是邱学华老师亲笔手写的，原来他从杂志上看到我发表的文章，才知道我调到了厦门，他在信中关心我的发展，勉励我在小学数学教学中继续研究。2015年4月，邱老师来闽讲学，行程安排非常紧张，讲学结束后又要匆匆赶往河北衡水讲学。为了见上一面，我约他在厦门机场见面。虽已近二十年未见面，但邱老师仍是那么亲切，关心地问着熟悉的老同事，也聊起了各自的家庭情况。此次，邱老师送我《邱学华与尝试教育人生》一书，并亲笔写上寄语"尝试是真正意义的学习"，当我汇报自己的一些想法时，邱老师给予很多鼓励与指点。虽是短短的半个小时相聚，但仍让我受益匪浅。2017年11月，由人民教育出版社主办的第七届基础教育改革与发展论坛在厦门举行，邱学华老师应邀在论坛上发表主题报告《中国教育怎么啦!》，针对社会上存在的对中国教育尤其是对基础教育的八个误解，邱老师用具体的事例进行反驳。此时，邱老师已年过八旬，但他铿锵有力的话语仍是深深地打动和感动了听众。当天，许多媒体发表了消息和评论，第二天，《厦门日报》以"83岁邱学华为中国教育鸣不平"为题发表评论文章，我为邱老师的壮举点赞。

  此次活动，邱老师送我《邱学华的数学课堂》一书，并写上寄语"掌握儿童学习数学的奥秘"。在会议间隙，邱老师得到空闲的半天，我陪着他一起走访南普陀寺，逛了具有南洋风格的中山路老街，聊教育，话家常，过了非常愉快的一个上午。在南普陀寺，我拍照留存了则悟大和尚的开示语："慈善不仅是给予物质，还要有精神上的关怀。慈善是佛教慈悲心的一个表现，通过做慈善培养慈悲心，做力所能及的事，不仅是物质慈善，还有精神慈善。物质慈善需要一定的实力，而精神慈善，随时随地，任何人都可以做。"这一刻，我似乎更加理解了身边这位老人，为何年过八旬仍有如此的热心与激情，奔走在为中国教育发声的征程。

在我的成长道路上，邱老师就像一位人生导师，不时给予引导。我想，他研究和推广尝试理论的精神就是一笔巨大财富，值得我们学习和传承。

做研究需要有坚守精神，不受迷惑。从20世纪60年代开始思考酝酿，80年代正式启动教学实验，历经小学数学尝试教学法—尝试教学法—尝试教学理论—尝试学习理论，邱老师整整用了50年。这半个世纪，教育理念不断出新，但邱老师"任尔东西南北风，我自岿然不动"，坚守自己的尝试教学理论研究，这种精神对于身处"时髦概念满天飞"的当下教育人，是非常值得且有必要学习与思考的。

做研究需要创新精神，与时俱进。从尝试教学法到尝试学习理论，从小学数学到各学段各学科，我从邱老师给我的两次寄语"尝试是真正意义的学习""掌握儿童学习数学的奥秘"感受到的是邱老师虽功成名就，却不会固步自封，而是不断进行丰富与完善，研究视角从"教"向"学"转变，我仿佛看到了一位蹲下身来与儿童亲切对话的可爱老人。2016年发布的中国学生发展核心素养，以科学性、时代性和民族性为基本原则，以培养"全面发展的人"为核心，分为文化基础、自主发展、社会参与三个方面。而邱老师在多年前提出的观点"学生能尝试，尝试能成功，成功能创新"，提出要培养三种精神"问题精神，探索精神，创新精神"，这些不就是对"自主发展"最好的诠释吗？正是研究方向的正确性，尝试教学理论才能历经50年仍然具有很强的生命力。

我第一次认识邱老师时还是一个初出茅庐的小姑娘，如今，我已是一位教龄超过30年的老教师了，也成长为特级教师，承担着学校管理工作，但尝试理念和精神仍然积极影响着我的教育思想，给我的学校管理工作带来很多启发。我想，自己之所以能在某些方面能有一些创新的举措，跟自己长期深受尝试精神影响是分不开的。

上次厦门相聚，时间不足留下遗憾，未能陪邱老师上鼓浪屿。期待邱老师再次到厦门，再聊教育，再指点人生发展。

结缘尝试　促我成长

广东省东莞市南城阳光第三小学　王成（优秀校长）

邱学华先生是我最敬佩的中国当代教育家。先生对我有知遇之恩和忘年交情，先生本人和尝试教育理论对我的教师职业生涯影响深远。

因缘于一本书

1987年我中师毕业参加工作时，所阅读的第一本教育专著是张开勤先生编著的《学导式教学》，该书第三章专门介绍了江苏省常州师范特级教师邱学华创立的尝试教学法，对邱先生的"先练后讲"教学思想和尝试教学法"五步教学程序"进行了提纲挈领的介绍，并特别介绍了尝试教学法已经被广泛地运用到各科教学中，这引起了我对尝试教学法的特别关注与兴趣。因为，我参加工作第一年任教语文担任班主任，第二年校长找我谈话，说经学校研究并报教委批准将安排我担任行政岗位工作，在课程教学方面可能会根据学校实际情况随时调整我带其他不同学科的教学，要求我要有思想准备。当时我很天真地想，要是我掌握了尝试教学法，不就可以应对各门学科的教学了吗？因此，我便开始在我的课堂上应用尝试教学法的"五步教学程序"教学，多方寻找收集阅读邱先生的《尝试教学法的实践和理论》《再谈尝试教学法》《三谈尝试教学法》，以及教育界对尝试教学法的相关评论文章，并在我所任教的各门学科教学中开展尝试教学法的实践应用研究。

我在应用尝试教学法开展教学实践过程中有很多收获。我的教学技能得到提高，课堂教学实际效果更好，参加省市区课堂教学竞赛分别获奖，特别是"小学数学奥林匹克竞赛"教学辅导成效显著，我也获得"湖北省小学数学奥林匹克活动优秀辅导教师"证书。我不断行走在提炼自己的教育教学理念和验证方法之路，尤其是在我任教音乐学科应用尝试教学法开展教学实践期间，我明白了为什么邱学华先生强调"不能生搬硬套尝试教学法"的"五步教学程序"，教学方法是为教学服务的，要依据实际情况灵活地运用多种教学策略，而不能总是拘泥于某一种教学方法。我便大胆尝试"基于尝试教学的音乐课教学方法"的实践探索，先后总结撰写了《音乐课让学生主动学习之我见》（市一等奖）、《关于中小学音乐教育创新的思考》（省一等奖）等研究成果文章，并提炼出《体验·探究·升华——一种新的小学音乐教学方法》（刊于《中国音乐教育》2003.3），2001年，我被评为湖北省荆门市首届名师。

机缘于一次活动

2004年8月，我调到广东省东莞市南城阳光第七小学担任校长后，带领全校教师开展课堂教学改革，大力开展基于尝试教学理论的《体验·探究·升华——和谐课堂教学模式》研究，倡导和实践"体验即尝试，尝试能成功""请不要告诉我，让我先试一试""自主学习""合作学习""探究学习"等教学理念。经过5年多的实践探索，学校教育质量和教师教学水平都得到了大面积的提高。但我深感进一步研究探索实施《体验·探究·升华——和谐课堂教学模式》需要从理论和实践方面突破瓶颈问题，迫切需要有专家给予具体指导。我便想到了尝试教学法创始人邱学华先生，要是能得到先生的亲自指导那该多好啊！可我从未与先生联系过，也未曾谋面啊！机缘巧合的是2011年，我偶然得到先生要来我们东莞南城一所民办学校讲学的消息，并经再三打探核实确认就是我想求助的邱学华老师后，便立即邀请先生抽出时间来我们学校指导。老师们听说尝试教学法创始人邱学华老师要来学校讲学，都非常兴奋，都积极请缨上课，想得到邱老师的亲自指导。

实际上，我是想通过这次邀请先生来学校，请他对我们学校的教学研究和课堂教学实际情况给予诊断性指导，以期先生能把我们学校作为尝试教学研究指导的实践基地，长期指导我们学校开展教学研究。但我很忐忑，第一次见面就向先生提出这样的要求是否太苛刻，强人所难了？因为我们是一所相对薄弱的学校，先生是当代知名的教育专家，全国各地都有实验学校和徒子徒孙，毕竟先生已年近八旬了，可当我从侧面向先生表达请求时，先生当即表态："王校长，你是一个很有教育情怀的人，我支持你。"我感动得无以言表，当时只是用茶水向先生表达敬意，并在当天下午先生讲座结束时，特意代表学校向先生颁发了"学校发展专家顾问"聘书，有全体教师鼓掌作证，还怕先生"后悔"不成！当时我心中有股吃了定心丸的窃喜！

从此，先生坚守他的诺言，每学期都来我们学校开展一次历时3天左右的教学研究指导活动，并带领全国名师来学校上示范课，有时亲自上示范课，开展备课、磨课、评课、讲座等研训活动，为学校培养了一大批优秀骨干教师。2012年，学校被确定为"东莞市高效课堂实验学校"。在先生的指导下，2015年，学校研究提炼的"三模块""五环节""'体验践行'课堂教学模式"被收录东莞市"高效课堂工程"研究成果集，先生为东莞市南城阳光第七小学的发展增添了浓墨重彩的一笔。

2015年7月，我轮岗到阳光第三小学任校长，先生又毫不犹豫、毫无保留地帮助我指导学校开展教学研究，收纳徒弟、磨课研训、讲座示范，还吸纳我为常州大学尝试教育科学研究院特聘兼职研究员。在先生的指导下，我带领全校教师对"三模块""五环节""'体验践行'课堂教学模式"进行了提升式滚动研究，研究成果《基于尝试教学理论的"三学三问"常态课堂教学模式研究》在《现代教育》上发表，学校也被常州大学尝试教育科学研究院授予"尝试教学'全国示范实验学校'"。先生对教育的那份执着与热爱、敢于尝试的勇气精神、深厚渊博的专业学识、科学严谨的研学态度、求真务实的做事作风、谦逊和善的为人品格，不仅激励鞭策着我要不断向先生靠近学习，而且影响着学校全体教师爱岗敬业、勤学善教、博育笃行。

结缘于尝试创新

我认为先生的尝试教育理论其实质就是"引领和促进学生自主成长"的教育理论。尝试教育理论伴随我经历了四所公办学校、35年教龄、3年副校长和21年校长的教育生活，让我从一名普通教师成长为市级名师、省级骨干教师和市级名校长工作室主持人、市级教育家型校长培养对象，尤其是3年"主体性教育——自主学习，主动发展"新课程改革样板校实践、11年"体验践行教育——体验求知，践行发展"心育特色校实践、6年"开才教育——广开心智，博育良才"品牌校培育实践，贯穿其中的主线正是"引领和促进学生自主成长"，也让我不断积淀了自己的教育主张，即教育的本质是育人，学校育人的本义是教学相长，助人自助，其核心是"学导生成"——引导和帮助学习者核心素养自我建构、自主生成、自觉发展。这也是我的教育理念，是一种以学生成长型思维为导向，致力于引领和促进学生自主成长的教育理念，是对尝试教育理论的传承与实践创新。

2022年，国家颁布了《义务教育课程方案和课程标准（2022年版）》，吹响了新一轮课程改革的号角。"新课程方案和课程标准"聚焦核心素养，变革育人方式，优化了课程内容结构，研制了学业质量标准，增强了提高课堂教学的效率和质量的指导性，突出学科思想方法和探究方式的学习，加强知行合一、学思结合，倡导"做中学""用中学""创中学"。尝试教育理论和帮助我积淀的"学导生成"教育教学理念，都与新时代的发展素质教育的取向和课程改革时代精神有着密切和高度的契合度。

我期待在这一发展契机，不断传承和弘扬尝试教育理论，不断拓展、深化、完善我的"学导生成"教育教学理念和实践探索，形成"学导生成"教育教学创新发展模式体系，以发挥尝试教育理论和"学导生成"理念模式更大的育人作用，更广泛的实践应用价值，我将不懈努力。

尝试处处看人生——恩师邱学华先生三记

北京市朝阳区朝阳师范学校附属小学教育集团

王红梅（特级教师、正高级教师）

邱学华先生是尝试教育的创始人，被誉为教育的"光明使者"。他用"自古成功在尝试"解读了一位名师、一位教育家的成功秘籍。我是他的学生，这种崇拜和自豪之情溢于言表。回忆我从2002年3月第一次有幸拜读邱老师的《尝试成功的学习》，至2012年4月我在南京市东山拜先生为师，到后来的随着先生在大江南北上课，我的脑海中就会闪过许多珍贵的历史镜头。这不是用一两篇文字可以表达清楚的。因此，我只能根据自己的体会，选取三个角度，剪裁三个片段，然后按照我的方式连缀起来，名之曰"恩师邱学华先生三记"，来表达我对尊敬的引路人更是可亲可爱的先生的崇敬之情。

一、东山拜师记—— 一提起先生就精神抖擞

第一次见到先生是在2012年，当时我任南京市江宁区东山小学副校长，先生到我校传授、指导尝试教学法。对于这一难得的学习机会，我是倍加珍惜。先生听完两节课，就坐下来对我们的课堂进行分析、点评。因为是下午，担心先生一天操劳听课会疲惫。哪知先生没有丝毫倦意，那精气神让你感觉坐在对面侃侃而谈的就是一位50岁的教授，那年先生已77岁。他在教学上独到的见解，一针见血的评析，大到育人育德的主旨，小到一言一行的规范，让我见识到了一套完整的尝试教学策略训练，我忍不住又请教先生多个问题，先生见我十分好学，便收下我这语文学科的学生。我当时真觉得是在茫茫教育航程中迎来了新的明灯。

现在我也带团队，开始指导自己的学员。我总是把先生教给我的东西作为经典的案例讲给我的学员，让他们从中得到智慧和启迪。不停地潜移默化，我和伙伴一直行走在践行"尝试"的路上。

我们都在努力做一个敢于尝试的人。1951年，邱先生开始当小学教师，就是一位尝试者。到1956年考进华东师范大学，后又留校教书，这期间，善于理论联系实际的他，又尝试到小学一线亲自上课，他相信"学生能尝试，尝试能成功，成功能创新"。多年如一日孜孜不倦地推广尝试教育，他差不多每年都要出一本研究文集，每年都要召开几次大型的尝试教学研究学术会议。先生之所以这样，是因为他的教育初心"让每个儿童上好学"，因此，尝试教学法也被称为"大面积、大幅度提高教学质量"的首推教学方法。而这些，与他敢于尝试的风格是分不开的。

二、南北讲学记——课堂越花哨就越自欺欺人

顾明远先生曾赞誉邱先生为"敢于第一个吃螃蟹（尝试）的人"。原因有四：一是尝试教育的开创性与创新性，不仅开辟了教学的新理论，而且还提出诸多具有创新性的学术观点；二是尝试教育的厚重性与深刻性，能做到史料扎实，博古通今，分析精当，成一家之言；三是尝试教育的广博性和多领域性，能将尝试教学法融会贯通并在多个学段、学科有所实践，颇有建树；四是尝试教学的权威性和影响力，其著作之丰，培养教师、学者之众，加之实验学校、教育地区之广，在当今我国教育界可以说是无以出其左右者。

我在跟随邱先生不知疲倦，走过祖国的大江南北、山山水水，参加先生举办的尝试教育年会和各种研讨会、观摩会。给孩子们上公开课的过程中，我感受到了先生的真知灼见。有一次我随先生在桂林执教《每逢佳节倍思亲》，为将学生带入文中王维思念亲人的情境，我借助了很多视频和音响效果，本想用科技手段创造幸福课堂，谁料借班上课学生生疏，我的尝试没能让学生兴趣盎然，反而冲淡了学生自主学习的激情，我急得额头出汗。还好及时止损，方避免窘态百出。课后，先生从"真、达、放"的角度与我作了分析。

一是就真实性而言，先生总体上肯定我的教学设计，"思想解放，比较实事求是"。但他也严肃指出"课堂越花哨就越自欺欺人"，截取的视频可能会让学生想起什么，但用处不大，白白让学生浪费了自我思考的时间，还不如让他们"试水"，找寻自己的记忆，即便零星、错乱，但终究激发学生的学习欲望。

二是就思想性而言，先生总体上肯定了思路。"有开创性，敢于让学生合作探究目标问题"。但他也对一些讨论的实效提出意见，例如文中王维写的《九月九日忆山东兄弟》，理解"山东"一词，学生因为地理知识不清晰，不理解很正常，教师快速点拨就要及时跟进，不可拖泥带水。

三是就艺术性而言，先生总体上肯定我的教学基本功"朗读入情入境，书写大气漂亮"。但他也对我执教这篇"文包诗"提出了新的想法"文章中花那么多笔墨写当时情景，都是为了烘托诗，不如将诗作为重点，读到位、品至深，而将其余的分析之类的文中语音，让学生自己学去吧"。

一席话不隐不晦，让我茅塞顿开。尤其是追求自己的内心，追寻孩子的真实，让我抛弃了繁琐浮躁，大胆地创设了自己更加扎实、更加理性的文理兼具的语文课堂教学风格，后形成我的"全脑语文"教学思想。

三、千秋功业记——真干事的人有真实的生命

七十一载教育路，尝试教学擎天柱。求真务实开先河，高质高量英才出。

先生的最大功业，就是率先构建尝试教育大厦。尝试教学法刚推广时，只在数学学科中运用，且取得很好效果，但其他学科欠缺；推广中，幼儿园最好，小学难点，初中更难，高中难甚，是因为升学压力让大家不敢尝试。于是，在尝试教育研究中，先生强调"固本"。强化尝试教学实践研究，真干事，而且主张"开新"，开辟新的教学设计思路，提倡"趣、实、活"。上课首先要有趣；其次要让学生实实在在学好基础知识，练好基本功；最后则是课堂气氛要活，学生思维要活跃。三方面互相联系，相辅相成。"趣"是手段，"实"是目的，"活"是提高。务实求新、夯实基础，才能创新。

先生还有一项重要功业，就是教书育人。尝试教学理论着力于大面积，适用于不同地区，尤其是农村；大幅度，适用于不同学生，尤其是中差生提高教学质量，体现了先生让每个儿童"上好学"的初衷。据统计，先生的尝试教学法运用前期绝大多数在农村，后发展到更多的大中城市，甚至港澳台地区。这是因为先生秉承教书育人宗旨，考虑农村学校师资水平低，教学相对薄弱，学生水平参差不齐等特点，使尝试教学易学易用，照顾了教师目前的需要，几乎每个教师都能掌握，每个学生都能适应。这是先生树人思想的体现，也是尝试教学永葆青春活力的关键所在。

今晚，再次翻阅先生的著作，我想，最好的崇拜方式，就是要追随先生的样子，努力成为他。对先生的精神风范做一次回顾，我一定要学习先生锲而不舍的执着精神。从一个动荡年代的知识青年，成长为一代学术名家，没有这种执着精神是不可想象的。我也一定要学习先生富有理性的批判精神，在学术和政治之间，他总是能够找到合适自己的位置，这是多么难得的一种可贵品质。我还一定要学习先生自信达观的生活态度，他从不因处境一时困顿而终日忧心忡忡，也绝不为追求富贵而往来奔走、钻营逢源。当然，更为重要的，还是要学习敢于尝试的创新精神，继续研究发扬光大先生的事业，继承创新尝试教育理论，研究和完善全脑语文的新思考。

尝试教学理论，让我的教育人生有了诗和远方

福建省平潭综合实验区平潭实验小学　陈敬文（特级教师）

"教育经历铸就了教学个性，教育生涯熔炼了教学主张"，我的"动态跟进，智慧生成"教学主张源于我长期的教学实践领悟，又在教育实践中

不断提炼，完善，发展，从而镌刻着我的教育人生图景，有了诗和远方。当然，滋养我教学主张生根、开花、结果的是"尝试教学理论"。

一、"老师，我今天听得最明白"

1977 年，我高中毕业，没有考取大学，就在家乡平潭县农村当民办教师。我辛辛苦苦讲了半天，学生还是听不懂，使我十分苦恼。有一天，上完数学课，一个后进生叫陈由华，拿着课本跑到我眼前："老师，我今天才听得最明白，你看，是不是这样做：原来的物价与涨后的物价不同，标准量不同，所以同样乘以 10%，所得的价格并不一样……"

我非常吃惊，平时，他一本正经地听课都是似懂非懂，为完成作业他硬着头皮瞎写，为表示学习态度好，他毫无头绪地埋头苦干，私下辅导他时，也是不懂装懂一个劲地点头。

原来，我这天改变了原来"满堂灌"的教法，用"学生先做，老师再讲"的教学方法，冥冥中采用了邱学华老师的"先练后讲"的教学方法。我灵机一动，抓住契机，请他叙述自己的思路，他自信地说：原物价和涨后的物价不同，标准量（即单位 1）不同，所以同样乘以 10%，所得的价格并不一样……

我猛然悟出：教学方法不同会产生如此大的变化，如果不致力于提升自己，只能让自己走进教育的死胡同，"误人子弟"了。

追忆这段经历，反思着学生一句"老师，我今天才听得最明白"的话语，我深切地体会到：一个教师的教学方式的转变与学习方式的变革是多么重要啊！

因为这段经历，我下定决心考师范，以便潜心学习、运用、研究教学法。我身为农民的孩子，更要为农民服务。

二、"写信给邱老师"

师范毕业后，我分配在平潭县实验小学，先当教师，后任校长，一直在探索教学方法的改革。在一次教研活动中听到有的学校应用尝试教学法取得了成效。

当天晚上，我翻箱倒柜，把 1982 年以来《福建教育》杂志发表的有关邱学华的"尝试教学法"文章全部整理出来，比较系统地学习了"尝试教学法"的精神实质和具体操作方法，发现邱学华的尝试教学法似曾相识，我当民办教师时偶尔为之的"先学生练习，教师再讲解"，不就是要求尝试吗？邱学华先生早在 1960 年代就开始实验，并上升到理论，起名为尝试教学法。第二天，我写了一封长信寄给邱学华老师。当时担心无法得到邱老师的帮助，特意自称"台湾海峡西岸一个小岛上的一位小学老师"。意想不到，一周后，我收到了邱学华老师的回信和他的著作《尝试教学法》。于是，我利用这些资料，对教师进行培训，亲自上示范课并指导青年教师上研究课。就这样，"尝试教学法"就在"台湾海峡西岸的小岛上"传播开了。

三、"课题研究，激活了发展动力源"

1995 年 8 月，也就是我当校长的第二年，通过一年多的学习、运用、推广尝试教学法，教师的理念和意识逐步跟上时代步伐，在总结国内外教育科研现状的基础上，在邱学华和《福建教育》陈笑晴老师的指导下，我开展"尝试教学与学法培养"的课题研究。这项课题研究，实现将"尝试教学法"与学法指导置于统一体中进行有机整合，还把尝试教学理念向所有学科辐射，除了数学、语文，科学、思品、音乐、美术都相继开展了子课题研究，全校教师，人人参加课题研究，个个上研究课，人人撰写教学案例和教学论文。

1996 年 10 月，县里安排我校举行"新教材新教法"研讨会。研究课在征求有关领导与教研员意见时出现了分歧，"一年级学生自学能力有限，尝试教学法只适合中高年级""面向全县开课，保守一些好"等观点占了上风。执教老师也开始打退堂鼓了，怎么办？我这人有一股拗劲，看准的就一定要闯下去。在我的坚持下，研究课按原来的思路，依然在研讨会上面向全县隆重推出。结果，好评如潮。活动结束后，我把研究成果编撰成《尝试教学与学法指导培养》一书，邱学华老师为该书写了"自古成功在尝试"的题词，陈笑晴老师受邱学华老师的委托，为本书作序。2001 年 10

月，邱学华老师应邀专程到平潭，为实验小学立项新课题"以学生发展为本，引导学生尝试创新"的开题活动做指导，还为全县一千二百多位中小学教师作学术专题讲座，从而开启平潭新一轮的尝试教学理论学习、运用、研究的热潮。

四、"尝试教学理论，我教学主张的根"

2011年8月，我有幸被推荐成为福建省名师工程培养人才。在学习期间，指导教师要求各位名师提出各自的教学主张。但是，"我有教学主张吗？"几乎所有名师培养人选都有这样的疑问，一时间，教学主张成了我们最害怕的"话语"。在困惑、混沌、迷漫之际，顾明远先生"中小学改革就必须去找到自己理论的'根'，没有理论的'根'，这些改革经验不可能得到进一步的发展"这段话给了我启示，我的教学理念的根在尝试教学理论的土壤里。在教学实践中，我反复思考一直以来的"先试"和"先练"是为了什么，"后导"和"后讲"该怎样"导"和"讲"。引导学生尝试自学课本最主要的是引发师生互动、发现问题、提出问题，促进学生激活思维，这个过程实际上就是老师用心地"营造动态"，"先试"和"先练"可以触发课堂中教学各元素活动、互动，这些"动态"为执教者寻找教学起点提供了最具体、真实的依据，有了起点，教学方能高效切入、因材施教。于是，根据"动态、跟进、生成"这三个关键词，连缀成"在动态处跟进，在跟进中生成"。然后写出论文《从动态处跟进，在跟进中生成》在《福建教育》杂志上发表。该文的发表，鼓励和推动我进一步深入研究，最终实现了教学主张的提炼目标，并出版了《"动态·跟进·生成"数学课堂教学》一书，邱学华老师还为该书写了名为《跟进尝试，走向成功》的序言。

五、"拨亮一盏灯，照亮一大片"

我的成长和成功得益于邱学华老师和他的尝试教学理论，我更要把这份热情和学术成果及其精神接续传播和弘扬。组建教学团队和工作室，开辟个人教学主张向他人、团队辐射的途径，促进教师更新教育观念，改变教学行为方式，增强教师在教学上的创新能力，实现"拨亮一盏灯，照亮一大片"的愿望，从而提高团队教师的整体教学研究能力。

2011年至今，教学团队和工作室成员中有10名老师评上省优秀教师，15名老师评上"小中高"，5名老师评上省学科带头人培养对象，3名老师评上名校长后备人选。课题组教师在专业水平上有明显的提高，共有五十多人次在省、市、县等各级校长岗位、学科带头人、骨干教师等培训班上作专题讲座或上示范课，受到好评。

"伟大的事业根源于坚韧不拔地工作，以全副的精神去从事，不避艰苦。"（罗素名言）从埋头苦干的无名小卒到现在的终尝教育甘甜的一介"教育人"，我真正体验到了王国维先生所说的三种境界，这由苦到乐的教学旅程，由涩到甜的心路经历，非亲历其境不能品尝其味。倾我所有的热情，永不放弃，我期待着迈入更加美丽的"诗和远方"！

我的杏坛引路人——邱学华老师

山东省青岛市经济技术开发区实验中学　李素香（特级教师）

邱学华老师是一位从一线教师成长起来的教育大家，教育生涯执着于一件事，就是对"尝试教学法"的探索与普及。"尝试教学法"扎根于中国教育实践的大地，与素质教育一脉相承，具有广泛的实践性和普及性，几十年来一直是教师们奉若至宝的教学良方，在教学理论推陈出新的今天始终立于课改潮头。

邱老的教育思想影响了几代人，受到了国内外教育界的广泛关注，对我和"完美教育"理念"问题导学"教学模式有着重要的启发和指导意义。回忆起这些年来与邱老在工作、生活中的点滴交往，深刻感受到邱老既是一位严以治学、淡泊名利、成就卓越的学者大家，也是一位开朗谦和、宽厚坦诚、热情助人的良师益友。

一、初入杏坛，读邱学华老师的书

1984年，我从师范学校毕业后在一所乡镇中学当数学老师。凭借着年轻人"初生牛犊不怕虎"的闯劲，萌生出打造孩子们都喜爱的"完美数学课堂"的梦想。然而，师承"先教后学"的传统教学模式，强调灌输，忽视交流，"满堂灌""填鸭式"的教学方法让我这个新老师教得苦，学生也学得累，教学效果不够理想。初涉教坛，有限的理论积累和教学实践，显然不足以支撑起宏大的梦想，为此我一度迷茫。

印象中是1990年秋季的一天，教研组组织我们学习了邱学华老师的"尝试教学法"，同时有幸拜读了邱老当时风靡教育界的《尝试教学法》一书，读罢豁然开朗——"先试后导""先练后讲"的模式不正是我苦苦追寻的，能够真正调动起学生们探求新知的积极性、激发起学习兴趣的"灵丹妙药"吗？从此，我就成了邱老师教育理念忠实的拥趸，在之后的教学生涯中对"尝试教学法"不断实践与思考。

二、前行路上受邱学华老师的指导

初次见到邱老师，是2007年暑假在威海举办的一场"尝试教育论坛"上。会上，我与来自全国各地的几百名一线教师，聆听了邱老师的"尝试教学法"专题报告。邱老在报告中详细介绍了"尝试教学法"的创立、发展、教学模式、操作方法等，邱老语言幽默风趣，内容操作性强，现场不时响起笑声与掌声。一场报告下来，每位教师都感觉获益匪浅！遗憾的是，由于参会人员众多，我并没有找到机会向邱老师表达我的敬重与感谢。

2011年，我调任青岛市经济技术开发区实验中学校长，这是一所"四新"学校：新校长、新老师、新校舍、新学生。我只身一人赴任。要让这样一所没有成熟办学经验，没有长期文化积淀，没有优质生源，没有任何升学历史的新学校能够得到家长们的信任，困难可想而知。到任没多久，学校就承办了一场全国范围的学术会议，邱老师作为专家前来参会。再次见到邱老师，我的心情非常激动，这些年作为"尝试教学法"忠实的追随者，积攒了太多问题想请教他。同时我想到：对于学校建设，这位在教育战线奋斗了几十年的教育家、老校长一定能为我们指点迷津！

已逾耄耋之年的邱老精神矍铄、声音洪亮。在实验初中崭新的校园里，我向邱老边介绍情况边"诉苦"。做过多年校长的邱老非常理解我的困境，提出了很多切实可行的建议，其中希望我重点放在教师队伍的建设上，可以说是一针见血地指出了我当时面对的最大难题。针对师资管理、教学改革、"尝试教学法"等问题，他耐心地给予了我解答和指导。

2010年，邱老师曾在《人民教育》发表一篇文章，题为"我所追求的理想学校"，文中提出在这所理想学校里要重点解决三个结合问题：一是把东方教育西方教育结合起来，二是把教育民族化与教育现代化结合起来，三是把素质教育与提高教学质量结合起来。这篇文章引发了我很多思考，在之后的工作中，我始终将解决这三个问题视为学校建设的重中之重。

学校慢慢走上了正轨，我也有更多的时间去思考教学与课程改革。邱老师的"尝试教学法"是一个兼具认知、情意、技能的良好的数学教学模式，通过"准备练习—出示尝试问题—自学课本—尝试练习—学生讨论—教师讲解"五个步骤，让学生自主学习，合作学习，从而促进学生全面发展和个性发展，提高学生的综合素质。受到启发后，我在教学和管理工作中也摸索出了自己的一套"完美教育"理念，其中"问题导学"这一教学模式的创建灵感，就是来源于"尝试教学法"——出发点都是让学生充分发挥主体作用，同时重视教师的指导作用，加强学生之间的合作交流，建立和谐的师生关系。这套理念在教师们的实际操作中，不断得到有效反馈，我也因此期望有一天能够当面跟邱老报告这个好消息，并感谢他给予的支持与启发。

三、创新路上受邱学华老师的鼓励

2015年，我在师资建设中走入了"瓶颈期"：学校越来越好，但是很多教师开始满足于成绩，状态上不似当初充满激情和动力。我想邀请邱老前来做一次师德方面的报告，想通过邱老严谨的治学态度、广博的专业知识以及昂扬的精神状态，给老师们以感召和指引，带动起团队的士气。邀请之前我也有所犹豫：这一年邱老已是八十岁的老人，为教育事业奋斗了一辈子，该是散散步，打打太极，安享晚年的时候了，冒昧的邀约会不打扰到他？没想到电话里刚一提想法，邱老师就一口答应了下来。他告诉我说，希望在自己还有余力的时候，带领更多的老师开展课堂教学改革，让更多的课堂教学产生高效益、高效率、高效果。

这一次报告会，邱老在礼堂讲台上一站就是一个多小时，一如几年前，依然精神饱满，神采奕奕，热情幽默，讲到生动处手舞足蹈，他是那样投入，那样充满激情，那样愉快，又那样幸福，每一位教师都能够感受到邱老对于教育事业的执着追求与无限热爱。整场报告振奋人心，激情澎湃，结束时会场的掌声经久不息！

报告会结束后，再次陪邱老走在实验初中的校园里，对比几年前在同样的校园里我满面愁容地向邱老"取经"，这一回我的步伐轻松了许多。我像是一个在考试中取得了不错成绩的学生，迫不及待又充满自豪地向他介绍了学校连续三年中考第一的好成绩，介绍了孩子们获得的一项项荣誉，介绍了丰富多彩的社团活动，以及校园环境中精心布置的文化展示。邱老听罢惊讶地说，一所新学校起码要有3年磨合期才能走上正轨，再经过5—10年的创新期才能成为一所名校，现在实验初中只用4年时间就做到了，这所学校的孩子真是太幸福了！

邱老一句："实验初中就是我苦苦追寻的理想学校！"这让我一时百感交集，又深感欣慰。

我案头一直放着一本书：《邱学华与尝试教育人生》，该书是"教育家成长丛书"第一批20本书中的一本，记录了邱学华的成长史，解读了尝试教学思想的真谛。这本书促动了我把自己的"完美教育"的想法整理出来。邱老师是我的榜样，我静下心来，边思考边写作。此事得到邱老师的支持，鼓励我走创新之路，而且亲自写文章肯定。我终于写成《李素香与完美教育》一书，并列入教育家成长丛书中。

我一直在追求"完美教育",试图做一名"完美"教育工作者,通过对"完美课堂"的打造,让孩子们的生命臻于完美。在这条追逐信仰的长路上,邱老师可谓我的引路人,也是我心目中"完美教育"最契合的代言人:为了理想中的教育,他选择做一位追光人,始终不渝坚守在教育第一线,70年怀抱赤子之心走过小学、中学和大学的课堂,创立了具有中国特色的"尝试教学法",推动着我国基础教育的创新、改革与发展。如今87岁的邱老退而不休,笔耕不辍,已是著作等身,还在继续为尝试教育思想走向世界而努力。他对中国教育脚踏实地的执着精神,对教育研究求真务实的严谨态度,深深地影响和引导着我。相信在不久的将来,世界各地将有更多的孩子,因为接受来自中国的"尝试教学法"教学模式,获得更美好的未来!

我是邱学华老师的正宗弟子

江苏省常州市武进区湖塘实验中学　吴菊芬

　　邱学华老师对尝试教学的研究长达半个世纪,用了近20年的时间酝酿思考和实践探索,再用40年的时间进行系统的教学实验,不断摸索、提高并进行理论概括,直到形成具有中国特色的尝试教学理论。他在长期的教育研究与实践中,形成了一生中最重要的教育理念:学生能在尝试中学习,学生能在尝试中成功。根据这个教育理念,他在教学实践的基础上逐步建立了尝试教学理论体系。这一教学理论的架构为:以"先让学生试一试"为指导思想,以"学生能尝试、尝试能成功、成功能创新"为理论核心,以中华教育思想的精华为理论支撑,以"先练后讲、先学后教"为操作模式。

邱学华先生是我校名誉校长，经学校批准，招收6名教师成为他的弟子，我有幸列入名单。学校举行了隆重的拜师仪式，并签订师徒合同。邱学华老师的弟子上千上万，可我是正式签有师徒合同的弟子，是正宗的弟子，实在幸运。

记得2017年7月，我带领我们学校老师到上海参加了为期一周的高级研修班培训活动，虽然天气炎热，但是挡不住全国各地好学者的热情，各位专家教授冒着酷暑赶来指导更是令人感动：上海市教科院副院长、华东师范大学顾泠沅教授具体解读了上海青浦的数学教育经验；北京特级教师吴正宪老师亲自上示范课《重叠问题》，给学生带来了"既有营养，又好吃的"数学；山东省青岛市黄岛区教科所所长刘永春老师进行了制作微视频新技术的讲座；台湾省高雄市洪雪芬老师带来了脑力冲击的创意思维示范课，用多样的教具和学具丰富了数学课堂；邱老带领我们来到苏州工业园区莲花学校参观了学校校园文化、数学空间建设，还亲自上了一堂彰显尝试教学理念的高效数学课，并全程主持本次活动，为我们带来了精美的视觉盛宴！

作为湖塘实验中学名誉校长，邱老师跟我们亲切地拉家常，还告诫我们青年教师一定要多读书，邱老师还送我们每人一本《邱学华与尝试教育人生》，当我跟邱老师汇报自己对上课的一些想法时，邱老师给予了很多鼓励与指点，还送了我一本亲笔签名的《怎样用尝试教学法上课》，让我受益匪浅。本书从尝试教学原理谈起，指出尝试教学的实质与特征、尝试教学的必要性和可能性，然后以大量的案例为支撑，详解具体的操作方法。从课堂教学的实际需要出发，分别阐述了怎样运用尝试教学模式，怎样进行尝试教学设计，怎样组织尝试课堂教学，怎样提高尝试有效性，怎样应对尝试错误，怎样完善尝试教学评价等六个实践问题。

在平时的教学中，我努力践行"尝试教学法"，尝试着把学习的主动权让给学生，大胆地放手让学生尝试探究、尝试表达、尝试操作，课后及时把自己的教学心得记录下来，并在今后的教学中不断改进自己的教学方法与策略。

在邱老师的指导下，我的论文《运用尝试教学法教"锐角三角函数：正切"》在《中小学数学（初中版）》期刊上发表了，为我自己的尝试教学之路奠定了良好的基础。

2018年3月6日，邱学华尝试教育思想研究会启动会议在我校举行。尝试教育思想是生长于常州，在全国乃至国外具有重大影响的教育思想。深度挖掘邱学华教育思想精髓，既对我校基于尝试教育思想开展自主学习型课堂教学改革有着重要意义，也为我校自主学习型课堂教学改革后续推进工作提供了理论支撑。

湖塘实验中学自2012年以来一直在推进基于尝试教学思想的"自主学习型课堂"，"基于尝试教学思想建设'自主学习型课堂'的研究"被批准为江苏省教育科学规划课题，足以说明我校的"自主学习型课堂"教学改革方向是正确的，实践是有价值的，是得到教育专家的认可和支持的，这项改革也为本人主持的市级重点课题"初中数学自主学习型课堂 提升学生学习力的策略研究"的研究提供了良好的契机。自主学习型课堂，就是以"尝试教学思想"为指导，以"教学案"为载体，先学后教、先思后议、先测后评，以自主学习为突破口，以实现学生学习力提升为目的的课堂，是"学习力"提升的载体。

在我的成长道路上，邱老师就像一位人生导师，不时给予引导。他研究和推广的尝试教学理论就是一笔巨大财富，值得我们学习和传承。所幸的是，2018年1月，江苏省常州市教育局批准成立了"邱学华尝试教育思想研究会"，并拨专款在常州市湖塘实验中学内建立"邱学华尝试教育史料陈列室"，由中国教育学会名誉会长顾明远先生题写馆名。该陈列室建成开放以来，参观学习和到访者络绎不绝，成为了尝试教育的资料宝库和尝试教育研究及推广应用的重要基地。

邱学华的尝试教育思想是中国教育理论宝库中的奇葩，具有中国特色，使百万教师明理，三千万学生受益。邱老已88岁高龄，仍坚持在教育第一线辛勤耕耘，我们为有这样一位师傅感到自豪。

每次参观陈列室，我都心潮澎湃、思绪万千，作为一名后来者，我能做的，就是带着爱与责任，积极投身这场新时代教育的洪流，继续坚定地漫步在尝试之路上，做一个有理想信念，有道德情操，有扎实学识，有仁爱之心的"四有"教师。

遇见尝试教学迈出了教育人生出彩的第一步

山东省昌乐县第二实验小学　刘佳伟

我是一名才入职四年的初出茅庐的年轻教师，走上教育岗位就有幸遇见尝试教学法，感悟到了老教师的专业"老到"。

刚刚当上教师时，我深深感到，要给学生一杯水，教师就要有一桶水，更觉得要有活水的源头，"为有源头活水来"，才能给学生一杯水。在一次与黄永峰校长的谈话中，初闻"尝试教学法"，当时特别想了解，后来黄校长向我推荐了邱学华老师的著作《怎样用尝试教学法上课》。研读过程中，我为邱老师独到的见解和鲜明的观点所吸引，我便找到了活水源头。

原来，尝试教学法创立者邱学华先生在2017年曾应邀在北大昌乐双语学校任总校长，那时黄永峰校长在他手下任小学部校长，配合邱校长在小学部推行尝试教学法，对邱学华尝试教学法有所领悟。我很幸运，现在黄校长手下任教师。

疫情原因学校开展线上教学，几天后，我发现了问题：一是线上教学一节课时间较短，互动时间少；二是继续按照线下教学目标安排学习任务，一节课的内容太多，太难，学生不易消化。结合邱老师的观点"学习内容要少而精，起步慢，步子小""内容要少一点，学的要好一点"，我将线下课堂中的学习目标分解，从"小"字着眼，制订小而精的学习目标，适当降低学生的学习难度，让学习任务分步完成。如：在一年级《两位数加一位数及整十数（不进位）》一课中，根据学情我把学习内容作了调整，学习目标小、精、低、慢，线上任务与线下任务相适应，协同促进。

第一次课后，我通过家长填写调查问卷了解到，98.27％的学生更易接受修改后的授课内容，99.69％的学生觉得摆一摆、说一说等尝试操作活动提高了课堂参与度，帮助学生在练中学；利用钉钉答题卡在线即时对学生掌握程度进行评测，发现学生在解决关于"两位数加一位数（不进位）"的问题时准确率达到98.73％。

这次大胆的尝试，让我更加坚信"学生能尝试，尝试能成功"。我又细读了邱老师的《邱学华怎样教小学数学》《邱学华尝试教学数学课堂20例》等著作，这些著作给我的课堂教学提供了充分的理论指导和实践参考。

在教学《认识钟表》一课时，参考邱老师的理论观点，我再次迈出了尝试的步伐。

在"拨"中准确认识时间。认识钟面上所表示的时刻是本节课的重点，学生在生活中虽然能认识整时，但概念是模糊的。结合邱学华老师"以学生为主""把课堂最大限度地还给学生"的观点，在学习"整时"时，让学生拨一拨，观察分针、时针的位置，充分感知"整时"的认读方法。在学习"快到几时"和"几时刚过"时，让学生拨一拨，进一步对比"几时刚过"和"快到几时"两个钟面的相同点和不同点，总结认读方法。学生经历"动手操作拨—讨论交流—辨识时间读法"的过程，增强亲身体验，构建时间观念，把抽象、枯燥的学习变得简单化。

在"练"中巩固所学知识。邱学华老师提出"一堂课要在练中学，教师要在练中讲""学生不是听会的，而是练会的"。只有练习，学生才能真正掌握知识、形成技能。首先，设计基础练习，判断钟面时间和给钟面补画时针练习，巩固学生对时针和分针特点及位置的认识；其次，设计加强练习，两个"不同的8时"引导学生发现一天有两个8时，渗透一天有24小时的知识，引导学生把数学知识应用到生活中去；最后，设计提升练习，根据钟面时间来判断谁跑得最快，对所学知识进行综合运用，提高学生的思维能力和推理能力。在教学过程中，让练习有效、扎实、有层次进行，帮助学生"一步一个脚印""稳扎稳打"巩固所学知识。

在"玩"中提升思维能力。邱学华老师常说："要使学生学好数学，首先要使学生喜欢学数学。"创设猜谜语环节，引入新课，充分抓住学生"眼球"，调动学生积极参与。设计课堂游戏环节，你拨我说活动，同桌两人合作，一人拨一人说，使学生思考、观察时针和分针的位置；出示连环画，编数学故事，学生联系生活实际，经历对图片信息分析、抽象、对比、反思、综合、判断的再创造过程，充分感受时间的先后。本节课，从游戏开始，以游戏结束，将"做"和"思"有机结合起来，学生充分体会到数学的乐趣，思维得到提升。

这节课下课后，学生纷纷跑过来，"一堂课怎么这么快就结束了""我还想继续编数学故事呢""原来数学课也可以这么有意思"……这次成功的体验，让我再次感受到"学生能尝试，尝试能成功"。后期学情反馈，学生在解决关于钟表的问题时，正确率高达 97.32%，对于时间的读写方法讲解有理有据，而未进行尝试教学的班级在解决此类问题时，正确率只有 83.92%，相差较大。

几次的尝试，让我能够将尝试教学中的理论与我的课堂相结合，准确把握教学重难点设计一节课，引导学生有效开展尝试教学，带领学生开展好课堂练习；在集体研讨中，将尝试教学中的理论分享给其他老师，大胆提出自己的观点，共同探讨学习。我积极在校内上公开课，并参加县青年教师课堂展示活动，《异分母分数比较大小》一课，获得二等奖的好成绩。

邱老师的理论与时俱进，邱老师的课堂教学朴实无华，同时又匠心独具地融入创新，我刚入职就能学习、研究，在自己的课堂中大胆实践尝试教学，是一种多么大的幸运。作为一名青年教师，邱老师的尝试之路，我们真的要走一遍，走进课堂，走进教育的深处，遇见更好的自己。

三、创新发展

邱学华一贯主张"一法为主，多法配合"，实验学校和实验教师在尝试理念的基础上创造出各具特色的尝试教学模式，使尝试教学流派充满活力，促进了尝试教育理论的发展。尝试教育理论有着深厚的理论基础，尝试教育的新思想、新方法不断涌现，不断创新发展。尝试教育的研究领域不断扩展和深入，从课堂教学扩展到课外活动、德育、学校管理、劳动教育、家庭教育等领域，也从中小学教育扩展到幼教、特教、职业教育、高等教育等领域，从教学方法的研究深入到研究尝试教育背后的认知规律和教育规律，从尝试教学理论发展到尝试教育思想，尝试教育已走向世界。

创新教育
尝试与创新
尝试教育
20世纪 六十年代
在华东师大附小进行教学改革萌发先练后讲的思想
20世纪 七十年代
在江苏溧阳农村一所中学自己亲自试用先练后讲模式
20世纪 八十年代
1980年正式在小学数学中实验尝试教学法，1982年第一篇尝试教学法论文发表
20世纪 九十年代
在中小学各科推广应用，从尝试教学法，升华为尝试教学理论。
开幕式
Opening Ceremony

邱学华与杜郎口中学

山东省茌平县杜郎口中学　徐利（特级教师）

认识邱学华老师，是在2007年的4月。我清晰地记得邱老师在山东省泰安市参加完全国尝试教学研讨会后，风尘仆仆地和崔其升校长一起来到杜郎口中学，来不及休息，给全体老师做了一场报告——《请不要告诉我，让我先试一试》。邱老师的尝试教学思想犹如给改革中的杜郎口中学注入了一泓清泉，增添了新的活力，全校老师被这位和蔼可亲的教育专家深深感动，大家认真聆听并记录着每一条尝试教育理论要点。报告结束后，崔其升校长聘邱学华先生为杜郎口中学"教学总顾问"。

之后，邱老师每次来杜郎口中学，都要听课、作讲座。可敬的是他不但讲杜郎口模式的优点，还指出问题。①重视学生的活动，但不能忽视教师的指导作用；②重视学生的展示活动，但还要有学生的笔头练习；③对外参观，不能天天开放，干扰学校正常秩序；④参观收门票收费不能太高，商业味不能太重。邱老师的意见，语重心长，切中要害，更令人惊叹。他亲自使用杜郎口中学的学生执教尝试教学公开课《平面直角坐标系》。我清晰地记得那一天，七十多岁的邱老师作为数学教育专家竟然执教语文公开课，老舍的《济南的冬天》，课堂上孩子们的精彩表现深深折服了在场的每一位听课老师。邱老师这样既会讲座，又会上公开课的教育专家深受老师们的喜爱和崇拜。邱老师的尝试教学理论"放手让学生先尝试，让学生成为学习的主体""评价一堂课，一看参与面，二看练习面，三看开口面"被各学科老师广泛借鉴，丰富和完善了杜郎口中学模式中的预习、展示、反馈环节。邱老师每次来杜郎口中学听课、评课、讲座、上示范课都不要报酬，还义务帮助崔其升校长编写《崔其升与杜郎口经验》，并推荐作为"中国著名教学流派丛书"之一出版。这种一心为教育的崇高品德值得大家学习。

能够认识邱老师这样的教育名家已经是万分荣幸，得到他的亲自指导更是自己成长中的一笔宝贵财富。我没有想到，邱老师给我这个乡村教师创造了很多的机会，邀请我执教公开课并亲自为我评课。上海、河北、广州、四川、北京、湖南……他为我搭建了一个又一个锻炼的舞台，尤其是参加的以下几个大型活动，更让我终生受益。

2008年11月，在邱老师的大力引荐下，澳门数学教育学会会长汪甄南先生邀请我去澳门执教公开课。我很兴奋，也很荣幸，这是杜郎口模式第一次走出大陆，对于杜郎口中学也有着深远的意义和影响。邱老师在与我电话沟通时对我说："徐利，这次到澳门去上课，你要有思想准备啊！因为澳门的老师和学生是不用普通话讲课的，他们的教学语言是粤语。"听完邱老师的电话，我也愣住了，这样的课要怎么上啊？"徐利，我帮你安排一个课堂翻译吧？让这个老师帮你将粤语翻译成普通话。"我真的有压力了，这样的课该怎么上啊？语言不通，数学课上得跟"接触不良"似的，我心里真的没有底。那天，邱老师早早来到珠海拱北关口，等候我一起去澳门，让我深受感动。到澳门后，鉴于杜郎口模式与传统授课模式的不同，邱老师积极为我联系，上公开课前跟上课学校的学生见面交流，以便按照杜郎口模式执教公开课。我到澳门劳工子弟学校跟上课的学生见面，我惊奇地发现，这里的孩子能讲普通话，不过平时老师和学生不常用普通话交流罢了。我还惊喜地发现，与孩子们见面交流完后这些孩子竟然不愿下课，让我继续上课，让我更加坚定了能把公开课上好的信心！下午的公开课上得非常成功，受到了澳门数学老师的高度评价。邱老师对这节课的点评给了我很大的鼓励："徐利老师的数学课实现了100%的开口面。100%的参与面，100%的练习面。徐老师相信学生，利用学生，放手发动学生，给学生一个机会，学生会还给我们一个又一个惊喜。"之前担心孩子们不会讲普通话，事实证明孩子们的普通话讲得很不普通！主要是我们没有给学生机会。后来，我再次应邀到澳门濠江中学、圣约瑟学校执教数学公开课，同样获得了很高的评价。这对我来讲是终生的美好回忆和精神财富。能有这样的锻炼机会，深深感恩杜郎口中学，感恩邱老师对我的热情相助。

2010年，应邱老师的邀请，我在北京市朝阳区第八十中学参加尝试教学同课异构活动，与八十中的陈老师一起执教数学公开课《等腰三角形》。在公开课之后的自评环节，我真诚地对照陈老师的公开课，指出了自己公开课的三个不足，邱老师在专家点评环节给予我表扬，说："徐利老师在同课异构过程中，不仅仅看到了自己的优势，更重要的是，他能更多地看到自己的不足，有这样虚心向其他老师学习的精神才会促进自己的成长。"

2015年，我应邀到江苏省常州市参加邱学华先生从教六十周年学术研讨会，并上初中数学公开课《黄金分割》。通过这次活动，我深深感受到邱老师的尝试教学理念，从幼儿园、小学到初中、高中、大学都结出了丰硕成果。他用一生的心血来进行尝试教育理论的研究和实践，实验基地遍及全国各地，他是我们每一个教师心中的楷模。受崔其升校长委托，我带去了一幅杜郎口中学送给邱学华教授从教六十周年的贺词条幅"一代宗师，教育大家"，表达杜郎口中学全体师生对邱老的敬意！这个条幅现在悬挂在常州市湖塘实验中学的"邱学华尝试教育史料陈列室"的墙上。

邱老师是我的导师，不仅是业务提升的导师，更是我人生成长的导师。每次与邱老师交流，他都给予我很多鼓励和指导，他一再嘱咐我："徐利，你一定要虚心，多吸取其他老师的课堂先进经验，改进自己的课堂教学，这样你才能越走越远。"邱老师的谆谆教诲，不仅让我的数学课堂教学改革有了很大的提升，在人生成长上也令我终生受益。他还将自己的专著《邱学华与尝试教育人生》《怎样教小学数学》赠送给我。我一遍遍地阅读，领悟其中的教育智慧，在自己的课堂中大胆尝试应用。从参加工作起我立志做一名优秀教师，做一名学生喜欢的老师。从教近三十年来，我一直朝着这个目标而努力！一分汗水一分收获，我先后被评为全国优秀教师、全国优秀班主任、山东省优秀教师、山东省特级教师、山东省教学能手，已经晋升为正高级教师，还出版了自己的两本专著《徐利与杜郎口自主学习模式实践》《用杜郎口模式教数学》，工作单位也从乡村中学来到了北京人大附中北京经济技术开发区学校，担任初中数学组教研组组长，作为数学首席专家级教师我将积极进行课堂教学改革。新的学校，迎接新的挑战，我相信邱老师的"人人能尝试，尝试能成功"。

永远的榜样

江苏省泰兴市洋思中学　刘金玉（特级教师）

"这是谁呀？这么精神，这么威武，这么有感号力？"妻看着我给她的微信图片问道。

"还有谁？邱老啊！邱学华老先生啊！"我兴奋地答道。

"这么年轻？不是近90岁了吗？怎么像一个小伙似的？你要以邱老先生为榜样，到90岁也能这样啊！"妻期盼道。

确实，邱老很年轻——从照片看，没有一丝白发，没有一丝老态，没有一丝疲倦；有的只是微笑，有的只是干练，有的只是挥洒——这张照片是"尝试路上的开拓者交流群"中内蒙古锡林郭勒盟教学研究指导中心原主任达日玛发的。原来，邱老又去内蒙古讲学了，在86岁之时。

邱老——我心中的男神，不仅其慈眉善目，不仅其年老体强，不仅其精神矍铄；更在于一颗不老的心，始终奋进的心，提携后辈的心——正因为有这样的心，才能够让其年轻、精神、保持感号力！

一、《"洋思教学模式"·语文篇》

"刘老师，就你来写'洋思教学模式'·语文篇吧！"刚上完课，就在初三办公室里遇到了一位不速之客，看上去50岁的学者。

"我是邱学华，是来帮助蔡校长整理'洋思教学模式'的。"此人不紧不慢地自我介绍——啊，此人就是邱大专家呀！这可是我所在泰兴师范学校读书时就敬仰的"小学数学尝试教学法"的创始人邱学华先生啊！

"你主抓洋思语文，对洋思教学模式是最理解的，你写好后，我学习一下，再共同探讨相关问题，好吗？我这儿有我写的一本书《尝试教学法》，你不妨参考。"邱老师向我这个年轻的后生——只有32岁的小青年进一步提出了"学习"与"探讨"的要求。

见有"参考书"，我高兴了，我答应了，积极学习了起来。不学不知道，一学就知晓——原来，"洋思教学模式"竟然与"尝试教学法"有这么多的相似之处，我知道怎么写了。

……

经过一个多月的时间，《"洋思教学模式"在语文学科中的应用》一文终于成文，终于到了邱老手中，后来又到了我的手中，可是当到了我手中的时候，文稿上有许多邱老用红笔修改的地方，里面圈的、画的、涂的、改的、调的、删的、加的数不胜数。邱老谦虚地对我说："这些地方，我已经做了一点修改，你看一看，是不是合适；如不合适，改过来，我就用你原来的表达；我只是按照我的思想来改的，对洋思教学模式还吃得不很透，一切由你们说了算。"听着邱老的言语，我心潮澎湃，这是我离开学校后，第一次有人对我作的最详细的指导，自以为了不起的我猛然间看到了我的很多的"小"来。我必须抓住这样的机会，向邱老好好学习，好好地促进自己从外而内的真正的成长！

二、第一次外出上课与讲座

"刘老师吗？我是邱学华，在桂林有一个推广新课程改革培训活动，我想请你作为专家，为参会教师上一节'洋思教学模式'的语文课，并作'洋思教学模式'经验的介绍，好吗？"

"我，我行吗？"对于外出讲课，对于外出讲座，很是羡慕，虽然自己在学校里对外上课，对外讲座，但真正到外地上课、讲座还从未有过，对自己还真的有点不自信。

"行的，我听过你的课，我看过你写的《'洋思教学模式'在语文学科中的应用》。一定行！还有，我已经跟蔡校长讲过了，他极为支持。"

说实在的，虽然三十来岁了，却真的没有出过远门，最远的也就是扬州（函授学习）；交通工具也就是公交车。谁知，一切都迎刃而解——邱老师几乎为我解决了一切的问题：他为我买好了车票；他为我修改好了讲课文稿；他为我修改好了讲座课件；他为我安排好了我自小梦寐以求的旅游之地——桂林山水；他为我制作了我极需要的这次活动的证书……凡是我想到的，邱老师都想到了，都解决了——邱老师真的像一个父亲。

最终，我的上课是成功的，我的讲座也是成功的，在我回校后的时间里，还有很多的桂林老师同我联系；其后时间里，我还多次应邀到桂林地区的几个县里上课，讲座——要不是邱老师的引领、指导，我岂能有如此的发展空间？

三、"洋思教学模式"的获奖

"刘老师，你们报了江苏省首届教学成果奖了吗？"在蔡校长离开洋思中学七年后的2013年，邱老师突然来了电话。

"报了。但不知怎么报呢！"因为报此成果奖是第一次，且由我一人负责，其中有很多难题。

"很好啊！这样，我也报了，你可以将你报的材料发给我看一看，你们的'洋思教学模式'做得这么大，影响那么远，不报，是不行的，不获奖，也是不行的。你们一定要好好做，一定要获奖，这不仅是你们的事，也是中国教育的事，中国教育改革的事！"邱老师谆谆教诲道。

有了邱老师作为幕后的指导，我申报的信心大增，从表格的填写，到材料的整理，到文稿的撰写，我一面认真做，一面及时向邱老师汇报，接受邱老师的指导、修正、完善。

最终，我们俩在省教育厅相见了——他的"尝试教学法"和我们的"洋思教学模式"均获得了省教学成果奖特等奖，这不仅是领奖会，还是国家级教学成果奖的申报培训会。他一方面向我们表示祝贺，另一方面又向我们提出，一定努力拿得国家级一等奖，要再修改提高。

于是，我又忙碌起来了，但邱老师似乎更忙，因为他不仅要申报完善他的成果，还要帮助我们完善我们的教学成果。邱老师似乎乐此不疲，提出中肯的意见。

马不停蹄地修改着，完善着，终于成型，终于上报，也终于有了结果——他的和我们的又双双获得了国家级教学成果奖一等奖。他第一个将结果告知我，他第一个希望我们能将"洋思教学模式"继续深化，他第一个希望我在语文教学上做出自己的成绩。

他也很高兴地将他与我们秦校长到北京参加国家级教学成果奖颁奖典礼及接受习近平总书记接见的照片发于我，让我共享其乐！真的感谢邱老，让"洋思教学模式"得以获得大奖，得到推广；让我有了很多的收获。

"刘老师，《人民教育》杂志社拟刊登关于'尝试教育'的一组文章，我想让你写一篇'尝试'思想在语文学科中的应用。"我接到了邱老师的电话。后来，邱老师又推荐和指导我为《人民教育》杂志写文章。

我当然全力以赴了，要知道，能够在《人民教育》上发表一篇文章，那是何等的难啊！又是何等的光荣与自豪啊！

《人民教育》刊登我的那一篇经过邱老反复打磨的《从执教〈老王〉一课谈尝试》，我的内心激动万分，愿望终于实现了。

我几次的科研成果获奖和《人民教育》上刊登的文章让我收益多多，因之，我被评为了特级老师；因之，我被聘为正高级教师。感谢您，邱老师，不仅让我审视、仰视您创建的"尝试教育"，更让我以后发展之路既宽且广还远！

著名教育家陶行知先生曾讲"为一大事而来"，确实，邱老先生就是为了他的教育事业而来的伟大的教师。对于他来说，荣誉等已经不重要，中国教育、植根于中国大地的教育——"尝试教育"才是最为重要的。

很多人一提起教育，言必称希腊，言必称杜威，言必称美国。岂不知中国本土产生发展的"尝试教育"却是最具有生命力的。特别是现在，2022年的今天，新的义务教育课标诞生的今天，我们惊喜地发现，其实施的一些基本性的策略——活动、实践、情境、任务等，其基本思想、本质思想就来自于中国的"尝试"，邱老先生七十多年来积极倡导与实践的

"尝试教育"啊！而且，这种"尝试"的思想，绝不仅仅是在一门学科，而是所有学科，而是所有课程。

我不禁暗下决定：邱老先生走的路，我也要走；我要像邱老先生一样坚持不懈地走下去——不只是像邱老师做一个"经师"，更要做一个真正的"人师"！

邱老师的故事是讲不完的，过去发生的事已经很多；今后他与我之间发生的事还会更多，因为，邱老师一直是一个永远奔跑、永不懈怠、永远年轻的老师，因为我是一个跟着邱老师后面不断奔跑、学着不肯懈怠、努力着年轻的正宗弟子，虽然他与我之间并不曾订立任何的师徒合同，但，他却要带着我，我更要跟着在他后面再跑十年、二十年！直到永远！

邱学华先生助我构建结构尝试教学法

江苏省宜兴市实验中学　　王俊（特级教师）

细细想来，我与邱学华先生相识已二十年有余了。仁者爱人，智者知人，邱先生更是集仁者与智者于一身的追求教育真理的勇者。他所创建的"尝试教学法"在很大程度上影响了我的教育生涯，让我在深耕徐行中时常追忆。

1983年，我从南京师范学院地理系毕业，分配至宜兴县张渚中学任教。可是因理科生身份背景就读地理专业，加之对教材的不熟悉，我在起初陷入了迷茫。认识到自身问题后，我坚持读书学习，汲取优秀的教学理论，并运用于教改实践中。最初我被苏联沙塔洛夫的《纲要信号教学法》所吸引，这本书我反复读了几遍，爱不释手，并运用到自己的高中地理教学中。功夫不负有心人，我所带的文科班毕业时，平均分达到了87分，与全市重点中学相当。

1992年，我如愿调入江苏省宜兴中学担任高中地理老师。在这里，我欣然接受着教科研的洗礼，不断丰富自己的知识。有一次，我偶然看到《尝试教学法新进展》这本年会论文集，"学生能尝试，尝试能成功"，邱学华教授的理念一下子就引起了我的共鸣。之后，我自觉在课堂中运用"尝试教学法"，结合自身教学思想进行实践，开启了我与邱教授及"尝试教学法"的隔空相遇。

2000年，我出任宜兴市实验中学校长。我一直认为教学是学校的中心工作，教学的主阵地是课堂，转变教师教育思想，改革课堂教学方法，从而提高课堂教学效率是根本。因此我要求教师认真读书，几乎每个学期给教师送本书，我觉得给教师送书是给教师最好的福利。同时组织教师外出参观名校，实地学习先进经验，也把专家、名校长、名教师请进来给教师作讲座。

当时泰兴市洋思中学已经享有盛名，我多次带领教师去洋思中学学习"先学后教，当堂训练"的经验，后学习上海闸北八中的"成功教育"的经验。我把刘京海校长请到学校给教师作讲座，现场指导。他们的课堂要求低起点、小步子、多活动、勤反馈，很有借鉴意义。刘京海校长主张从"帮助成功""自主成功"到"尝试成功"，最后还是要通过学生自己尝试，才能达到成功。

在学习许多外地经验后，我认真思考，分析比较，发现洋思经验、成功教育等先进经验都能找到尝试的影子，甚至不管哪种教育，都离不开学生的尝试，所谓"自古成功在尝试"。想到这里，我找来邱学华写的尝试教学的著作及发表的文章，认真研读，越读越觉得对路，他的"尝试是学习的本质""学生能尝试，尝试能成功，成功能创新"的观点非常鲜明，特别是尝试教学法操作性强，在全国范围内已广泛应用，实践证明是科学的、高效的。想到这里我非常兴奋，产生了强烈的愿望，希望能够得到邱学华先生的亲自指导。在网上查询只知道他在常州市教科所工作，没有他的电话号码。我坚信只要有诚心一定能找到邱先生。我打常州114查询台，找到常州市教科所电话，对方回答邱老师已经退休了，不在单位。我恳求他说有急事找他，这位同志找到了另外一位老师，他非常热心，告诉我目前邱老师在浙江省宁波市神舟学校当校长，他还告诉我邱老师的联系电话。我终于和邱老师联系上了，从此，我和他结下深厚的友谊。

我们第一次见面，他已68岁了，但精神矍铄，思维敏捷，声音洪亮。他待人热情，先后十多次到我校指导，除作讲座，每次都进课堂听课。令人吃惊的是他主动提出亲自借班上示范课给教师看。我请了许多专家，邱先生是第一个亲自上示范课的专家，那年他已75岁了，令人敬佩。在邱先生的指导下，尝试教育思想已在学校发芽。

2005年，我在《中国教育报》上看到介绍"整体建构和谐教学法"的文章，发现这种教学法同我以前运用的"纲要信号教学法"相似，都是利用"知识树图表"作为工具，形成知识结构。这个信息引起我的极大兴趣。我设法找到这个教学法的创立人天津市教科院的王敏勤，和他的实验学校的刘士秋校长。我多次到刘校长的学校考察学习。经过长时间的实践研究，我的新思想逐渐形成，我把整体建构（纲要信号）教学法同尝试教学法结合起来。尝试教学法主张"先练后讲、先学后教"，主要解决"怎么教"的问题，保证学生在课堂教学中的主体地位；整体建构（纲要信号）教学法主要解决"怎么学"的问题，利用"知识树图表"把知识结构化，同时渗透学习方法，称为方法结构，后来我概括成两类结构。

我的这个想法得到邱先生的支持，他一贯主张各种教学方法是相通的，应该互相融合。他要求上课要"一法为主，多法配合"，说我的两类结构尝试教学法是"一体两翼"，一体是以尝试教学法为主体，坚持"先练后讲、先学后教"的原则，两翼是两类结构（知识结构和方法结构），鼓励我总结提高。我写出研究报告"两类结构尝试教学模式的实践和研究"，经邱老师的推荐在《人民教育》发表，引起教育界的关注，引来各地教师到宜兴市实验中学参观学习，我也被邀请到全国各地讲学，已有上百场。后来我写成专著《王俊：结构尝试教学法》，列入"当代著名教育流派丛书"，邱先生亲自为该书写了序言《为宜兴经验喝彩》，他把宜兴实验中学的教改实验称为"宜兴经验"，他认为我们走的是一条学习百家，自成一家的创新之路！

2009年10月，由我们学校承办的《中国教师报》"全国课改名校论坛"隆重举行。本来作为邀请嘉宾的邱老师是没有发言任务的，当论坛举行到大半时，主持人正准备宣布进入下一个环节，邱先生站起来主动要求即席演讲。我看着七十多岁高龄的邱先生，迈着稳健的步伐，走上主席台，他的第一句话是"为宜兴经验喝彩"。他娓娓道来："宜兴市实验中学先学百家，自成一家，这是一条具有鲜明特色的发展之路，是一所城市优秀中学向更高层次发展的教改之路，更是一条推进素质教育的成功之路。"当时在场的所有人都随即鼓掌，不仅为宜兴实验中学的课改鼓掌，更为邱先生的执着热情鼓掌。这次会场上的小插曲，让我深感一位老教育家对课堂的深厚感情，对课改的鼎力支持，对我几十年来从事教改研究的充分肯定，这是一笔多么可贵的精神财富啊！

回首往昔，愈觉感恩、敬仰、踔厉奋发。不啻微芒，造炬成阳，"尝试教学法"照亮了我教育生命的路程。它一直是一缕阳光，照耀后来者前行的道路，我们唯有踔事增华，不断追寻邱先生的脚步，让尝试教育绽放更耀眼的光芒，让更多人的生命熠熠生辉。

跨越三十多年时空的师生情

江苏省苏州工业园区跨塘实验小学　缪建平（江苏名师）

当别的老人在公园里散步，或带自己的孙辈们嬉戏的时候，88岁的邱学华老师还在为自己的事业来回奔波，这样的情怀令人十分敬佩。

师傅的故事也是我一直要讲给我们的老师听的，其实也是一遍遍讲给自己听的，同邱老师相比，我们不老，我们还可以做很多事情。

每每读着邱老师赠予我的多本书，30年来一幕幕场景历历在目。跨越

30年时空的师生情令我难忘,谨以下面的文字表达我的敬意。

一、初识邱学华尝试教学法

1986年,我分配到江苏南通如东县南渔小学。当时我们学校已经开始"尝试教学法"的实验。学校的陈志银校长和缪六和、张秀萍、顾才明等老师一起开展相关的课堂教学实践。我开始不怎么了解,只是跟着他们一起做,按照套路做。慢慢地,我觉得这是一个好东西;当时只是觉得这样做老师可以不必一讲到底,可以腾出时间来观察学生,指导学生,让学生多练习。当时还有一个最大的收获,就是从学校的旧书堆里发现了宝贝——邱学华当年编写的《小学数学课外阅读》。真是了不起,那么早的时候就知道数学读物对学生数学学习的作用。

这套书配合年级编写。从这套数学课外读物中,我觅到了许多有趣的数学题目和数学故事,这促使我对儿童数学游戏产生兴趣,开启我几十年来对这个领域的研究。

1995年9月,在如东县"黄海潮"大型教研活动中,如东县教研室邀请邱学华老师来马塘实验小学讲学,我有幸第一次见到大师本人,并观摩了邱老师的《两步应用题》精彩课堂教学。一位著名的教育专家,能亲自借班给小学生上课,令人肃然起敬,我认真做了记录。之后,我把整个课堂教学过程详细地进行了整理,并写成《从尝试教学到尝试成功》,不久发表于《小学教学》。同时,我也怀着忐忑不安的心情把这篇稿件寄给了邱老师,他很快来信致谢,并鼓励我加强日常教学研究不松懈。后来,又把我的这篇课堂实录收入教育部教育司组编的教育家成长丛书《邱学华与尝试教育人生》《邱学华尝试教学课堂20例》等书中,从此我们成了忘年交,经常书信来往。

二、迷恋尝试教学法

2001年9月,我来到了苏州工业园区新城花园小学,继续进行尝试教学的实验。由于工作突出,还被推荐为尝试教学的先进个人。当时,我们把"尝试教学"与"新教育实验"一起做,课堂教学这一块以"尝试教学"为主。

2010 至 2016 年，我又把"尝试教学"实验带到了车坊实验小学、莲花学校，在小学各学科全面引进"尝试教学"实验，两校教师努力奋进，两校均获得"尝试教学实验先进学校"称号。特别想说的是第一次参加上海的尝试教育小学数学高级研修班活动。第一天报到完毕，我主动去找邱老师。"邱老师，我就是之前给你寄信的如东的那个老师，还记得我吗？"他一下子报出了我的名字"缪建平"，而且说出了当时的许多细节。邱老师记性真好，真的是让我十分感动！之后，我们攀谈无障碍，一下子成了无话不谈的好朋友。

在此期间，我多次带领老师参加尝试教学研究会的高研班和"孔子杯"赛课活动，均取得了较好的成绩。学校不断探索总结尝试教学理论的实践成果，创造性地提出了总体性教学策略"尝试为先，问题导学""尝试为先、结构整合、高效反馈"。

之后，在师傅邱老师的指点、鼓励下，我在上海、河南、淮安、山东等上了多节公开课，《通过"四学"课程，培养核心素养》《用"游戏"点亮孩子的数学童年——数学思维游戏课程：教育理念与教学实践》先后在大会上交流，并获得特等奖。自己的专著《让学生做"儿童数学家"——小学生探究学习导引》也是在他的鼓励与建议之下顺利出版，我还被聘为常州大学尝试教育科学研究院兼职研究员。

三、把尝试教学法带到新疆

2017 年 2 月至 2020 年 1 月，我随苏州援疆组来到新疆伊犁霍尔果斯市丝路小学担任援疆校长，霍尔果斯市是祖国西北面同哈萨克斯坦共和国为邻的边境城市，也是通往中亚各国的贸易口岸。在我的带领下，在当地教育局的指导下，我们积极借鉴邱学华"尝试教学"思想，全面推行"尝试反馈教学法"，全市五所乡场小学教育集团参与教改实验。

2017 年暑假，霍尔果斯市丝路小学的骨干教师来到上海，亲身感受"尝试教学"的魅力与真经，学校还申报了新的课题，努力推进尝试教学，把"尝试教学"思想的种子播种到新疆这片土地。

2018年9月17日至21日，在我的努力推动下，霍尔果斯市教科局特邀"尝试教学法"创始人，时已83岁高龄的邱学华先生不顾山高路远，从江苏常州来到万里之外的祖国西部边陲城市新疆伊犁霍尔果斯市，进行为期一周的专业指导，进一步推进"尝试教学法"在霍尔果斯市小学各学科的全面实施。

邱老师亲自上了示范课《分数的初步认识》并作专题讲座《尝试教学法的理论与实践》，从教育思想、内涵结构、教学设计等三个方面整体呈现了尝试教学法的教学思想精髓，随后又在霍尔果斯市丝路小学、霍尔果斯市伊车乡、格干莫乎尔牧业学校等或召开专题座谈会，或现场答疑解惑，或讨论如何推进"尝试反馈教学"在其他学科的施行。

一周里，邱老师在霍尔果斯市各学校与一线老师面对面、手把手，从市里到牧场，从城市到农村，循循善诱，不厌其烦，传经送宝。他的精益求精、矢志不渝的治学精神，感动了所有霍尔果斯市教育人。

"尝试反馈教学法"在霍尔果斯市小学的全面实施，促进了各科教学水平的整体提升，教改实验取得了良好效果，霍尔果斯市整体教学水平（语、数、英）从原来的伊犁第三梯队迅速进入到第一方阵。

四、发展尝试教学法

2020年9月，三年援疆任务结束，我回归苏州工业园区，在园区跨塘实验小学任校长，继续推行"尝试反馈教学法"，并把"尝试反馈教学法"的"六段五步"进行了简化，变成"尝试反馈七步走"。即预热训练、我先试试、自学课本、讨论辨析、新的挑战、当堂检测、全课总结。

其间，我再次邀请邱学华老师来到跨塘实验小学进行指导培训，促进了我校全学科"尝试反馈教学"的深入推进。2021年10月，苏州工业园区"教智融合背景下慧学课堂"展示活动在跨塘实小举行，学校全面展示践行"尝试教学"思想的成果，"尝试反馈教学""三卡一笔记""小先生"等教学新经验得到传播，我据此写成的《"尝试反馈"课堂教学的实验研究》获得全国首届小学数学教育实验研究成果特等奖第一名。

30年荏苒，恍惚一瞬间，但邱老师30年跨越时空的指引，却在改变一个人、一群人、一所学校、一片教育区域……

可以毫不夸张地说，尝试教学理论不断提炼演进的历史，也是我们每个人、每所学校、每个片区的教学实验和研究不断发展进步的历史。30年来，我的工作单位几经变动，但不管我到哪里，都把尝试教学法带到那里，并在那里开花结果。

是的，我们要做的就是：一刻不停地从尝试教学理论和邱老师的治学精神中汲取力量，获得智慧，获得更好的生长、成长。

尝试能成功——人生远足一路走来

安徽省黄山市实践教育科学研究院　黄传骅（院长）

1972年，我到安徽省歙县呈坎学区汪村小学担任民办老师，开始了我的教育生涯。1980年，我通过层层筛选的民办教师考试，从三千多位民办教师里脱颖而出，被歙县教育局招聘为公办教师，在歙县曾经的窗口学校岩寺中心小学担任班主任、语文教研组组长，1989年，被选拔到徽州区教研室从事小学教研员工作。在教研员工作岗位上，我和尝试教学法创立者邱学华老师结下不解之缘。1990年，为了改进徽州区小学教师的课堂教学方法提升教学水平，我邀请邱学华老师到徽州区作了尝试教学法报告。邱学华老师到徽州讲学的盛况至今历历在目，原定500人，结果来了一千多人，只能分两个会场轮流讲。

从此，"尝试能成功"深深扎根在我的心里。我成为尝试教学法的积极推行者，成为邱学华老师的粉丝，我们的师生情、战友情延续了三十多年，直到现在。

我把小学数学尝试教学法的基本原理迁移到了小学五年级的作文教学

中，开始了"尝试作文两步走"的实验。我先让学生写"放胆文"，事先不作过多指导，让学生大胆写，这是第一步。在批改了学生放胆文以后，根据存在的问题，提出具体指导，然后学生修改自己的放胆文。形成作文教学的"先练后讲，先学后教"的尝试教学模式，颠覆了课堂教学填鸭式的"满堂灌"，充分确立了学生的主体地位。

"作文教学两步走"的尝试教学模式，获得了邱老师的赞扬，论文在尝试教学年会上被评为二等奖。我尝到了"尝试能成功"的甜头。

1992年7月，我调到北京朝阳区教委管辖的京华教育旅行社做管理工作，从此我的职业生涯发生了蜕变。从一个基础教育工作者转变为企业的经营者的那一刻，我感到茫然：路在何方？又是"尝试能成功"让我有了面对新的职业挑战的信心。

"尝试能成功"要求我们凡事要三问，有问必有答！我经常拷问自己：旅游是什么？旅游做什么？旅游应该做成什么？经过十年的探索。我终于明白了，第一，旅游是社会文化活动，旅游企业一做文化，二做服务，要做成自己的服务文化；第二，旅游的文化属性能够为教育提供课程资源，旅游的实践体验功能能够为教育提供课堂。

用文化把旅游做成教育，"人生远足"教育旅游一路走来，有几个关键事件值得回忆。2004年，配合北京市陈经纶中学展开"人生远足"校本课程研究与实践。2005年6月7日，组织陈经纶中学四百多名学生到河南安阳"我到古都看殷墟""我在安阳看天河"，这是全国最早具有意义的研学旅行活动。2006年，受安阳市旅游局委托，策划并实施"殷商文化红旗渠精神进校园"活动，成为最早的"社会大讲堂"。2011年，作为尝试教学研究会秘书长，在北京市陈经纶中学举办尝试教育理论与实践研讨会。2012年，"进校园"活动被国家旅游局红色旅游办公室上报中共中央和国务院办公厅，受到领导的重视；北京大学马列主义学院举办"进校园"论坛，我应邀在论坛上发表重要演讲。2013年，经过六年的研究和实践，形成"三大理念""六五四三二一模式""6＋6课程方案"的"课程化研学旅行实践教育模式"，我成为"课程化"研学旅行的开创者、人生远足课程化研学旅行教育模式创立者。2018年，文化和旅游部中国旅游研究院发布

《中国研学旅行发展报告2017》，充分肯定人生远足课程研学旅行实践教育模式"具有示范性，值得推广"。2021年4月，由黄山市实践教育科学研究院编写的《励志黄山 博学徽州——研学旅行课程化指南》由东北师大出版社出版发行，这是全国第一本研学旅行的教材。

2014年，我把经历十年探索和总结的"课程化实践教育模式"致函习近平总书记。中央信访办复函写道"您近期致习近平总书记的信收悉，感谢您就发展教育旅游提出的建议，欢迎今后就您所关注的问题建言献策"。2016年，教育部等11部门发布的关于推进中小学生研学旅行的意见和"人生远足"一路走来的理念不谋而合。"课程化"的思路就是把课程管理的方法渗透到旅游的吃住行游购娱基本要素里，对旅游创新发展进行大胆尝试。

当前，我们把"模式"延伸到了银发群体和成年人，开发了"没有围墙的老年大学"和"企业员工职业生涯教育、公务员的正德教育、教师的师德教育"等项目，从研学旅行到教育旅游，打造中国公民终身学习的平台，实现了实践教育人生全覆盖的局面！2021年，中国旅游研究院在浙江绍兴召开研学旅行研讨会，"人生远足教育旅游"被评为全国十大企业案例之首。

我从小在陶行知先生的故乡长大，深受陶行知生活教育思想熏陶。陶行知先生"生活即教育，社会即学校，教学做合一"的著名论断对我产生了极大的影响。中国传统的教育文化强调的是"知行合一"。孔子带领弟子周游列国，明朝心学创始人王阳明提出"知行合一"，都是中国优秀传统教育文化的精华。邱学华的尝试教育理论成为人生远足、教育旅游的理论基础。

人生远足教育旅游，就是让学生在大自然中尝试，在遍布全国的文化古迹中体验中华五千年文化传统的伟大，亲自走一走，亲自看一看，才有真切的体会。

综上所叙，我认为"尝试教育"是中国优秀传统教育文化在当下的继承和发扬，它不只是一种教育思想、教学方法，它还应该是一种行为习惯、行为方法。

尝试能成功！人生远足一路走来就有力证明了这一点。

我心目中的邱学华先生是中国的苏霍姆林斯基

原江苏教育学院教育管理系　林建华（教授）

我在1962年进华东师大教育系读书时，邱学华老师是位青年教师。听说他是学校的重点培养对象，一个助教就能同讲师、副教授一起成为重点培养对象，这在大学里是十分了不起的。后来经历了"文革"，我到了江苏溧阳教书，没想到曾是母校老师的他居然也来到了溧阳。异地见故人，格外亲热，他积极乐观的生活态度，给了我很深的印象。"文革"中，邱学华老师离开华东师大，到溧阳农村，当了中学数学教师，在这样的艰难环境中他没有意志消沉、心灰意冷，而是在自己的数学课上实验"先练后讲"的教学方法，这是尝试教学法的萌芽。"文革"结束后，我到了江苏教育学院教育管理系任教心理学。邱老师返回自己的家乡，在常州师范任校长，他在常州继续进行尝试教学法的实验研究，并创建了尝试教育科学研究院。四十多年来，他坚持尝试教学法的教学实验，也不断听到传来的佳音。

如果要问邱老师在我心目中是个怎样的人，我的回答是他是我的朋友，我的师长，更是一位我所崇敬的教育家——中国的苏霍姆林斯基。

苏霍姆林斯基是我读书时代的偶像，他17岁当老师，读过师范大学，毕业后一直在帕夫雷什中学任教，并担任校长，他坚持在教育一线观察思考，并写了四十多部著作，六百多篇论文，他把自己的思想见解与探索，全部融于他的著作之中，教龄35年。而我们的邱老师可与他有一比，他是16岁就担任小学老师，第一次代课就把数学课教得呱呱叫，然后他上华东师大读书并留母校任教小学数学教学法。当过大学教师、中小学教师、师范学校教师及校长。他创立了尝试教学法并坚持四十多年的实验，成绩斐然，其实验学校遍及全国，出版图书有330部，撰写的论文有八百多篇，教龄已有70年，还在延续中。他比苏霍姆林斯基还强啊！

我称邱老师为中国的苏霍姆林斯基，是中国现今最接地气最有影响的教育家，这不是无根据的吹捧，而是有其道理的。我想说如下三点。

其一，邱老师的尝试教学法是有心理学的理论根基的。邱老师把尝试教学法的理论观点浓缩为通俗可操作的两句话"请不要告诉我，让我先试一试""做到做不到，试一试就知道"。这种尝试的观点是符合人的学习过程的，学习实践就是一个尝试的过程，不懂或懂一点，先按自己的理解试一下，这是一种积极思维积极实践的过程，而试过后再看再听正确答案，这是一种巩固正确或修正错误的强化过程。美国著名的行为主义心理学家斯金纳早已有老鼠的实验证实行动与强化之间的关系，我们邱老师的尝试学习法，是对心理学中条件反射强化理论的教学法的创新，而且3000万学生的教育实践证明是十分有效的。它比外国的教育理论更符合中国学生的实际情况。

其二，邱老师的尝试教学法理论与实践对当前的教学改革如向课堂要教学质量、减轻学生的负担，有着十分重要的启示意义。我们的教学，往往老师讲得过多，学生记忆得过多，其实际的教学效果不佳，因此很多学生厌学，老师也教得疲劳。如果按照邱老师的尝试教学法去教，那么就要去研究教材，研究学生，抓住知识的衔接点，先让学生试一试，这将极大地激发学生的求知动机，使教学达到理想的教学效果。

同时，我还以为，将尝试教学法用于教学，让学生先去试一试能够促进学生的学习，有利于培养学生的尝试与创新精神，树立一种开放性的勇于去尝试的人生态度。

这种学习的方式方法适用于各年龄段，适合于学习各种学科。我本人也就是这种学习方法的粉丝，我年龄不小了，也在学外语学钢琴呢，也用此法去试错改进，得益匪浅。

其三，尝试教学法教学实验历时四十多年，用大量的数据证明了其有效性。令人敬佩的是，邱老师四十多年如一日，去推行他的尝试教学法。

这种教学法是他从16岁当小学教师开始的成功教学中总结出来的,又有教育学和心理学的科学依据,他坚信是正确的。70年来,他不断耕耘于教学的实践中,他不顾自己年岁已高,经常到现场去考察,听课指导,有时还亲自给中小学生上示范课。

邱学华老师跑遍了中国,为教师做了千场报告,听众达百万。他大多是又作讲座,又上示范课。他的示范课的教学录像在教育电视台、网站都能看到,编成的教案集已列入"中国好课堂丛书"。他被中国教育学会副会长朱永新先生称为"教育的光明使者,创造许多纪录的长者"。

试问这样有影响力接地气的教育家,在中国有几个呢?据我所知,仅此一人!

邱学华老师是我在华东师范大学读书时的教师,我感到自豪。

我是搞教育理论的教师,许多教材讲的都是外国教育理论和外国的教育家,崇洋媚外风气太盛,我心里总是不服气。我们有五千年光辉灿烂的文明史,建国后涌现出许多优秀教师、教育家和教学流派。我们应该大力宣传自己的教育家和教育理论,这也是文化自信的表现。

我构建师徒互助尝试教学法的故事

河北省邯郸市永年区洺州中学　门社强（河北名师）

一、困境藩篱,幸得恩师教诲

2000年,我在武安师范学校毕业,经过一年半的等待时间,于2002年3月迎来了教育局的分配通知,从此开始了我的教师生涯。

2008年，我调入永年区第五实验学校，学校师资雄厚，优秀教师比比皆是，同年级数学教师至少有8位。面对如此教学环境，一方面，我走进优秀教师的课堂，学习先进的授课经验；另一方面，每逢月考前10天，我拼命挤占非考试科目的课堂。每当我抢先挤占一节课时，学生就会发出"又不能上体育课了""怎么又是数学课"的抱怨。此时的我，顾不上学生的声讨，走上讲台，拿起数学习题，又是一堂灌。几天下来，我感到疲惫不堪。然而，学生似乎并不买账：他们整堂课紧锁眉头，目光呆滞，表情麻木，两眼瞟向窗外。月考前的超大工作量，使我的嗓子吃不消，常常沙哑、发疼，学生月考成绩却并无起色……面对如此现状，我感到教师"仅仅甘于辛苦的付出"是远远不够的。

2010年的暑假，劳累了一学期的我开始反思：怎样让学生在课堂上动起来，活起来，学起来，实现教师少教、学生多学的目标呢？当我正迷茫时，邱学华的尝试教学法，引领我从困顿的"迷魂阵"，走向康庄大道。

2010年暑期，教育局邀请了尝试教学法创始人邱学华及其团队，到永年区进行为期一周的培训。在那次培训中，我第一次聆听邱学华对尝试教学的精辟论述，零距离观看了洋思中学的"兵教兵"的课堂。这些都深深触动了我，使我坚定了颠覆传统课堂的信心。带着心中的困惑，我开始如饥似渴地阅读《邱学华与尝试教育人生》。我反复阅读邱学华专著中尝试教学法的实质和操作模式，其实质是"先练后讲，练在当堂"。

2010年秋季开学后，永年区各校轰轰烈烈进行了尝试教学的实践与探索。课堂中，教师们按照尝试教学法的基本操作模式，进行课堂改革。经历模仿、运用、实践后，教师们发现，在"讨论"环节，学生总是讨论不起来。不讨论，学生就不能有效做到"问题当堂订正、当堂解决"，从而导致教学效果大打折扣。

上述问题，也同样困惑着我。带着问题，我战战兢兢地拨通了邱学华老师的电话，没有想到邱老师很快接通了电话。邱老师在电话中，针对我的困惑进行耐心细致的解答。

于是，我根据邱学华老师的指导，将全班学生分成八个小组；在小组内，鼓励先学会的帮助出错的学生纠错。新的课堂改革后，学生逐渐开始交流起来了。为了充分调动学生"兵教兵"的积极性，我按照邱老师的建议，引进小组评价机制，评定每个小组当堂检测的成绩和表现。及时评价学生的"兵教兵"效果；小组积分一周一总结，评出先进小组，如此极大地调动了学生"兵教兵"的积极性，常会出现3至4个学生同时围着一个没有学会的学生七嘴八舌一块教。

半学期过后，期中考试成绩出来了，我所任教的班级数学平均成绩，高出我校同年级第二名12分。如此结果，震惊了所有教师。

二、再陷困境，恩师指点迷津

但是，在课堂教学中我又发现，在热闹的"兵教兵"背后，常常有少数几个不会的学生被人遗忘——没人教。

这个问题一直困扰着我，带着问题多次阅读《邱学华与尝试教育人生》《尝试教学论》等书，试图从书中找出答案。但是，始终没有找出满意的答案，于是，我再次与邱学华老师联系，希望能得到邱老师的帮助。邱老师对我提出指导性的建议：可以将优秀生和学困生组合成帮扶对子，进行捆绑评价，两人的平均分是他们各自的成绩。

带着邱老师的建议，我再次尝试对课堂教学进行改革。于是，我根据学生的成绩，将学生分为一半师傅，一半徒弟；在互助小组中师徒两人同桌而坐，两张桌子对接，前后两排4对师徒组成一个大组。师徒在讨论环节，根据本身的学习情况，自由选择互助方式：有师徒两人互助的，有前后两桌4人交流的，有的小组内一人讲解其他师徒倾听……学生犹如进入知识的超市，按需互助，各得其所，这样的教学彰显了高效课堂的魅力。

新的课堂改革实施一个月后，迎来了期末考试。在那次考试中，我所任教的班级数学平均成绩，高出我校第二名二十多分，比最后一名的平均分高出了36分。面对这样的结果，全体教师再次惊呆了，排名第二的数学教师不解地谈道："你出去学习20天（国培外出学习了20天），我拼命努力上课，本想利用这段时间给学生补课，帮助学生查漏补缺，争取迎头赶上你。没想到，你少上20天的课，你的教学成绩不但没有退步，反而让我们差距更大了，这真是件不可思议的事。"

三、实践创新，恩师鼎力相助

2011年4月，永年区教育局再次邀请邱学华老师指导全区的尝试教学课堂改革。来到永年的邱老师，首先走进了我的课堂，面对面对我进行指导，并且给出了高度的评价："门老师的这节课，是我听到的所有复习课中最精彩的。"

随后，邱老师分别于2011年11月和2012年4月，带我去河南商丘市民权县、山东菏泽市曹县上示范课。每次上课前，邱老师对我进行精心指导；课后，针对上课中出现的问题，给出实战性的建议。

2010年至2016年，七年间，邱学华老师利用暑假时间，对永年区教师进行尝试教学培训。每次培训，邱老师总是走进我为全区教师所做的示范课堂，进行现场指导。在邱老师的指导与帮助下，我的课堂教学模式起名为"师徒互助尝试教学法"，并在教学实践中不断丰富，不断完善。

从此，开始了师徒互助尝试教学法的传奇，在全区历次统考中，我所教班级数学成绩和班级综合成绩，总是名列全区第一，且遥遥领先，教学效果显著。

从2010年暑假至今，在恩师邱学华的帮助下，我始终围绕"师徒互助尝试教学"这一主题，开展课题研究，先后完成多项县级小课题，主持两项省级课题均已结题。2017年7月，出版专著《师徒合作尝试下的数学课堂实战技巧》。我原是一个中师毕业的青年教师，著书立说谈何容易，邱老师的鼓励，使我有了胆量，有了信心。我前后用了4年时间，写成了一本三十多万字的书稿，邱老师4次审阅书稿，我不断修改，终于完成。此书列入邱老师主编的"尝试教学理论研究丛书"，邱老师写了总序。

该成果在本校各科迅速得到了推广，教师们积极尝试运用，教学成效显著，全面提升了本校的成绩，使全校学生的核心素养得以提升。在校外推广，据不完全统计，已经为当地和外地一百余所中小学校进行宣讲、培训。在永年区，先后多次走进名关镇实验小学、第一实验学校、实验中学等；在邯郸市，走进武安七中、邱县实验中学等；在河北省，走进张家口、保定、沧州市等学校；在省外，走进山东、内蒙古等学校。每到一处，先是上示范课，然后结合课例进行师徒互助实战技巧专项培训，获得了广大教师的认可和赞誉，他们评价道："您讲得太好了，收获很多""您的观点独到，技巧实操性很强，收获了满满的干货"。

回首往昔，点点滴滴，历历在目。从2010年起，我发现自己教学中的问题，为破解教学难题，与邱学华老师结缘，走上了探索师徒互助尝试教学法之路。与我素不相识的著名教育专家邱学华老师，出手相助，对我谆谆教诲，对我构建师徒互助尝试教学法给予鼎力相助，让我感动万分、铭记在心。在这十几年的交往、学习中，恩师邱学华的学识、人格魅力、无私帮扶，深深影响、感染了我。带着恩师的教诲，我一定不忘尝试的初心，始终沿着尝试教学研究之路，追寻恩师的脚步，深研师徒互助尝试教学法，使更多的师生获益。

"三重五步"作文尝试教学模式诞生记

山东省冠县冠星小学　相春喜

"老师，请你不要先指导，让我先写一写""老师，请你不要先讲，让我先说一说"，学生主动写作、自主写作已经成为"三重五步"作文课堂上常见的一幕。"三重五步"作文教学模式要求低学段写话"先说后写"，中高学段作文"先写后导"，教师教有所依，得心应手；学生学有所向，兴味盎然。在尝试教学理念的引领下，"三重五步"作文教学模式提高了作文教学效益。而这种模式的确立，还要从全国著名教育专家、尝试教学创始人邱学华教授的一次报告说起。

传统作文教学遇到瓶颈

一直以来，作文教学的费时低效一直困扰着我。传统的作文教学流程一般为"教师命题—教师指导—学生作文—教师评改"。在这一过程中，教师始终处于主导地位，学生被动接受。作文时，教师根据自己的习作经验先进行指导，学生再在老师的指导框架下进行写作。学生完成写作后，教师针对作文要求进行评改。评改作文费时较长，老师绞尽脑汁撰写的评语学生瞟一眼就算不错了，有的学生甚至看都不看，教师的辛苦劳动没有发挥应有的指导作用。长此以往，教师的指导缺乏创新，思路僵化，学生作文思路狭窄，缺乏新意，只为完成教师作业，毫无兴趣而言。老师讲作文头大，学生写作文头疼。如何激发学生写作兴趣，提高作文课堂教学效益，成了作文教学最大的瓶颈。为什么作文教学中教师那么辛苦却效果低下呢？怎样改变我们的作文课堂呢？我苦苦思索，久久不得其解。

尝试教学理念给予启示

2013年5月16日，聊城市教学示范学校冠星小学召开现场会。全国著名教育专家、尝试教学创始人邱学华教授应冠县教体局邀请来到活动现场，对冠星小学的教育教学工作给予全面细致的指导，并作《尝试学习的原理策略与实践》专题报告。邱教授从自身的经历讲起，深入浅出地讲解了尝试教学法的创设背景、思想理念、教学特征、教学模式，理论结合实际，语言生动风趣，不断和与会代表现场互动，气氛融洽而热烈。

现场会之后，冠县正式申报成为尝试教学研究的实验区，开启了我县教育的尝试之路。我们开始学习研究尝试教学法的基本模式，解读其中的成功密码。"先练后讲，先学后教"，让学生从被动变为主动，教师从课堂的主导者变为引导者，学生学习的方式从被动听讲变成了合作交流。尝试教学法的运用，让学生主动学习变为现实，学生的主动性和积极性被充分激发出来，有效地提高了课堂教学效率。

"请不要告诉我，让我先试一试"，邱教授的这一思想能不能在作文教学迁移运用呢？我尝试着拨通了邱教授的电话，我的想法得到了邱教授的肯定和鼓励。他耐心地听取了我的想法，解答了我心中的疑惑。在邱教授的指导下，我开始了大胆的尝试。首先是转变思想，将传统作文教学中的"先导后写"改为"先写后导"，写话教学中的"先讲后写"改为"先说后写"。然后是尝试实践，在作文教学中采用新的教学流程：布置作文题目—学生尝试写作—教师批改作文—师生自主讲评。让我意想不到的是，一个简单的改变，学生的写作热情一下子被点燃起来，写作思路瞬间被打开，作文内容也丰富起来，这就是尝试的力量！

在教学实践的基础上，我又多次向邱教授请教。2018年7月，全国第十九届尝试教育学术年会在河南省洛阳市举行，其间邱教授和我聊起了尝试教学理论在"三重五步"作文模式中的运用情况。他的话如春风化雨，让我对尝试教学又有了更深层次的认识，我连夜修改了讲稿。第二天，我代表冠县实验区以《尝试教育理论助推学校快速发展》为题做了经验介绍，特别是尝试教育理念引领下的"三重五步"作文教学模式引起强烈反响。

尝试作文模式逐步形成

年会结束从洛阳回来，我细细品味邱教授的话，作文教学要注重激发学生的写作兴趣，减轻学生的课业负担。据此，我决定从以下两个方面对"三重五步"作文教学模式进行改进：一是先写，解放学生的大脑，让学生大胆去尝试。让学生海阔天空地去写，甚至允许部分学生第一次尝试可以写得不像样子，只要他敢写、想写，教师就要去鼓励，这样学生才会消除对写作的畏难情绪，激起写作的欲望。二是后导，转变教师的观念，相信学生，大胆放手。教师的指导必须建立在学生写作的基础上，从学生作文中反映的问题入手，变"经验式"指导为"靶向式"指导，重点解决学生作文中存在的问题，教给学生写作及修改的方法，再让学生第二次尝试写作，从而提高作文指导的有效性。经过多位教师的实践操作，征求经验丰富的语文教师的建议，一个崭新的作文尝试教学模式逐步形成：在低学段（1—2年级），三重：重识字、重说话、重练写。五步：看一看，问一问，说一说，写一写，读一读。在中高学段（3—6年级），三重：重积累、重过程、重技巧。五步：提前布置，搜集资料；自打草稿，教师阅看；重点指导，再改誊抄；个别辅导，重点帮助；习作讲评，全面提高。

在邱教授的关心指导下，我边教边研，边研边改，不断完善教学流程，逐步形成了"三重五步"作文教学模式，建构了以"先说后写""先写后导"为核心的"三重五步"作文教学模式体系。

"三重五步"产生的影响

随着研究的不断深入，尝试教学理念已经融入"三重五步"作文教学模式的各个环节，减轻了学生的课业负担，提高了课堂教学效率，引起了全县作文教学重大变革，改变了各学校的作文教学生态。教师对作文教学的研究热情空前高涨，彻底改变了不敢教、不会教的状态；作文课堂空前活跃，作文教学焕发出勃勃生机。学生对写作产生了浓厚的兴趣，乐于表达，善于表达，彻底改变了不敢写、不会写的现状。

让世界了解中国的尝试学习理论

深圳市南山区松坪学校小学部　饶春平（教育学博士、校长）

2011年11月，首届尝试学习理论国际研讨会在深圳市南山区松坪学校召开，当时我任松坪学校小学部校长，全程参与了这次研讨会的筹办、接待及现场翻译等工作。这是尝试学习理论发展过程中具有里程碑意义的大会，会议取得了非常好的效果，对于承办这次大会的松坪学校及参与会议的人员也具有非凡的意义，时隔11年，当时的盛况依然历历在目。

本次大会由全国学习科学学会尝试学习理论研究会和广东省深圳市南山区教育局主办，深圳市南山区松坪学校承办。为了成功地举办这次大会，邱学华老师多次来到深圳进行现场指导，最终在他的强大号召力之下，来自国内外的几百位知名专家、学者、校长和教师代表参加了这次大会。

这次大会是名副其实的国际研讨会，参加会议并在大会上发言的，有来自多个国家和地区的专家教授，如，美国佛州大学教授、美国总统领导下的教育科学基金评审三人小组委员之一、国际著名智能测量专家瓦格纳教授，乌克兰巴甫雷什学校校长、乌克兰功勋教师德尔卡契，乌克兰基辅市苏霍姆林斯基实验学校校长、乌克兰教育科学学院通讯院士哈侬鲁莲娜，澳大利亚南澳洲教育部课程开发中心约翰·特纳教授，日本国立大学片桐重男教授，香港天才教育学会会长、优才学校总监李业富，澳门大学教育学院、澳门数学教育学会会长汪甄南等国际知名专家、学者。尝试教学理论创立者、尝试学习理论研究会理事长邱学华，鲁东大学教育科学学院院长苏春景，著名特级教师、深圳市南山区松坪学校校长罗楚春等也在大会上作了主题报告。这次大会在国内外都有一定的影响力，《人民教育》刊发的"尝试教育"专辑有此次研讨会的一些发言、课例和论文。

瓦格纳教授在大会上给予了尝试学习理论高度评价，认为它体现了两大特性：一、创新性，尝试教学法的"先学后教"思想将学生推向前台，有利于学生更有效地、主动地学习，有利于教学的创新；在学习理论中，全面、系统地提出和实践尝试教学理论，这本身就是一种创新。二、系统性，它不是单一的教学行动，而是系统性的教育教学改革过程，它不是单一的、粗浅层次的教学实验，而是有着全面的、较高层次的教学实验，其中的五步教学体现了系统教学的科学思想。因此，尝试学习理论有着极为强大的生命力。

哈侬鲁莲娜校长认为，尝试教育与苏霍姆林斯基教育思想一脉相承，她在大会上指出："他（指邱学华先生）的教育理念同苏霍姆林斯基的教育思想是一致的，都是尊重学生，相信学生，指导学生自己学习。你们实验学校（指深圳市松坪学校）的课堂教学同我们苏霍姆林斯基实验学校有许多相似之处。邱学华先生的尝试学习理论给我们以新的思考，我们将在今后的教育教学中，适当渗透，从中发展我们的教育教学理论。"

约翰·特纳教授把东方的尝试学习与西方的引导探索学习作了比较，认为邱学华先生"站在中国教育的第一线，促进着中国教学的改革"，尝试学习更适合中国的大班额的教学。汪甄南教授认为，"尝试教学，让我们澳门教师学会做有智有谋的智慧型教师，从中享受幸福的人生。"

我非常崇敬和敬佩邱学华老师的卓越成就，更敬佩他的为人和敬业精神。松坪学校罗楚春校长在苦苦探索课堂教学改革之路时，对洋思中学、杜郎口中学等课改典型的经验进行分析，认为这些学校之所以有所突破，都是源于邱学华先生所创导的"先练后讲，先学后教"的尝试教学思想。因此，学校千方百计请邱学华先生来学校讲学。2009 年，年届 74 岁的邱学华先生精神抖擞地在松坪学校中学部礼堂给全校教师作讲座，激情澎湃的邱老师全程 4 个小时都站着讲课，教师听得如痴如醉，我校请过的专家很多，如此受教师欢迎坚持听 4 个小时的还是第一次。从此他给我们打开了一扇敞亮的大门，我们走向了一条课改的光明大道。松坪学校的"先学后研"尝试教学模式在邱学华先生的指导下从无到有，最后享誉全国。

当时松坪学校小学部所有骨干教师都积极参与了课堂教学改革，小学部 12 名"课改名师"带动全校积极探索课改之路，课改成为了小学部的灵魂和动力，小学部当时被誉为"小杜郎口"，几乎每周都有来自全国各地的尝试教学实验学校的领导、教师前来听课，经常在学校蹲点听课一周及以上，学校的每个教室都随时开放。小学部的老师也走出校门，到西安、济南、广州等地乃至香港、澳门上示范课、公开课。2012 年，因为小学部教学楼安全改造提前放暑假，我带领 12 名骨干老师前往甘肃陇西的尝试教学实验学校支教两周，老师们非常珍惜这次机会，经常备课到深夜，达到了非常好的效果。正因为紧随邱学华老师的脚步，我们的学校得到了发展，老师得到了成长，学生也受益匪浅。语文课改名师李星获评"深圳市十佳青年教师"，随后又荣获南山区第二届百花奖语文学科特等奖第一名；小学部的数学课改名师周莫涵被评为深圳市骨干教师。许多积极参与课改的青年教师也得到非常好的发展，成长为学校的骨干教师。学生敢于探索，敢于质疑，大胆自信，积极向上，受到许多中学的肯定，如深圳中学每年公布的高考毕业生生源名单中，经常会出现松坪学校小学部这所并不知名的普通学校的名字。

　　加入尝试教学实验对于我本人也影响深远。当时瓦格纳先生的翻译严芊女士正在香港教育学院（现改名为香港教育大学）读博士，而约翰·特纳教授的英文发言稿是我翻译的，并且在特纳教授发言时，我是现场翻译，这些经历激发了我进行深造的博士梦想。随后我于2011年报考了香港教育学院的教育博士，并成功被录取。41岁"高龄"的我苦读五年，于2016年顺利毕业，获得教育博士学位。2021年7月，我成为深圳市南山区文理实验学校（集团）科创学校的校长，我在全校继续推广应用尝试学习理论。这么多年来，我对尝试学习理论及邱学华老师一直念念不忘，邱学华老师对我而言，是恩师，是引路人，是我前行路上的灯塔和航标。

探索脑科学研究成果在尝试教育中的转化应用

常州大学尝试教育科学研究院　　黄勇

　　"自古成功在尝试"是我国著名学者胡适先生《尝试集》中的一句名言，我国著名教育家邱学华先生赠送他的专著《尝试教学论》一书给我时，将此名言题写在扉页上，我深受鼓舞和感动。邱先生是与我深交三十余年的恩师，这是他引领我走在尝试路上的深情写照，也反映了追随邱老师学习和研究尝试教学法、尝试教育理论，行走在尝试路上数十年的深厚情谊。因为我们都坚信尝试的理念，对中国本土教育理论有情怀，行走在尝试的路上。

　　我与邱老师相识于20世纪80年代，最先是通过书信、电话联系，后来有了电子邮箱、QQ、微信，联系就更加频繁和方便了，有时一天都要联系好几次。我们在电话和微信里经常一谈就是几十分钟，我们便成了忘年之交。三十多年来在邱老师的帮助下，我走上了教育科研之路。他给我提供学习资料和参加各种研讨会的学习机会，我的许多文章的撰写得到他的悉心指导和精心修改，让我的文章有发表的机会。几十年来，邱老师给予我多方面的帮助和关怀，助我成长。邱老师乐于助人，我多次陪同他到湘西扶贫助学，深感他的仁爱之心，他的高尚品格和奉献精神实在令人感动和敬佩。

我与邱老师数十年的交往中有许多令人难忘和感动的事情。几十年来追随邱老师历经从尝试教学法到尝试教学，再发展到尝试教育的漫长历程。在这个过程中，我将尝试教学法应用到生物学教学中，提出了生物学教学中的尝试教学模式及生物学尝试教学法。随着学习和研究的深入，我将尝试教育与脑科学结合起来进行研究，最先开拓这一尝试教育的研究领域，深入探索尝试教育背后的认知规律和教育规律。

将尝试教育与脑科学结合起来进行研究，深入探索尝试教育背后的认知规律和教育规律，已成为我的一个重点研究领域，这个领域涉及脑科学这一前沿科学，也使得这一领域的研究成为尝试教育研究的一个高精尖研究领域。在这个领域的研究，邱老给了我许多的鼓励和指导。

尝试教学坚信学生能尝试，倡导学生尝试精神的培养，在教学中始终把学生置于主动学习的地位。学生为什么能够尝试并能成功？怎样进行尝试学习？尝试学习有着怎样的科学依据？这就涉及人脑是如何学习的这个科学问题，这是人类孜孜不倦探索的科学前沿领域，也是我长期以来感兴趣的问题。

随着脑科学的迅速发展，新的脑科学研究成果不断涌现，这为探索人脑是怎样学习的不断提供科学依据和新的认识，也为我研究学生是怎样尝试学习的提供了机遇。通过研究，我发现尝试教育理论与脑科学研究成果有诸多相吻合之处。2018年12月，我应邀在上海召开的全国第十三届有效教学理论与实践研讨会上作了《尝试教学与脑科学研究成果的启示》专题学术报告，受到与会者专家及代表和邱老师的高度好评。教育教学其实质是塑造人脑，这越来越为大家所认同，尝试教学实践效果良好，是一条塑造人脑的有效途径和方法。2014年7月，在上海召开的第十七届尝试教育学术年会上，邱老特意安排我在会上作了有关脑科学与尝试教育的专题发言，邱老更是在会上给予了高度好评，引起了与会者的浓厚兴趣，成为此届年会的一个热点。

2015年，在邱老的鼓励下，我申报了省级教育科学规划课题，以规划课题的形式开展脑科学研究成果在教育教学中转化应用的研究，此课题以脑科学研究成果在尝试教育教学中的转化应用为重点。通过5年的艰辛研究，课题顺利结题，研究成果多篇论文在期刊发表。中国高等教育学会学习科学研究分会2021年学术年会上，我应邀作了《尝试成功的脑机制及其教学策略》的发言，引起与会者及专家教授的广泛兴趣和关注，受到好评。

如何将脑科学研究成果在教育教学实践中得到转化应用，为一线教师所用，这里涉及许多问题，其中转化应用的操作性是一个关键问题。从教学设计入手是一个可行的途径，我的这一研究得益于我的一项研究成果，采用我通过多年研究取得的成果——双导案及双导案教学，运用双导案进行教学设计，将尝试教学与双导案教学有机整合，实施基于脑科学的教学，使得脑科学研究成果在教学实践中的转化应用有了操作性，行之有效。双导案这项研究成果是我与邱老师的一个二十余年之约，1997年7月，尝试教学研讨会在湖北省宜昌市举行，我参加了这次研讨会。会议期间，我就教学中师生如何实现同步有效合作向邱老师请教，我提出了一个"两本子"的想法，即编写师生教与学同步的教学用书（包括教师用书和学生用书两本子），得到邱老的热情指导和支持。他还在三峡游轮的甲板上再次同我交谈，耐心指导，他的关怀在徐徐江风吹拂下令人如沐春风，令人感动。进入21世纪，对此问题的研究我从教学设计入手，吸取传统教案与导学案之长，进行科学融合，基于脑科学进行教学设计。通过长时间的研究，我提出双导案，即将导学与导教两者同时融合在同一个教学方案里即导学又导教，实现教学中师生同步有效合作，从而使课堂教学达到有效高效。这一研究成果我撰写成《双导案与双导案教学》一文，发表在《现代教育》2019年第6期，作为"教学研究"栏目首篇。我的很多研究项目数十年来得到了邱老师的精心指导、指教、支持、帮助和鼓励，此情难以忘怀，铭记在心。

第二十届尝试教育学术年会（云端论坛），我以题为《脑科学研究成果在尝试教育中的转化应用与实践——基于脑科学的尝试教学策略与教学设计》一文作了交流，受到广泛关注。

在邱老与我合作编著的《邱学华尝试教学法简明读本》一书中，他特别强调要把脑科学与尝试教育的内容写进去，所以此书中有了《尝试教学法的脑科学依据》一节专门写这一内容。为了更好开展脑科学与尝试教育领域的研究，邱老大力支持、指导并亲自筹划组织在常州大学尝试教育科学研究院成立了脑科学与教育研究中心。

对脑科学与尝试教育领域的研究，已取得了一些研究成果，我先后在《人民教育》《现代教育》等期刊发表多篇论文。尝试教育与脑科学的结合是尝试教育发展的必然选择，是构建尝试教育理论科学体系的需要，志同道合者在邱老师的引领下为创建尝试教育理论的科学体系在不断努力。

四、代代相传

　　尝试教育的发展凝聚了千千万万教师的心血，尝试教学流派的形成和发展经历了几十年、几代教师的努力，发展过程中代代相传，传承发展，故事感人至深，催人奋进。师生相传、师徒相传、父子相传，一代一代相传延续，一代一代传承发展。榜样的力量，言传身教，一脉相承，发扬光大尝试教育思想，薪火相传，数十年来已传数代。人们不禁要问：为什么几代教师如此着迷？因为，尝试教育自有其魅力所在。

学教学展示与观摩活动

全国第十九届尝试教育学术年会
暨第五届孔子杯课堂教学大赛

5

邱学华从教六十周年暨尝试教育理论研讨

邱学华老师是一种榜样

广东省深圳市教育科学研究院　黄爱华（特级教师）

邱学华，一个平凡的中国人的名字；尝试教学，一种不平凡的全世界的财富；邱学华和尝试教学联系在一起，便是榜样和力量的完美结合。

我有幸成为邱学华老师的"弟子的弟子"，是我教育生涯的幸运。我原是江苏省金湖县一位普通的农村教师，后成为金湖县教研室特级教师卢专文的徒弟，而卢专文是邱学华先生的正宗弟子。江苏省教育厅委托常州师范学校举办的小学数学研究班，卢专文是研究班的班长，脱产半年跟着邱学华先生学习，成了他的得意门生。所以我就成了邱学华先生的弟子的弟子，他就成了我的师爷了。1992年，我调到广东深圳工作，而邱学华先生经常去深圳，对我悉心指导和热情扶持，从此便与邱学华老师结下了不解之缘。在三十多年的交往中，已记不清跟邱老师有过多少次的心灵碰撞，但却能清楚地记得在一次次心灵撞击之后我对"尝试教学理论"会有更加深刻的理解，对课堂教学实践有新的认识。因此，作为邱学华老师的学生，更作为一名较早的"尝试教学理论"的实践者，我对"尝试教学理论"的热爱就不言而喻了。

我想，一种理论受追捧抑或是一种方法受关注，人们关心的不外乎是它能解决什么问题，可以在多大程度多大范围内解决问题。"尝试教学法"之所以能引起教育界众多有识之士的青睐，这首先依赖于"尝试教学法"与现代教学观念相吻合，倡导通过学生亲身实践与探究获得知识、提高能力，把学生的发展作为终极目标；其次，"尝试教学法"适用面广，从学生范围上来看，适用于小学、初中、高中、大学，从学科分类上来看，适用于文科、理科、综合各科。而我，一直在"尝试教学法"的引领下，转变教学观念，创新教学方式，提出了基于问题导向的"大问题"教学结构。

几十载弹指一挥间，邱老师像对待自己的孩子般呵护着"尝试教学理论"，为此所付出的艰辛与困苦个中滋味只有他才能体会。面对这样一位视"尝试教学法"为自己生命的智者、强者，我们又能说什么呢？我们只能在心底默默地为这位古稀之年的教学"新秀"祝福，愿他与他割舍不下的尝试教学理论一起"茁壮成长"。记得邱老师曾赠予我四句话，这四句话与其说是勉励我的，倒不如说就是邱老师本人的真实写照，写于此与各位共勉：

抛开世事浮华，不负人生年华，任凭岁月蹉跎，看我有益天下。

邱学华老师是一种榜样！

尝试教学理论是一种无穷无尽的力量！

我的小学老师邱学华

江苏省常州市武进区郑陆乡　钱耀海（农村干部）

1951年，我们塾村中心小学来了一位代课老师——邱学华，年纪很轻，虚岁17，在省立常州高中未读完高一，由于家庭经济原因休学在家，一次偶然机会，到我们塾村中心小学当代课老师。

当时我是这个学校的五年级学生，邱老师教我们算术、体育、美术等，开启了我们长达七十年的师生情谊。

一、邱学华从教的第一站

当时新中国成立不久，百废待兴，农村没有公路，交通闭塞，从常州城里到我们塾村只能乘人工拉纤的快船到郑陆桥后再步行，且要花近一天的时间，遇到下雨天，路上全是烂泥。另外，当时学校没有固定的食堂，要靠学生家轮流供饭，生活其他方面全部自理，遇到农忙时还要组织学生帮农户干农活，对一个从城市来的小青年来说，这是很大的磨难。这是邱学华老师从教的第一站。

开始，邱老师是代课教师，哪一班级缺任课老师他就顶上去，先后担任小学各个年级的语文、数学、绘画、体育等多种课程的教师，还担任过多个年级的班主任。由于他工作认真负责，课上得好，第二年就转成正式教师，还提拔为教导主任、少先队大队辅导员。

当时我是班长，又是少先队大队长，成了邱老师的得力助手。我们班同学都是十二三岁的孩子，他只不过比我们大五六岁，看上去是我们的大哥哥。

邱老师人很和气，从来不发脾气、训斥学生。和同学打篮球，爬山，大家都喜欢他。他上课很有特色，生动有趣，在算术课上还会讲故事给我们听。因为同学都喜欢听他上课，所以上课纪律特别好。在学校里，数他年纪最小，可他是教导主任，后又当校长，可大家却都服他。

他肯动脑筋，会想点子，我们学校的少先队活动在全县是出了名的，什么放风筝比赛、猜谜语比赛、篮球投球比赛等。邱老师还评上了武进县少先队优秀辅导员。后来他发明了尝试教学法，其实他从这里就打下了基础。

二、融入农村，培养农村后代

由于他工作出色，老校长调离后，教育局任命他当校长，据说是全县最年轻的中心小学校长，那年他才21岁。解放初期的农村学校，老师吃住都在学校，要有很多时间与学生家长、农民及农村干部打交道。塾村有近千人，是一个比较大的自然村，学生家长的姓名、住址，他都了解清楚。

有时在学校周围碰到大家,他总是主动招呼,在农忙时还安排学生帮助缺乏劳动力的家庭干一些农活,这很受全村老百姓的欢迎。当时学校要配合农村中心工作,土改,扫盲,合作化,他都组织教师积极参加。他帮助农民演出锡剧的情景,大家印象特别深刻。

我们这里农村喜欢锡剧,爱看也爱唱。有人带领大家自己排练一场锡剧《信陵公子》,邱老师不仅大力支持,而且亲自参加。他和塾村的一位巧木匠合作,制作绘制了全场布景,大家看了惊叹不已,邱老师还有这样的本领。演出取得了成功,许多乡镇都邀请我们去演出,邱老师都跟随而去,配合拉琴布景。当时正是抗美援朝时期,他在学校里排练《打倒美帝野心狼》活报剧,他亲自演杜勒斯,在锡剧演出换场间隔时演出。这是邱老师出的主意,使锡剧演出配合形势,受到当地政府的赞扬。

我们学校是一个乡中心小学,规模不大,原来没有什么名气,后来在区里县里都出了名,因为我们不但活动搞得好,教育质量也很高。我们武进县农村孩子很难考取常州市区的中学,可我们塾村中心校每年都能考取几个。我们这里走出了许多人才,有清华大学水利系主任、搞原子能的专家、中央信访办主任、江苏省妇联副主任、大学教授、工程师、教师、医生等。当年我也考取了常州第一高级中学,邱老师给我报名,送我去考场。我很幸运被录取了,但读了一年,因我父亲生病,家里缺乏劳动力,被迫辍学,回家种田。后担任生产队长、大队书记、乡政府干部。

邱老师有远大的理想,为了追求他的教育梦,他通过自学,发奋图强,经过组织批准,1956年他考取了华东师范大学。记得他走那一天,同学们都跑到学校送他,步行五六里路一直送到轮船码头,许多同学都哭了,舍不得邱老师走。此情此景直到现在都记得。

三、成名成家,不忘初心

邱老师离开学校后,还多次来塾村,探望学校师生和乡亲们。后来,"文革"中离开华东师大到了溧阳农村当中学教师。"文革"后,回到家乡常州师范学校当了校长。他没有忘记塾村,他最初工作的地方,他经常来塾村小学指导教改。那时塾村小学的校长正是他当年的学生。这是历史的巧合，也是邱老师的教育传承。

塾村小学九十年校庆、百年校庆，邱老师都来参加，当年的教师和同学都来了，大家共聚一堂。后来，塾村小学并入郑陆实验学校，邱学华老师捐赠了大批图书。邱老师从这里走出去后，从来都没有忘记我们，一直保持着联系，塾村的乡亲们也从来没有忘记他。

他发明的尝试教学法影响越来越大，他在教育界的名气也越来越大，塾村的老百姓听了特别高兴。2010 年 4 月的一天，听说常州市要举行"邱学华从教六十年暨尝试教学法研讨会"，我和塾村小学的老师和老同学自发赶到常州参加。会场设在省立常州中学的大会场，有上千人参加，教育部副部长、江苏省教育厅副厅长、常州市副市长等到场并讲话。邱老师讲话时，突然看到我在场，特地邀请我上台讲话，我兴奋地讲邱老师是我的小学老师，讲当时在学校的情景，我感到特别自豪。

塾村小学的教师换了一批又一批，邱老师在这里仅做了五年，而且当时还是一个小青年，可是直到现在时间过了七十年，我们这一辈八十多岁的老人谈起他，还是记忆犹新，没有忘记他。

我是邱学华小学数学高级研究班的"卢班长"

江苏省金湖县教师发展中心　卢专文（特级教师）

我从 1984 年开始就成邱学华的弟子，算起来已有近四十年的师生情。

1984 年 3 月，上天恩赐给我一个机遇，县教育局选派我到常州师范学校参加江苏省教育厅举办的"江苏省小学数学骨干教师研究班"学习。在研究班里，我拜名师于尝试教学法创始人邱学华先生，他是我们这个研究班的主讲。

"文革"后，百废待兴，邱学华老师向领导提出，当务之急，首先要培养骨干教师，再由这批骨干教师带动大家。由此举办小学数学教学高级研究班，这在全国还是首次。先在常州办，后由江苏省教育厅主办，脱产跟邱老师学半年。第一期是全省各师范学校的小学数学教学法教师，第二期是全省各教师进修学校的小学数学教学法教师，第三期、第四期是全省各实验小学的数学骨干教师，我在第三期。每期30人参加，但邱老师名气大，威望高，全国各地有关单位通过各种关系派人参加，每一期都有六十多人。先后参加研究班学习的共有三百多人，这为中国小学数学教学研究培养了一大批人才，也为今后研究和推广尝试教学法培养了积极分子。现在看来，邱老师当时办研究班是一项高瞻远瞩的创举。

我很幸运，被邱老师选中成为研究班的班长，大家都叫我"卢班长"。我是一个农村数学教师，能拜邱老师为师，而且能在他身边学习半年，真是太幸福了。我从此走上教育科学研究之路，后调到县教研室当了小学数学教研员，评上了特级教师。几十年来，邱老师一直指导着我，影响着我。

研究班的大部分课程由邱老师亲自讲，有《小学数学教学专题研究》《教育统计》《教育科研方法》等，重点介绍尝试教学法的理论和实践。他要求大家认真读书和根据自己的经验撰写文章。我认真学习了十多本教育专著，做了二十多万字的学习笔记，写了十多篇教学论文。

邱老师采用理论联系实际的方式，不但学理论，学名著，还带领我们到上海、苏州观摩名师的课堂教学。更厉害的一招，要求学员真刀真枪上研究课。一次，邱老师在常州举办小学数学教学改革研讨会，有来自全国各地的五六百位教师，大家推举我来上研究课。我是一名农村教师，没有见过这样大的场面，压力很大。邱老师要求我大胆用尝试教学法上六年级的"分数、小数四则混合运算"，手把手教我备课。当时我对尝试教学法的了解还很肤浅，只是听邱老师讲过，现在邱老师手把手地亲自教我备课，他的指导让我印象最深的是根据尝试教学的特点进行教学，他说，尝试教学是一种特殊的尝试活动，它既是尝试活动又是教学活动，这种尝试活动具有三个特点：①通过学生尝试活动达到教学大纲所规定的教学目标，尝试目标非常明确；②学生在尝试活动中有教师的指导，它是一种有指导的尝试；③尝试活动主要是解决教师根据教学内容所提出的尝试问题。我们必须分清不同性质的尝试活动，了解不同性质尝试活动的特点。

邱老师的这一指导，不但指导我当时的公开课教学，更是引领着我后面几十年课堂教学改革的方向。在他的具体指导下，我人生第一次面向全国上了一节专家与教师共同认可的公开课。这对一个农村教师来讲，不但锻炼了胆量和心理素质，更是提高了课堂教学水平。

我是研究班的班长，协助邱老师工作，这可能就是"师生缘"吧。在邱老师的指导下，我用农村教师朴实的感情、真诚的人格和热情的服务态度，凝聚了全班几十位来自全国各地的教师学习研究尝试教学实践与理论，在省内外产生了较大影响。直至今天，研究班同学互通信息和见面时，都还亲切的呼我一声"尊敬的卢班长"。

研究班结业后，我回金湖县实验小学，首先在学校开展尝试教学实验研究，取得了成效。尔后我调到金湖县教研室当小学数学教研员。

在邱先生的指导下，我在全县推广应用尝试教学法，带领金湖县小学各科教师运用尝试教学法改革课堂教学，提高教学效率，尝试教育思想在全县教师中生根发芽。

1990年5月，我协助邱老师在金湖县举行全国协作区尝试教学法研讨会，来自22个省市区的八百多人参加。这是我县有史以来规模最大的教学研讨会，盛况空前，反响良好。

20世纪80年代末90年代初，我主持了江苏省教育科研课题"探索大面积提高农村小学数学教学质量的路径——尝试教学"，研究成果获得了省教科研优秀成果奖，研究报告在六家省级教育刊物转载。研究成果专著《卢专文农村小学数学教学实践与研究》由山东教育出版社出版。到目前为止，我已在二十多家教育杂志上发表三百多篇文章。退休后，我仍在教育战线工作。

研究推广过程中，我学习邱老师的办法，把培养骨干教师作为重点，先后培养10名女教师、10名男教师，这二十位教师课上得非常出色，被邱老师誉为金湖十朵金花，十条龙。许多被邀请到江苏及全国各地上示范课，其中最出色的一位，现在已是全国著名的特级教师——黄爱华，后调到广东深圳去发展了。

我原是一个农村小学教师，有幸成了列入名册的邱学华老师的弟子，几十年来，他一直指导和鼓励着我，助力我成为特级教师、教育专家。邱学华老师在我的人生阅历中好似一座高山，是我的榜样。他不但博学多才，著作等身，而且情操高尚，乐于助人。他创立的尝试教学法有那么多人追随他，能在全国范围推广应用，这不仅因为尝试教学法有强大的生命力，也显示了邱学华先生强大的人格魅力。

"尝试"引领我成长

河南省罗山县教育体育局教学研究室　鲁家宝（特级教师）

回顾我成长之路，就想起我的恩师邱学华老师，是他创立的"尝试教学法"引领我成长！

一、尝试教学法，促我成长为"优秀教师"

1992年，我在罗山县龙山乡教育管理站任数学教研员，10月，很荣幸参加了在杭州大学举办的"全国尝试教学法骨干教师培训班"活动，会上聆听了尝试教学法创立者邱学华先生的主题报告。在研读中我领悟到这种教学方法对挖掘学生潜能，培养学生的创新精神和实践能力的重大作用。1993年5月，我依据尝试教学法的特征，结合愉快教育理论开展全乡的《愉快尝试教学法研究》课题实验。该课题的申报，得到邱老师的高度重视，被列入国家"八五"规划重点研究课题的子课题。为了搞好这项实验，我进学校了解情况，制定实验方案，有目的、有计划地开展丰富多彩的教研活动，采百家之长，积众人智慧。功夫不负有心人，三年的实验研究，探索出"愉快尝试教学法"的基本方法：明确一个观点——让学生在民主、和谐、愉快的环境中尝试学习；遵循两大原则——有指导的尝试原则，同乐、全面、和谐的原则；体现"三个为主"——学生为主，尝试为主，练习为主；把握"四个时机"——激发尝试兴趣，创设愉快情境，促进合作交流，体验尝试成功；达到五种效果——课堂活起来，学生动起来，能力强起来，教学实起来，质量高起来；做到"六个带进六个让"——把尊重带进课堂，让学生成为学习的主人；把方法带进课堂，让学生选择自己喜欢的学习方式；把激励带进课堂，让学生在活动中学、在玩中学……

1996年10月，我受邱学华老师之邀参加在湖北省十堰市召开的"全国第八届尝试教学学术年会"活动，《引来清泉水，滋润一方土——"愉快尝试教学法"研究报告》荣获一等奖，分别在《尝试·成功·发展》专著、《教育论坛》发表。由此，研究成果在信阳市得到推广应用，我受聘中国教育学会尝试教育理论研究会常务理事，获得河南省"优秀教师"荣誉称号。

二、尝试教师培训策略，成长为"优秀教研员"

愉快尝试教学方法的成功，得到各级领导的认可。2002年，罗山县被确定为河南省新课程改革实验区，8月，我调到罗山县教育体育局教学研究室任数学教研员。面对更大的考验，我像医生那样"临床诊断"，即通过"口问""耳听""眼看"等一系列诊断行为，到学校了解情况，进课堂发现问题，根据学科情况对症下药。2003年5月，我主持申报了河南省基础教育教学研究室课题《运用尝试教育思想促进教师专业成长研究》实验。我针对城乡学校教师不同情况，探索出"三位一体"教师培训策略。即：针对农村学校教师年龄结构较大、专业水平偏低、教学方法陈旧，一般凭"经验"教学等特点，开展以"送理念、送方法"为主题的"送教下乡"培训，为农村教师转变教学观念"充电"；针对县城学校教师虽然素质好，教学任务轻，但部分教师工作马虎、拈轻怕重、讲条件、讲金钱等特点，开展以农村优秀教师"送作风、送精神"为主题的"送教进城"培训，给县城学校教师"洗脑"；针对部分教师知识结构单一，研究意识淡薄，基本素质较低，自我发展意识欠缺的现象，开展以过好"教材关、教法关、教学技能关"为主题的"三关"培训，以此促进教师和谐发展。研究成果二十余篇文章分别在《中国教育报》《教育时报》《中小学教师培训》《中小学数学》（小学版）等报刊发表，获得河南省教育厅颁发的"教育科研成果"一等奖，并荣获教育部课程教材研究所"优秀教研员"称号。

三、尝试高效课堂模式，成长为"特级教师"

随着新课程改革的深入开展，带有普遍意义的"学生能在尝试中学习"理念发展为"学生能尝试，尝试能成功，成功能创新"尝试教育理论，2012年，我又申报主持了河南省教育科学"十二五"规划课题《学生自主尝试学习能力培养研究》实验研究课题。多年的研究，我构建了"自主尝试'三环节'高效课堂教学模式"。

此模式起步于邱老师的"尝试教学法"，发展于"愉快尝试教学法的研究"实验，成功于"运用尝试教育思想促进教师专业成长研究"研究。突出学生的主体地位，确立以民主合作为基础的现代教学思想，强调主体发现问题，积极探究，追求创新的心理趋向。以"自主学习"为灵魂，以"学法"导引为主线，以"因材施教"促使各层次学生智能水平的整体推进为宗旨，以灵活、快速的反馈矫正及合作性的奖励手段为保障，形成了一个有利于全体学生积极主动、生动活泼发展的教学流程。三十余篇研究文章分别在《中国教育报》《中国教师报》《教书育人》《基础教育参考》等报刊发表；指导课题实验教师代表信阳市连续七届参加河南省小学数学优质课评比现场展示，在全国学术研讨会上作示范观摩课；在浙江省乐清市成功召开了"鲁家宝教学思想交流会"活动；受邀在北京、天津、山东、四川等地举办的全国学术研讨会上作专题报告13场；被北京睿师育人教育科技研究院特聘为教师培训专家；2014年，经过层层推荐、答辩、评选，获得河南省"特级教师"荣誉称号。

现在我已退休，应聘在昆明市中华小学任教育顾问，继续为传播尝试教育思想而努力工作。

"尝试"研究让我接触到了一位教育家的崇高心灵，我的成长是"尝试"的引领，是邱老师一路相助。在尝试思想的引领下，我从一个偏僻农村的教师成为优秀教师、优秀教研员、特级教师。我因尝试而智慧，我因尝试而走向成功。

身边的榜样——我的老师邱学华

海南省教育研究培训院　黄浪波

不久前，省教育厅党委下发通知，要求每一个党员提交一篇有关身边榜样的文章，我因找不到适合题材迟迟没有下笔。近日，拜读了我院党总支李洪山书记的《我身边的两位导师》一文，不由涌起自己对恩师邱学华老师的无限思念和感激之情。

我的老师邱学华今年已 87 岁。每次想起我的恩师，内心总是油然而生一种崇高的敬意和无限的想念。

尽管我身边平凡的榜样、楷模有很多，但还是决定选择自己的恩师邱学华老师在此与大家分享，也表达自己的感激之情。

一、我的老师邱学华

邱老师是江苏人，1960 年华东师范大学教育系毕业，从事教育 70 年，是全国闻名的特级教师、荣誉教授、享有国务院政府特殊津贴的专家。

邱老师是尝试教学理论的创始人。"文革"期间，他在江苏农村中学任教期间就开始实验，到 1980 年正式提出尝试教学法。这一教学方法，观点鲜明，通俗易懂，操作简便，效果显著，受到中小学各科教师的欢迎。

几十年来，在邱老师和全国各地的实验学校教师的努力下，尝试教学法不断完善与发展，建立了尝试教学理论，成为当今国内最有实践基础，推广最广泛，影响力最广，具有中国特色的一个教学流派。尝试教学法研究的成果于2014年荣获全国首届基础教育教学成果一等奖。当年，邱老师作为全国教师代表受到了习近平总书记的接见。

二、我与邱老师的情缘

我大学学的是数学专业，毕业后留校任教，选择的研究方向是小学数学教学法研究。当时学校中师班教材教法课程教学，介绍全国新的教学法时都会涉及在国内有影响的尝试教学法，邱学华早就成了我景仰的专家。

1985年，我被学校指派到江苏省常州师范学校，参加由邱老师创办的全国第一个"小学数学教学高级研究班"学习。这个班由江苏省教育厅主办，脱产学习半年，由邱学华老师主讲。这一期学员是全省各师范学校的数学教学法教师，但全国各地师范学校闻讯都派人参加。我们因此有幸结识了邱老师，也与邱老师结下了不解的师生情缘。

后来，我调到海南省教师培训中心搞教师培训工作，先后在海南开展尝试教学法和《现代小学数学》教材的实验推广工作，与邱老师就有了更多学习和交往的机会。尝试教学法在我省海口市琼山、琼海、万宁、澄迈、儋州、文昌等市县广泛推广，得到了一线教师的欢迎。其间，我省多次邀请邱老师进行教师专题培训，在我省召开尝试教学课堂观摩现场会。我也不断得到邱老师的指点，他每年都为我提供不少赴省外参加学术交流和学习的机会。我的专业成长与邱老师的指导是分不开的，在工作交往中，我与邱老师不断加深了师生情谊。

三、我的专业榜样与人生标杆

如今，寻找身边的模范，我认为邱老师正是我寻找的专业榜样、人生标杆。邱老师身上许许多多优秀的人格品质和精神都值得我学习。

1. 深厚的教育情怀，崇高的教育理想。

邱老师从教达70年，先后当过小学教师、中学教师、中师学校教师和大学教师。

邱老师16岁就在一所农村小学当代课教师，尽管文化程度低，但他不断刻苦钻研业务，边学边教，边教边钻研，后来成为全县最年轻的中心小学校长。大学毕业后他留校任教，但为了深入教改，寻找理想的教学法，他作为大学教师请求到师大附属小学搞教改实验。"文革"期间离开华东师大，在农村中学任教时，亲自实验，逐步形成了"先练后讲，先学后教"的教学思想（尝试教学模式的雏形）。从1980年开始，邱老师进行尝试教学法的实验研究，终于在1982年总结出"尝试教学法"。

邱老师不为名、不为利，为了集中精力研究和发展尝试教学理论，于1988年辞去师范学校校长职务，到教科所当一名普通教研员。当时，许多朋友都劝他不要轻易辞去师范校长职务，"有官不当，有权不要，是傻子。""尝试教学法已经大功告成，见好就收吧。"他认为，个人当不当官是小事，两亿多中小学生需要新教法是大事。当时，他所在的常州市委组织部还把邱学华作为知识分子能官能民、能上能下的典型。

正如朱永新在给《尝试之路》一书写的序言标题那样——情怀造就高度。正是邱老师身上那深厚的教育情怀，造就了尝试教学法成功与不断发展。

2. 优秀人格，快乐人生。

邱老师的人生旅程中尽管有着不少的坎坷，但他心胸宽广，为人亲和，生活中总是充满着乐观和美好。

邱老师因家庭出身不好，在"文革"期间经历不少艰辛与磨难。尝试教学法早期提出后，曾遭到了许多非议，邱老师为此也身受不少压力。1983年，有的数学教育界权威人士在全国研讨会上公开指责说："不要提这个法，那个法，小学生还能自学？"这样，原来反对尝试教学法实验的人找到了"理论依据"，讥笑说，"邱学华想创造新教法，异想天开"，"邱学华犯错误了……"。然而，邱老师没有退却，以坚定的信念顶住了各方面的压力，继续开展实验研究，使尝试教学法走出困境，继续向前发展。

退休后的邱老师更是忙碌，为了尝试教学法的研究与推广，一天都没空闲，比在职时还要忙，不过他还是感到很开心。他常说："都是自己主动要去做的工作，没有任何人逼我去做，再苦再累心里也是欢畅的。"他搞尝试教学研究，既不是上级布置的研究课题，也没有研究经费，吃了苦，还要被旁人说"不务正业"。

邱老师尽管是国内一流的专家，但从来没有架子，为人亲和。他对基层教师慈爱、教诲，与全国各地许多一线教师建立了深厚的情谊。

3. 退而不休，锲而不舍。

退休后，他投身于尝试教学研究，不断提出新观点，使尝试教学研究与时俱进。他编写"尝试教学理论研究丛书"一套8本，从而奠定尝试教学理论的基石。其间，他日以继夜地工作，编写，打印，校对，发行，样样都干。这套丛书总字数达200多万字，花费了八年时间，没有一定的意志力是难以完成的。

邱老师退休后做的两件事更让我肃然起敬。一件事是他牵头举办尝试教学研讨会、观摩会，已经举办有几十场，且常常是自己一个人担起了从活动策划、会议通知的拟稿和分发，到会务的组织、实施和管理，总是亲力亲为，而且还亲自作报告、上示范课。另一件事是，他到现在已经出版了三百多本书，发表八百多篇文章，总字数有三千多万字。他超群的教育智慧，出色的工作能力以及埋头苦干的精神，在教育界是无人能比的。

4. 敢言敢为，勇于担当。

我国基础教育取得的成绩，举世瞩目，尤其是在国际学生评估项目（PISA）测试取得两次世界第一后，已引起国际教育界关注。可是在国内，许多人长期以来对中国教育存在误解，唱衰中国教育。对此，邱老师作为国内有影响的教育专家，敢于站出来，从理论和实践上为中国基础教育正本清源。他认为中国教育理论界必须根除崇洋思想，不能用西方教育理论来否定中华教育的优良传统，应该从盲目自卑中醒来，从崇拜西方教育理论中突围，中国基础教育要走自己的路，在国际教育界发出中国声音。

2013年，他在上海举行的第三届基础教育课程改革与发展论坛上，作了题为《国际视野下中国课堂教学的新突破》的发言，旗帜鲜明地喊出："中国的基础教育是世界一流的，中国中小学的课堂教学也是世界一流的。"2017年，他再次站了出来，在会议和报刊上发出自己的声音《我为中国教育打抱不平》。他认为，那些悲观、消极、抱怨的声音，同我国不断提高的国际地位，已成为经济大国、军事强国的发展成就格格不入，唱衰中国教育的论调同中华民族复兴大业背道而驰，也是违背事实的。

令我感动的是，邱老师每次发声，他都将发言稿发给我。当然，我总是邱老师坚定的支持者！

5. 扶贫支教，大爱无疆。

我省位于祖国南疆海岛，基础教育相对落后，因此得到了邱老师的特别的关照和支持，他多次来琼举办讲座、培训教师，推广尝试教学法。当时我省王绥积、谭振焕、李雄、王和伦、温志森、王时泰、林树群等一批市县小学数学教研员，以及苏云燕、欧哲尔、谭明、唐惠慧、陈洁慧、刘素娜等一线教师，都曾得到邱老师的指点和帮助，至今邱老师还记得一些老师的名字。尝试教学法在我省的实验非常有成效，尝试教学受到了一线小学数学老师的广泛认可和欢迎。在邱老师的支持下，海南还承办了全国性的尝试教学法教学经验现场交流活动。

多年以来，我仍一直与邱老师保持着通讯。邱老师没有忘了我这个学生，我也将永远心存感激，感激自己一生有幸，遇上了引领自己专业成长的恩师——邱学华老师。

如今，我自己也将迎来人生的后半程。如何面对自己人生的后半程，我时常希望能在邱老师的身上找到那一种精神，让自己的人生也精彩！

三代同场上课，尝试教育思想代代相传

浙江省宁波市高新区外国语学校　郑水忠（特级教师）

2014年4月23日，我有幸参加了由北京师范大学教育家书院和宁波市中小学教师培训中心联合主办的北师大教育家书院第二届讲会营、第十四届"甬城·汇智课堂"小学数学教学观摩活动。中国教育学会名誉会长顾明远先生亲临现场作主旨报告，北师大教育家书院常务副院长郭华教授主持辩课活动。本次活动还有一大亮点——尝试教育三代人同台上课。当时，已经80高龄的尝试教育创始人邱学华先生亲自执教《异分母分数加减法》，特级教师林良富执教《数学思考》，本人有幸代表尝试教育新生代执教《认识三角形》。课后，郭华教授主持了我们的辩课活动，三代人共话尝试教育，成为佳话！正如《中国教育报》记者刘华蓉所说，从年龄和教学资历上说，80岁的邱学华、五十多岁的林良富、三十来岁的郑水忠堪称三代人，他们的课堂风格表现出不同特点：邱学华保持了老一辈的认真、扎实；林良富的课堂表现出更多逻辑性和思辨；郑水忠的课堂有明显的传承又有新一代的锐气，但共同点更明显，带来的关于小学课堂的思考同样启发人。三代人的共同之处则在于，我们在尝试教育路上接续传承、实践创新。

邱学华老师于我而言，既是尝试教育路上的领路人，也是可亲可敬的长者。学生时代就听说过邱老师及其尝试教学法，但一直未得谋面。直到2005年春，全国"两岸四地"小学数学教育交流研讨会在宁波万里国际学校（我当时工作的学校）举行。在这次活动上，我第一次见到了邱老师真容，也第一次聆听了邱老师的主题报告，对尝试教学有了进一步的了解。

此后不久，学校推进了尝试教学理念指导下的教学改革，明确提出学校发展三点共识：课堂是学生的阵地；身体是学习的保障；学习是我们的需要。为了落实课堂主阵地、凸显学生主体地位，我们对课堂中学生尝试时间、教师讲课时间、学生练习时间等作了相应的要求。当时的这场改革，我们数学组是最积极的，也是践行尝试教学理念最深入的。我的教学专业能力也在几年内得以快速成长，2004 年，评为宁波市教坛新秀，2005年，评为浙江省教改之星金奖，2006 年，评为宁波市学科骨干教师，2008年，评为当时最年轻的宁波市名教师。回首那几年的成长，很重要的一点，就是坚持了尝试教学的"先试后导、先练后讲"理念与策略。

2010 年，在尝试教育理念的指引下，我们开启了"自主课堂"教学改革行动，改革继续坚持"学生能尝试，尝试能成功，成功能创新"的尝试教育理念，结合我校实际，提出了"先学后教、以学定教、学教相融"的改革理念。经过几年努力，我们提炼了"三环六学"自主课堂教学模式，在"小先生"培养上取得显著成效。相关课题成果荣获教育部首届教学成果奖二等奖。我个人的专业也在尝试教育理念指引下获得了进一步发展，2018 年，评为浙江省特级教师，入选宁波市教育名家培养对象。

我个人的专业发展还离不开邱老师一次又一次搭建平台助我成长。2011 年，我有幸在邱老师的安排下，参与了为河北永年县小学数学教师开展的"尝试教学法暑假大培训"活动。2017 年，代表尝试教学法赴上海上课。2019 年，全国首届小学数学名师新时代课堂教学观摩研讨会暨邱学华数学教育思想研讨会在北京举行，我有幸受邀执教《数学广角——推理》一课并作专题讲座。通过这次课堂展示与讲座，我充分展示了尝试教育的理念和我校自主课堂的实践成果，受到与会教师的一致好评。2019 年，有一件事令我终生难忘。在邱老师牵头组织的全国小学数学教育实验研究成果评比中，我的研究成果《零起点背景下一年级新生数数能力发展现状研究》荣获唯一的特等奖。递给我的除了大大的特等奖证书，还有 2000 元奖金，这个奖金可是邱老师自掏腰包的。在我看来，这个奖金既是邱老师对尝试教育路上的实践者的鼓励，更像是爷爷给晚辈的压岁红包。

如今，在邱老师的指导下，在上级教育部门的关怀下，我的名师工作室已经有一批又一批学员毕业。无一例外，这些学员都传承了尝试教育的衣钵，都是邱老师尝试教育理念的实践者、传承者。他们中有区名师杨开远、陆建英、潘霞虹老师，有区骨干李晓蕙、杨海晓老师，还有一大批教坛新秀。

以前，中国的教学流派众多，教改典型不少，有的是一哄而起，一吹而散，可尝试教学法历经半个多世纪，经久不衰。本文所讲的都是我亲身经历，证明尝试教育思想植根中国大地，代代相传，必将发挥出更加耀眼的光辉。

更为可喜的是，尝试教育理念在我们学生身上结出了硕果。2015年，我校承办了一场区域的赛课活动，数学学科5位参赛选手用我校四年级五个班级学生上课。上完课后，市教研员陈霞芬老师对我校学子的表现给予高度评价："一个年级有一两个班级学生表现突出是正常的，但像你们这样，整个年级每个班级学生都这么出彩，我还是头一次见到！"其实，这背后，就是尝试教育理念的力量。我们多年来一直坚持让孩子先试先展，教师后导后讲。课堂主阵地还给学生了，学习主动权还给学生了，学生的综合素养培养自然落到了实处。

感谢邱老师的一路关爱，感谢尝试教育理论的一路指引，我将继续在尝试教育路上耕耘，并带领一批又一批年轻教师走进尝试教育，践行尝试教育，最终推动尝试教育在学生身上开花，结果。

我的师父和师父的师父

四川省眉山师范附属小学　彭小强

欣闻《尝试教学流派——尝试路上的开拓者》一书正在征稿，总觉得想写点什么。这个想法缘于我的师父——四川省眉山师范学校附属小学特级教师李志军，我师父的恩师正是本书的主人公邱学华老师。作为邱老师弟子的弟子，算起来，我得尊称邱老师为师爷爷。从他们的身上可折射出一群行走在尝试路上的开拓者们的一份执着与坚定。

我1996年师范体育专业毕业后，分配到乡镇学校，一干就是13年。2009年，调进四川省眉山师范学校附属小学后，正式结识了李志军老师。平易，亲和，这便是我对他的第一印象。进入附小后，我被安排到校园电视台，负责电视台及校园摄影摄像等，没想到这便成了我和李志军师徒结缘的最好媒介。

第一次走进李老师的课堂是受他之托到他班上拍摄一些关于"数学应用题卡片接龙"的相关素材。在远景推送和近景抓拍的切换之间，我真切感受到孩子们对数学的浓厚兴趣，以及教师对内容精巧的设计和对课堂游刃有余的把控，这着实让我惊讶：原来，数学课还可以这样上！从容，睿智，是我对李老师进一步了解后的印象。第二年，我向领导申请改行教数学，自此，便和李老师成了学科同行。虽数学教学经验不足，但我至少选定了一个教学方向——先试后讲的尝试教学法。其间，我多次扛着摄像机与相机走进李老师的课堂，既帮李老师拍摄教学素材，我又从中不断学习积累。其中，《阳光课堂》便是我趁着李老师午休时带着孩子们在操场上玩数学游戏接龙卡时抓拍的，并在《中国教师报》上刊登。暖暖的冬日午后，孩子们三三两两地围坐在草坪上，晒着太阳，开心地在游戏中尝试各种问题的解决，那是多么快乐与惬意的事呀！

2011年10月，李老师受著名教育家邱学华先生的邀请，赴河南参加全国两岸四地教育交流展示活动，我有幸一同前往。怀着对李老师的敬佩、仰慕和感激，在前往郑州路上我冒昧地表达了想拜他为师的想法。李老师欣然同意，我非常欣喜，我和李志军老师就在那架飞往郑州的飞机上正式结下师徒缘，结成师徒。

在郑州和洛阳两个会场开展的活动中，师父自己发明的学具——应用题游戏接龙卡和先试后讲的教法引起了与会专家和老师们的高度关注。来自台湾的洪雪芬老师、澳门的汪甄南教授、香港的邱宗标教授以及尝试教学法创始人邱学华教授等都给予了极高的评价。著名教育家吴正宪老师更是深入李老师的课堂，和孩子们一起兴致勃勃地玩起了应用题的接龙游戏。"李志军老师的课很智慧、很特色、很高效！"吴正宪老师在对师父的课作点评时高度评价道。尤其是师父的专题讲座《站在学生的角度去潇洒教书——18年不布置家庭作业达到高质量的奥秘》更是在与会人员中引起了极大的轰动。郑州之行，让我有幸走近我师父的师父邱学华老师，零距离地领略了他的非凡教育魅力，见证了老一辈教育家数十年对教育孜孜不倦的追求与心血。这场教育盛宴以及师徒结缘的欣喜便被深深镌刻在生命的第34个年轮里，幸福而温暖。

之后几年中，师父先后应邀赴海南、重庆、青岛、上海、郑州、洛阳、石家庄等地，分别以《站在学生角度去潇洒教书》《课堂，该是学生出错的地方》《高效教学就"三"字》《小窍门大作用》为题作专题讲座，并上观摩课，让众多的一线老师真切感受到了尝试游戏教学的价值与魅力。这些活动大都是他的师父邱学华老师的推荐和指导，可见邱老师对我师父无微不至的关怀和悉心指导。

从2012年3月起，师父第一个发起面向全国的"免费跟岗研修"活动，先后接待了来自江西、德阳、自贡、宜宾等地的近二百名领导和教师，并且认真参与不得少于一星期的跟岗研修，反响极好。宜宾翠屏区女学街小学、李庄小学等先后派了两批跟岗教师。2012年7月，在宜宾举办的"全国第十六届尝试教学学术年会"上，我的师父的师父邱老师向来自全国的与会者高度评价我师父不计报酬、一心为教育的这一活动。

在师父的兜里，有两样东西总是随身携带着：一支笔，一个小本子。我曾很好奇地问师父原委。"只为在第一时间记录！"师父这样说道。一是记录自己的教学，课后反思。鲜活的反思往往灵光一现。二是记录学生，捕捉学生的问题，引导学生解决问题。这不正好是很好的教学资源吗！师父已退休多年，但这一做法仍没变，并且还精心"改良"了装备：一支可伸缩的自动笔，一本便携式的便利贴。而我，便尝试着在手机记事本上复制着师父的这个小妙招。

教育是有魂的。三十多年的教育生涯，师父从一个师范毕业的乡村数学教师逐步成长为在全国范围内有一定影响力的特级教师，这缘于他对事业的执着，缘于他对学生的关爱，缘于他的师父邱老师的指导和扶持。师父总把一句话挂在嘴边：站在学生的角度去做老师。他总说：知识的本质虽然是很严谨的，但获取知识的氛围不必搞得太严肃，完全可以营造游戏状态下的学习。2012年12月10日，中央电视台央视网华人频道"华人访客厅"栏目专门为师父作了一期为时30分钟的访谈，题为"18年不布置家庭作业并达到高质量的奥秘——对话游戏教学法研究一线教师李志军"。据主持人讲，师父入选央视网华人频道"华人访客厅"栏目的原因是，在认真学习和贯彻习近平总书记"空谈误国""让人人拥有幸福感"的指示精神下，从众多教育界人士中筛选审定产生的。李志军老师的教学既有解决问题的实在创新手段，更实现了教师幸福为师，孩子幸福成长的目标，当然也促进了家庭幸福快乐。

教育是有根的。师父说他的教育的根在眉师附小，深厚的文化底蕴和优良的历史传承培养和造就了他。所以他无论走到哪儿，他的课件的扉页一定会醒目地打上"眉山师范学校附属小学"的字样，退休了亦如此。他说，为作为一名附小人而自豪！

在师父的熏陶和带领下，作为弟子的我在学科教学、教育论文、磨课赛课等方面也取得了一些小小的成绩：多次参加区、市、省各级赛课并上展示课；"成长课堂"全国赛课一等奖，全国说课大赛特等奖；多篇论文在各级刊物上发表；2019年，提拔为学校教科室主任；2021年3月，兼任区研培中心学科教研员。

这就是我和我的师父在尝试教学与游戏教学中前行的一串足迹，用小教师的成长诠释对教育的大情怀。虽然我没有直接受到邱老师的指导，但我直接受到他徒弟的指导和帮扶，这证明了尝试教育思想代代相传。

谨以此文向尝试路上的开拓者们致敬！

子承父业，走上尝试之路

河南省罗山县第二实验小学　鲁正超

我大学毕业后，父亲榜样力量的感召，敦促我走上了三尺讲台，踏上了"尝试育人之旅"。

2008年7月，我大学数学教育专业毕业后，满怀美好的梦想从大学校园回到家里。父亲特地让母亲晚餐时做了我爱吃的饭菜。一家人围在一起谈笑风生。喜悦之时，父亲和蔼可亲地对我说："正超，你是咱家祖孙五代第一位大学生，毕业后你有什么打算呢？"我听后说："爸爸、妈妈，我想到深圳去闯一闯。"我的话音刚落，父亲用慈祥的眼睛望着我，深情地说："正超，你也知道咱家庭的情况。你爸为了工作，每天早出晚归，根本没有时间和精力照管家庭。因你哥、嫂长年在外打工，你母亲身体也不好，她既要种好农村的责任田，又要照管你侄儿侄女。由于每天的劳累，现已积劳成疾。我几十年教育生涯，爱上了教师这个职业，也有心得经验，追随我国教育家邱学华先生学习和研究尝试教学法，总结出了愉快尝试教学法，我希望你能子承父业。我和你母亲商量好了，建议你今年8月参加咱县教师招聘。"听了父亲的话，又看见母亲低头不语，我久久没有回答父亲的话，犹豫着，思考着，父亲的工作经历又在我脑海里萦绕。父亲在龙山乡教育管理站任数学教研员时，根据教育专家邱学华教授创立的"尝试教学法"基本模式，结合"愉快教育"理念，主持了全国教育科学"八五"规划课题的子课题"愉快尝试教学法"实验研究。研究成果得到各级领导的认可，2000年，罗山县教育电视台以"三大步的旋律"为题专题报道父亲的实验研究事迹，播放一周，由此，父亲的名字在全县家喻户晓。2002年,罗山县被定为河南省新课程改革实验区,8月,父亲调到罗山县教育体育局教学研究室任数学教研员。

想到父亲坚持走尝试之路,由一位民办教师到特级教师的感人经历,想到家庭的具体困难,我也就顺应了父母的要求。

8月,我通过县教师招聘考试录为小学教师,被分到边远山区的青山乡最偏僻的一所农村小学任教。来到学校,安排我任教六年级数学、英语,五年级英语,兼六年级班主任、数学教研组组长。又因从县城家里到学校须转三次车,想到此境,我的心真凉透了。但当我走进教室,天真活泼可爱的孩子们却温暖了我的心,激励我不满足于现状——大学生教小学生,要"充电"学习,丰富教学经验。每天下午放学后,家住本地的教师都回家了,而我一人在学校与教学楼为伴。闲暇时间,我就认真研读父亲送给我的《尝试·成功·发展》《尝试·开拓·创新》等尝试教学专著及父亲的研究成果《引来清泉水,滋润一方土——愉快尝试教学法材料汇编》,随时分类做记录,并根据学习内容写感悟。我以年轻人少有的心态致力于教科研,积极参加父亲主持的河南省基础教育教学研究室课题"基于尝试教学理论促教师专业成长研究"实验研究,把教书和育人、研究与质量置于同频的发展轨道,这使我逐步走向成熟。因我把尝试教学方法融于课堂,促使学生由"学会"到"会学",并达到"乐学"的境界,所教学科成绩每学期在全乡质量调研中均名列前茅,得到家长的好评、领导的认可。撰写研究论文在《中小学数学》2010年第8期发表;2010年"教师节"那天荣获县"优秀教师"称号。

2011年7月,县城学校招聘教师,我以优异的成绩分配到罗山县第一实验小学任数学教师兼年级教研组组长,好的研究环境让我如虎添翼。多年来,我与同在一所学校任数学教师兼年级组长的妻子黄静,持之以恒地研读教育理论,带头引领年级组教师,把尝试教学与新课标巧妙融于一体,应用于课堂教学。经常利用工作之余,阅读报刊,时常写读书笔记和教学反思,这使我俩的教育理念始终能够跟上时代的步伐。2013年,我俩参与了父亲主持的河南省教育科学"十二五"规划课题"学生自主尝试能力培养研究"实验。在父亲的引领下,创建了"自主尝试'三环节'教学模式"，荣获河南省教科研成果一等奖。作为实验教师的我们，更要刻苦学习，潜心思考，大胆尝试。我们多次承担县示范观摩课及送教下乡示范课。2014年，经过层层选拔，妻子黄静获得信阳市小学数学优质课一等奖，我荣获省优质课一等奖，并受邀在浙江省乐清市名师交流研讨会上示范观摩课。

父亲退休后，我们以父亲博学、潜研的精神为榜样，感悟到：走尝试之路，必须爱岗敬业演绎教学创特色。在探索个性化教学艺术风格的基础上敢于尝试，乐于创新，学习别人，完善自己的教学艺术特色，这将是永恒的追求。坚持走尝试之路，我们的研究成果8篇文章分别在《江西教育》《中小学班主任》等报刊发表，事迹见于2020年第5期《中小学党建》，以"特别战'疫'：线上教学的党员夫妻档"为题作了报道。2021年，我调到罗山县第二实验小学主抓数学教研。一年来，我尝试研究让学生通过学、说、听、议、评等体验活动，培养学生仔细倾听、乐于合作、善于交流、敢于尝试等良好习惯，以此发展学生核心素养。由于成果明显，荣获河南省"小学数学骨干教师"等称号。

我们在父亲的用心引领和精心指导下，由初出茅庐的新教师成长为小学数学骨干教师，这也得益于父亲的耐心培育，得益于尝试教育理论提升了专业素养。我们子承父业，走上尝试之路，不仅是一种教育思想引领，更是一种精神和使命。

尝试教育思想代代相传

浙江省宁波国家高新区外国语学校　陆建英

我接触和运用尝试教学法比较晚，在尝试路上我应该是第四代了。尝试教学法创立者、我们万里国际学校教育顾问邱学华先生是第一代，校长林良富在1990年代初就开始运用尝试教学法上课，是全国第一批尝试教学法实验教师，他担任万里国际学校校长时，请邱老师担任顾问，在全校推广尝试教学法，他应该是第二代。郑水忠副校长是林校长的弟子，当然是第三代了。前不久，一次全国性的教研活动，他们三人同台上课，成了教育界的佳话。我是郑水忠老师的弟子，当属第四代了。

我跨入教师队伍，一晃二十余年，一路走来，有为人师的满足喜悦，有遭遇挫折时的自我怀疑。回首来路，在刚入职的很长一段时间里，我把学生的分数看成是最重要的，也一直认为学生的分数是教师"劳动价值"的体现。上好课，把更多的知识传递给学生，追求班级的高平均分是那些年我孜孜以求、不懈努力的目标。直到2002年我来到宁波万里国际学校，遇到了我可亲可敬的师傅们，迷雾渐渐拨开，我重塑了对小学数学教育的理解。

师傅们都是邱学华老师尝试教育理论的追随者和实践者，在师傅们身上，我感受最深的就是要"对学生学会放手"。他们经常告诉我："尝试"是给予学生充分的相信，让学生走上前，教师退到后。这个理念启迪我从关注教师的教转向关注学生的学，课堂教学中，教师仅是平等师生关系的首席，而非课堂的主宰。在师傅们的影响下，我也开始积极探索尝试教学实践。如今的成长，正是沐浴着学校开展的自主尝试课堂改革的春风，才能让我一直乐享数学课堂，带领学生不断感悟数学学习的无限魅力。

学校改革的东风，让我与尝试教学结下了不解之缘。我边思考边实践，我的课堂开始触摸到"生本"之弦，真正的学习慢慢地在我的课堂生成。

2004年，我的第一节和尝试教学相关的公开课是五年级的《分数小数的混合运算》，那是我到宁波万里国际学校后第一次面向全校的公开课。当时正在读郑水忠师傅推荐的关于邱学华老师的尝试教学理论书籍，我就萌发了让学生通过课前自学和写自学笔记的方式展开"预学"，然后再根据学生的预学问题促成课堂生成的教学思路。这一想法得到了师傅的肯定，于是我设计了四步流程：课前自学并完成自学笔记—课始学生尝试完成作业—课中结合自学笔记小组交流选择策略—课尾检查作业发展思维。一节课，我在忐忑不安中结束了，却意外得到所有数学老师的赞赏，孩子们和听课老师一致认为这是数学学习的一种新路径，至此，我也正式和尝试教学结缘，开启了我对自主课堂的探索历程。于我而言，这次的尝试除了尝试教学理论实践这一层含义外，还有一层新的意义，这种新的模式本身也是我的一个新尝试。

2010年11月，第四届全国三大教学流派语、数、外同课异构专场展示活动在我校举行，作为东道主学校，要代表尝试教学流派出一节公开课，师傅郑水忠老师把这个任务交给了我。我深感压力巨大，这次活动，不仅是我校这么多年开展尝试教学实践的一次汇报展示，也是我自身成长的一次磨砺。在师傅的帮助下，我选择了《方程的意义》一课。课堂中，我一如既往以学生为本，让学生在尝试和交流中主动学习，水到渠成自主获得对方程意义的理解，受到了与会老师的高度认同。这次实践更加坚定了我走尝试教学改革之路的信念，我的教育教学人生开始走向新的教育境界。

值得一提的是，在我不断成长的同时，背后助力我的学校也在教学改革浪潮中跨上了新的台阶。2010年，在尝试教育思想基础上，我校逐渐提炼出了"三环六学"教学模式。这一模式充分发挥学生的自主学习能力，它促使我的课堂教学"更上一层楼"。2014年，因邱老师推荐，我有了一次走进江苏昆山上公开课的机会。我们把尝试理念指导下的自主课堂呈现给了更多的老师。我执教的《搭配的学问》学习素材来源于小组中的男女搭配，孩子们在尝试中用多种形式表现，课堂采用"小先生"讲解，教师让教于学，整节课课堂气氛活跃，"小先生"们落落大方，走上讲台敢于自信大方地表达见解，其他同学积极思考，配合默契。学生在互动中敢于质疑，乐于欣赏，大胆建议。学生、老师、听课者在情不自禁中陶醉于课堂，沉醉于自主课堂展现的智慧魅力。

教育家夸美纽斯说过："要找出一种教育方法，使教师因此可以少教，但是学生可以多学。"我想，尝试教学法就是这样一种教育方法，充分给予学生学习和自主活动的机会。它带给学生的不仅是知识，更是一种方法和精神，它传递的不仅是内容，更是一种思维；它激发了学生的求知欲望，让学生的学落到实处。这些年，在自主尝试学习这条路上，我走得更加从容，自主尝试已经走进我的每一节课，也走进孩子们的内心。

现在，我也成了尝试教学法的骨干教师，许多年轻教师跟随我学，我相信会有第五代、第六代……尝试教育思想具有巨大的生命力，是在中国大地上土生土长的教育理论，一定会代代相传，永葆青春。

学习尝试教学，传播尝试教学

浙江省杭州市拱墅区教育研究院　林文伟（特级教师）

一、为破困境，触及"尝试教学法"

1981年，我中师毕业，分配到素有"黄岩的西藏"之称的穷乡僻壤——白石乡。这白石乡地处黄岩、仙居、临海三个地区交界的深山中，第一次去学校步行了8个多小时山路，开启为人师的第一步。

穷乡僻壤，艰苦的生活环境和落后的教育现状深深触动了我。1982年下半年，接任的一个四年级班，区里组织的年段过关考试，全班最高分只有56分。我想，要破解这个"及格率为零"的难题，提高学生的学习成绩，必须改变常规思维。于是我夜以继日地学习，所有的星期天都是在学校度过。那时学校没有通电，不知多少个夜晚，月落乌啼，松涛阵阵，秉"灯"夜读。因为煤油灯没有灯罩，凌晨入睡时经常鼻孔里已经塞满了漆黑的煤油烟团。当读到《福建教育》上邱学华老师的《尝试教学法的实践和理论》一文，我豁然开朗。于是从三方面入手开始探索：一是改变原有的备课及教案形式——尝试运用自己设计的表格式教案；二是运用邱老师的"先让学生试一试"，让学生先读书，再自己试一试，在此基础上进行交流和教师指导；三是想方设法让学生对学科有兴趣，对教师有亲近感。初步"尝试"，一年后，收到了意想不到的效果，全县质量监测抽考，终于出现最高分89分，及格率达到71.43%的局面。随后，我被任命为白石乡中心小学教导主任兼白石小学校长，1984年7月，被任命为白石乡中心小学校长。

  尽管岗位不断变化，学习及"尝试"始终伴随着我。这种"煤油灯"加"霉干菜"的精神，激励着我不断前行，数十万字的读书笔记和自学考试杭州大学毕业证书是重要的见证。

  1986年8月，我奉命调任黄岩县上郑乡中心小学担任校长。初到新学校，开学工作千头万绪，尤其是教师反映，学校二年级有个班，上学期全区质量监测中数学成绩比较差，本学期是三年级，原教师不愿意再教这个班。有教师私下议论：真有水平的话，校长把"差班"先接了！于是，我毫不犹豫接过了三年级这个"差班"的数学课。这时，我又认真学习了邱学华老师在《福建教育》上发表的关于尝试教学的新文章，系统阅读了邱老师的尝试教学专著，心中更有了底气，就用尝试教学法！两个月后，又遇到了全区教学质量抽查，其中数学学科统一抽查三年级。结果，我接任仅两个月的三年级这个班平均分居然是全区第一！随后，我还带头开设示范课，向全体教师推介尝试教学法。1989年12月，我用尝试教学法理念和模式设计并执教了市级公开课《圆的认识》，并荣获市教坛新秀称号，当时全市七个区，本届评上市教坛新秀的小学教师各学科加在一起只有十多人。

二、为解"难题"，实践"尝试教学理论"

  1990年7月，我调任黄岩市宁溪区中心小学副校长。当时的宁溪区中心小学要管下面8个乡镇的一百多所小学，业务繁重。在全区统一监测中，本校四（3）班，53人有27人不及格。这个五（3）班的数学教学谁来接，成了一个"难题"和焦点问题。作为分管业务的副校长，敢不敢接这个烫手的"山芋"？这是对一个教师教学能力的考验：能不能教这样的学生？尝试教学理论和邱老师的话再次给了我启发，首先要目中有人，更要心中有仁。既要关心爱护学生，对所有学生一视同仁；又要给每个学生"尝试"和表现的机会，这是教师真正有爱心、有民主意识和素质教育观念的体现。在杭州召开的观摩会上，我见到了仰慕已久的邱学华老师，当面聆听教诲，更加坚定了我实践尝试教学理论的信心。

在这个班级的毕业晚会上，一位原本比较腼腆的学生深情地说："今晚之后我们就要离别这所学校，我要特别为林老师唱一首歌！"……会后，这位学生悄悄对我说："林老师，您是小学五年来第一个让我上台板演并表扬我的老师，我谢谢您！"这位原本数学成绩不好，毕业时成了优秀生的学生的真情告白也深深感动了我：激发学生兴趣，给每个学生表现的机会，让他们先"试一试"，激励学生走向成功，这也是我学习和实践尝试教育理论的最重要的收获。以此为例的随笔《给每一个学生表现的机会》在《中国教育报》发表。随后十多年里，我一直任教数学成绩最差的班级，将自己学习和研究的尝试教学理论的成果应用于教学实践，以严谨认真的态度和教学艺术激发学生兴趣，鼓励学生尝试。

三、"尝试"济"贫"，推广"尝试教学理论"

教育的根本出路在于改革，尤其在薄弱地区更应该如此！宁溪，这座千年古镇，由于地处山区，到市区要翻山越岭，路程八十多里，教育资源比较贫乏。在全面调查分析的基础上，我在宁溪中心小学开展了以科研为突破口的教育发展"突围"。首先，利用业务学习时间，组织全校教师再次观看邱学华老师的课堂教学实录，并组织讨论：邱老师的课堂教学你看懂了什么？邱老师的课堂对你有什么启发？有什么新想法？二是，1993年，在全市率先成立了学校教科室，我自己兼任教科室主任，且一兼就是十年。几年下来，我的《小学数学情境尝试教学的导入设计》《小学数学情境尝试教学的实践探索》等论文在报刊发表，《小学数学情境尝试教学》成果获全国协作区首届科研成果一等奖，我也应邀在各地作专题讲座和上示范课数十次，2000年9月，不满38岁的我成为浙江省特级教师。同年

10月，应邱学华老师的邀请，在山东济南举办的第十届全国尝试教学学术年会上作大会发言。宁溪镇中心小学也成为浙江省示范性实验小学，黄岩区第一个获得浙江省教育科研先进集体的学校，浙江省教育科研百强学校。

四、"尝试"点灯，引领更多的人尝试前行

2004年，我调到杭州市拱墅区教育研究院工作。我有了新的思考。

一个人走得很快，一群人走得更远！我的成长得益于邱学华老师和他的尝试教学理论，我更要把这份热情和收获传播，弘扬。我根据自己学习、实践邱老师的尝试教学理论的收获，开展构建情境尝试教学模式的探索。为此，组建研究团队，成立林文伟名师工作室。申报省级立项课题"为学而教：小学数学'STS'教学设计的实践研究"，其中的'STS'是Situation（情境）、Try（尝试）、Structure（构建）三个词的英文首字母组合，指在数学教学过程中，通过创设一定的情境，让学生在发现并提出问题的基础上自主尝试、探索，最终达成学习目标的教学过程和方法。主要引领工作室学员在探索尝试教学理论指导下，指向以学生学习力提升为主要目标的课堂实践模型。近百名工作室骨干学员五期的实践探索，初步构建了"四环式""四单式"及"四步法"及其相应变式等实践模型。

跨区域城乡联动，吸引了区域内及桐庐县部分乡村骨干教师参与研修。2015年7月中旬，组织了15位学员参加邱学华老师在上海举办的全国小学数学高级研修班，让学员当面聆听邱老师等专家报告。至今，参与研修教师有二十多人获省市级教坛新秀称号，十多人成为名师和学科带头人，6人评上高级职称，1人评为省特级教师。赴新疆、四川、湖北、贵州及省内温州、金华、丽水等地送教三十多人次。

尝试教学具有巨大的生命力，代代相传。我的成长得益于尝试教学，我又带动了一批又一批的教师，尝试教学生生不息。

五、推广应用

尝试教学法的应用已遍及中国大地，惠及千千万万的师生，长盛不衰，被誉为世界上最大规模的教育实验之一，成为我国最具影响力的教学流派之一。推广应用中涌现了许多可歌可泣的故事，特别是广大教师扎根课堂进行实验与应用，众多媒体为之鼓与呼，教研部门的精心引与导，教育行政部门强有力的区域推进，教育教学专家的睿智认同与深入研究。

尝试教学流派在我国教学改革浪潮中产生和发展，又为中国教育事业的发展服务。它不断发展和升华，为九年义务教育的实施、素质教育的落实、创新教育的推动以及新课程改革的推行服务。为什么尝试教学流派经久不衰？就在于它扎根中国教育天地，为中国教育服务，为中华民族伟大复兴贡献力量。

湖北省十堰市第八届尝试教学法研究会

在广东佛山市体育馆近5000人观摩会

全国第20届尝试教育年会

在新时代下尝试教育思想的研究与实践

在新疆乌鲁木齐上尝试教学示范课

邱学华与《福建教育》

《福建教育》编辑部　陈笑晴

一、第一篇尝试教学法论文的发表

1982年国庆节后的一个星期天，由于要校对应期清样，我与大家一样到编辑室加班。那时我刚从本省尤溪县中仙中学调到《福建教育》编辑室不到一年，日常的主要工作就是审读筛选各地寄来的众多自发来稿来信。一般地，校样要先由陈辉大姐校对，我便登记翻看手边累积的那叠来稿，翻阅中，一篇来自江苏的稿件引起我极大的关注。这篇稿件明显有三点与众不同：一是内容不像其他人那样多数写经验总结，而是一份教学法实验的报告论文，有实践有理论；二是论文结构完整，体现出作者有做过教学研究的素养；三是书写规范认真，每个字、标点都写在方格中。再细看，作者是江苏省常州市教师进修学院的邱学华。

文章介绍的是他们试验两三年的一种小学数学的新教学法——尝试教学法，也叫"五步教学法"。那时只知道苏联凯洛夫有"五环节教学法"，而这新的"五步教学法"显然与它不同。当时，全国正广泛开展教育改革的讨论，苦于无法摆脱旧数学教学满堂灌、"填鸭式"的毛病，找不到改革的新路子。细读论文，文中提出的让学生先尝试练习，教师再讲解的教学方法改革，以及对实践问题与理论的通俗剖析，很快就先感染和说服了我，我认为这篇论文具有重大的实践意义和重要的理论价值。我立即兴奋地将刚发现的这篇佳作告诉还在校对的陈辉大姐。陈大姐"文革"前就在

《福建教育》工作，是位资深的老编辑。这时，我才知道邱学华老师是我们刊物的老作者，早在"文革"前在华东师大时就给我们刊物写过稿！

这时，编辑室的负责人、福州解放初期即参与创办《福建教育》的龚玉书，正好听到我们的议论，即让我们将此稿马上送交他审看。老龚是德高望重的资深报人，具有丰富的编审经验和敏锐独到的编审眼光。他率先提出"以小学为主，以教学为主"的办刊方针，当时在全国教育报刊界具有深刻的影响。果然没多久，他经过认真审读，做出果敢的决定：要我们撤去已排版校对的当期两篇文章，将邱老师的这篇《尝试教学法的实践和理论》换上。全国第一篇尝试教学法的论文就这样在《福建教育》1982年11月号上正式发表了！邱老师后来对我们说，他当时对此有两个"没想到"：没想到这篇论文在其他地方不敢发表，你们《福建教育》却敢发表；没想到稿件刚寄出不久，你们这么快就发表了。他对我们刊物十分钦佩与赞赏。

《尝试教学法的实践和理论》发表后，引起小学数学教育界的关注，许多教育杂志相继转载，许多教师大胆试用。同时，编辑部也收到许多热情读者的来信，提出一系列在应用尝试教学法中的具体问题与困惑，甚至质疑。说实在的，这篇文章竟然会引起少见的这么强烈的反响，实是出乎我们意料之外，当然也引起我们更大的兴致。我们觉得，邱老师的这篇论文概括性强，当时受篇幅限制，一些内容没有充分展开分析，有必要请邱老师就此再写一篇文章，给读者一个答复。过年后，我们将读者反馈的意见列成一个个具体问题，寄给邱老师。邱老师结合他在实验中的亲身体会，归结为八个问题，从主要精神及教学法的宏观层面到具体应用中的问题层面，用问答的形式做出回应，写了尝试教学法的第二篇论文《再谈尝试教学法》，发表于《福建教育》1983年7—8月号。之后，又在《福建教育》1985年1月号上发表了《三谈尝试教学法》。邱老师的这三篇论文，构成了他在各地系统宣讲与推广尝试教学法的核心内容。

二、尝试教学法遇挫愈强

正当我们沉浸于尝试教学法的影响越来越广的喜悦中时，我却遇到了当头一棒。1983年底,全国第二届小学数学教学研讨会在西安市召开。受编辑部委派,我有幸参加了。意外的是,在数学编辑的一次小型座谈会上,一位当时小学数学界的权威人士却严厉地告诫我们:教育宣传上不要没头脑地盲目提倡什么什么法,你们看国外那出名的发现教学法,不是也正受人批判?虽然没有直接点名我们刊物,但大家都心知肚明,这是指我们刊登了"尝试教学法"的系列文章。我意识到问题有点严重,对此更为关注,果然,一些朋友陆续好心地告诉我类似的其他信息。会后我统计一下,发现会里会外居然大小有七次围绕尝试教学法的非议。这时"文革"结束不太久,人们毕竟对"批判"还有点心有余悸!我非常反感,仗着一股初生牛犊不怕虎的劲头,决定不予理睬,也不作申辩。

回到单位,我马上向编辑部领导汇报了参会的情况。老龚毫不犹豫地表示支持我们继续跟踪报道的设想,让我们大胆坚持报道。但不久,省内各地就有老师反映,省教研部门的某个领导在传达全国会议精神时声称,尝试教学法在全国会议上受批了,教学搞模式是僵化,不让各地搞尝试教学法实验。我们与邱老师联系后得知,江苏等地也出现类似情况,有的还传说邱学华犯错误了,一些已在实验的学校,也被迫停止。看来全国会议上那权威的影响已在各地发酵。可以说,这是尝试教学法遇到的第一次重大挫折。

在这遇到暂时困难的时候,邱老师并没退却,在江苏省教育厅支持下,他在常州师范学校内举办"小学数学教学研究班",系统介绍尝试教学法,为在全国各地研究和推广应用尝试教学法培训了一大批积极的骨干分子。邱老师还更积极地应邀到各地讲学,宣讲并亲自用尝试教学法借班上课,到1985年时,足迹已遍及十三个省、市。同时,一些知名的专家学者也挺身而出,纷纷撰文支持,在《福建教育》上发表的就有河南师大陈梓北教授、中科院心理研究所张梅玲研究员、华东师大李伯棠副教授、华中师院姜乐仁副教授、上海市教研室特级教师顾汝佐老师等。他们从哲学认识论、现代教学论、现代认知心理学、综合教学方法等多方面进行论证,揭示了尝试教学法具有顽强和旺盛生命力的原因所在。华东师大钟启泉教授还把尝试教学法译成日文,写入由日本大阪市立大学佐藤三郎教授主编的《世界有特色的教学方法》一书中。尝试教学法实验的范围越来越广，影响愈来愈大。

1985年4月，实验已遍及二十六个省、市，首次全国协作区尝试教学法研讨会在江苏省常州市召开了。这次会议再次肯定了尝试教学法具有鲜明的时代特征，是符合现代教学思想，符合现代教学理论，又适合我国国情的，行之有效、易学易用、适应性强的数学教学法。《中国教育报》及时在头版报道了这次会议。会后，我与贵州的周家健老师合作（笔名潘经、华闽）撰写了会议综述《让教学法改革的新花开得更鲜艳》，刊载于《福建教育》1985年6月号。我们旗帜鲜明地指出，"在先进的教学思想和教学理论指导下，肯定一种先进的教学法，并不意味着排斥另一种先进的教学法，它们之间不应是对立的关系，而应该互相结合、互相配合、综合运用"。邱老师在会上又提出了如何发展尝试教学法的初步设想，即用系统论的方法论创建一个多层次的立体的尝试教学法体系。1986年，《福建教育》编辑部为了给大家进一步研究与实验提供资料，精选了有关的论文和案例编辑成《小学数学尝试教学法》，由福建教育出版社出版，这是全国正式出版的第一本相关的论著。后来陈辉大姐又编辑出版了《尝试教学法》一书。教育理论核心刊物《教育研究》1986年第3期也发表了邱老师的论文《小学数学尝试教学法的实践和理论》，引起教育理论界的更大关注。同时，邱老师被评为江苏省特级教师，并被选为常州市人大常委。至此，实验初期盛传的嘲笑讽刺非议，不攻自破！尝试教学法实验的路子越走越宽，发展的层次越来越高，影响的范围越来越广，取得令人瞩目的丰硕成果，得到越来越多的肯定和赞赏。

三、尝试教学法的持续发展

尝试教学法经过邱学华老师50年坚持不懈的努力，如今已发展成为一整套具有立体感的理论体系。经历了从小学数学单科实验发展到小学多学科教学改革，再延伸到中学、幼儿园，并延伸到职业教育、特殊教育的综合性教学改革过程，从一个学校一个班级发展到遍及全国31个省市自治区以及港澳台地区，甚至国外，几千所学校、几十万个实验班、一百万名教师、三千多万名学生参与，成为全世界规模最大、范围最广的一项教学改革实验研究。经历了"小学数学尝试教学法→尝试教学法→尝试教学原则→尝试教学理论→尝试学习理论→尝试教育理论"的持续发展过程，"先练后讲，先试后导，先学后教"的尝试教学理念深入人心，成为具有中国特色的有代表性的教学流派。邱老师的论文已译成日文、英文、德文、俄文在国外教育杂志上发表。2010年，"首届尝试学习理论国际研讨会"在深圳召开，宣告邱老师的尝试教学研究已正式走上国际舞台。

这里要特别感谢邱学华老师的是，虽然，随着他影响力的不断扩大，研究的不断发展，许多宣传媒体纷纷向他约稿，但是，他总是要把尝试教学研究中具有重大发展意义的阶段性成果第一时间给我们《福建教育》发表："尝试教学法的现状与发展""有指导的尝试原则""尝试成功教学理论""尝试教学理论研究与实践""尝试创新研究"。当然，邱老师对《福建教育》的支持，还体现在他为"教师进修之友"专栏每期撰写的特稿上，前后持续了两三年。这在当时许多教师还在进修教材教法的关键时期，也产生了极大影响。这里不再赘述。

《福建教育》1997年11月号，为纪念尝试教学法第一篇论文发表15周年，又发表了邱老师的《从尝试教学法到尝试教学理论》一文。我在编者按中深有感慨地表示："几经风雨，几度春秋，该研究从教学法升华为教学理论。无论是教育理论研究方面，还是在教改实验推广方面，邱学华老师确实都创造出了一条有我们中国特色的成功之路。"可以说，《福建教育》始终伴随着尝试教学理论的创立与发展，始终支持尝试教学理论的研究与创新！

新世纪后，随着新课改的深入，更多教师发现尝试教学理念与新课改的理念原来是一致的，而且尝试教学模式拥有通俗易懂、易学好用的特点，更便于大面积推广，还能够有效地改变旧的教学方法、教学模式，让学生在自主学习中更快地提高学习能力。我欣喜地看到，《人民教育》2011年7—8月号合刊在新课改时期特别推出了"尝试教学"专辑，2014年第15期又推出了"尝试教育"专辑，相信这势必又会在全国掀起一股"尝试热"，而尝试教育理论与实践必会获得进一步的发展。

让我们共同祝愿尝试教育理论显示出更强的持续生命力，更加辉煌！

千万里我追寻着你

—— 河北省永年县整体推进尝试教学法的经验教训

河北省永年县教育局　杨占良（副局长）

一、相识尝试教学

1994年7月，时任河北省永年县教研室主任的籍靠山，通过《中国教育报》头版《邱学华与尝试教学法》长篇报道与尝试教学法初次相识。读罢全文，他眼前一亮：这么先进的教学方法，如果引进到永年，必将给课堂教学带来天翻地覆的变化。通过深入研读，他感觉尝试教学法简便易学，有利于培养学生自学能力，是实施素质教育的好途径。他很快向当时的教育局刘修义局长、主管教学的苗培元副局长作了汇报，建议引进尝试教学法。两位局长非常重视，经过研究，很快同意了他的建议。籍靠山多方打听，在江苏常州找到了邱学华老师。邱老师表示大力支持永年县的教学改革。于是，我们率先开始在小学数学教学中推广尝试教学法。

1996年5月，邯郸市教科所、永年县教育局在永年县联合举办"邱学华尝试教学理论讲习会"，本县及全市将近800名教师参加了会议。邱老师的报告深入浅出，通俗易懂，他的"先讲后练""先让学生试一试"的新观点，震动了大家，令大家醍醐灌顶、茅塞顿开，又如同把大家带进了一片芳草地，让人流连忘返。

更使大家惊奇的是，邱老师不但开讲座，而且能够卷起袖子借班上示范课。他用四年级学生上五年级的"三步应用课"。这节课让学生自学课本后自己尝试练习，有困难的同学可在小组内请教同学，最后所有的同学都学会了。大家看了示范课都惊呆了：课竟然还能这样上！

直到现在，当年邱老师借班上课的班主任岳美淑老师还记忆犹新。关于那节课，她说犹如昨日一幕。明明是四年级小学生，邱老师却要教五年级教材。学生做完准备练习后，邱老师竟对学生说："我还没有教，你们能学会吗？敢不敢试试？"当时她的担心顿时冒了出来：这能行吗？如果学不会，不是显示我班学生学习能力差吗？作为班主任多没面子呀。在她目不转睛的关注中，学生竟然拿起课本，开始自学例题。在邱老师的一句句鼓励中，学生争先恐后上台板演，展示自己的学习成果。真想不到，他们竟然把题做对了！

二、相恋尝试教学法

从1995年下半年开始，到1997年底，县教研室根据教育局要求，积极宣传、培训、普及尝试教学法，编写了《尝试教学法培训教材》印发到全县；召开了三届教学观摩研讨会，评选出小学数学尝试教学法"十大教改能手"，这些做法有力推动了尝试教学法的普及和运用。

尝试教学法在小学课堂教学中结出了丰硕成果，教师与学生的面貌发生了很大的改观。教育局又开始在初中推广尝试教学法，全县初中课堂教学的面貌也发生了很大的改观，教学质量迅速提升，吸引了周围县的学生，乃至邯郸市区的许多学子纷纷到我县来借读。

大面积推广、普及尝试教学法，不仅促进了我县中小学课堂教学的改革，提高了教育质量，更重要的是培养了教师队伍，提升了广大教师的专业素养，从根本上改变了教师的教育观念和教学方法。

第二实验学校的教师程淑萍，初次接触尝试教学法是在1996年。那时她刚毕业，但没有经验，正在迷茫徘徊时，全县大力推广尝试教学法。她如久旱逢甘霖，如饥似渴地研读起尝试教学法来。她和几位老师挤在一间小屋，看邱学华老师的讲座录像，感触良多："第一次知道老师不是课堂的主宰，学生才是课堂的主人；第一次知道还可以先练后讲，这在过去是很多老教师所没有用过的；第一次发觉学生身上有无穷的潜力，真是应了邱老师那句话'学生能尝试，尝试能成功'。"

界河店总校的教师许知艺，是1972年参加工作的老教师。当全县大力推广尝试教学法时，他已从教二十多个年头了。他感觉自己许多年来，在教学方法上改来改去离不开老传统——五环节教学法。参加尝试教学法的培训后，他才知道，在45分钟的一节课里，前15分钟是学生学习新知的最佳时间，可这段时间以往却被老师组织教学、检查复习所占有，忽视了学生的主体地位，实在很遗憾。自从他采用了"先练后讲"的方式，上课一开始就让学生先自学，先尝试练习，教学效果立刻大不一样了。

三、重新请回尝试教学法

我县开展尝试教学法的推广经验取得了不小的成绩，但由于种种原因，进入新世纪后，尝试教学法的推广工作一度中断搁浅，中小学的教育教学质量也开始出现滑坡。

2009年9月，教育局新一届领导班子成立。局领导面对中小学教育存在的众多问题进行反思，回想当年，"尝试教学法"曾经创造了永年教育的辉煌，令永年人引以为自豪，但为什么没有坚持下去？我们在调查研究中发现，虽然全县的尝试教育法实验研究中断了，广府镇北街学校一直坚持应用至今。

广府镇北街学校是一所普通的农村乡镇小学。从1997年开始，14年来在张耀敏校长的带领下，他们一天也没有停下"尝试"的步伐。在实施新课程中，他们以"学生能尝试，尝试能成功"为指导，以尝试教学法为抓手，大胆改革课堂教学，教育教学质量稳步攀升，很快由一所名不见经传的乡村小学逐渐成为全县名校。十几年来的尝试教学实践，该校逐渐形成了自己的教学风格，尤其是数学这门课，学生不但会做题，而且人人会讲算理。在2007—2010年全县小学六年级教学质量检测中，该校取得了连续4年第一的好成绩，获得"邯郸市优秀教研组""县名校"等荣誉称号。回顾这些年来的"尝试"之路，张校长深有感触地说："尝试教学法简单易懂，好理解，好运用。它同新课程的教育理念是一致的，我们为什么不用？"

事实胜于雄辩。榜样的作用更有说服力。教育局李一刚局长在局务会上决定，在大力推动新课程的背景下，重新请回尝试教学法，在全县范围整体推进尝试教学法，为深入推动课程改革服务。

2010年7月18日，阔别14年后，邱学华先生再次踏上永年大地，为永年教育人传经送宝、解惑答疑。此时，尝试教学法已上升为尝试教学理论。邱先生执着追求、诲人不倦的精神，令我们深深感动和景仰；尝试教学法简便灵活、实用易学的神奇魅力，令广大教师跃跃心动和神往。

教育局的强势推进，加深了教师和学校对尝试教学理论精髓的理解，促进了尝试教学法的推广和应用，有效提高了课堂教学效率；一大批运用尝试教学法的"高手""能手"涌现出来；学"尝试"，用"尝试"，比"尝试"，推"尝试"的教学活动蔚然成风；课堂教学重新焕发活力和生机，广大教师再次品味和领略了尝试教学法的魅力。

总结尝试教学法在我县的大起大落，我们得出深刻的教训：

1. 搞教育教学改革不能一阵风，必须坚持。

2. 注入式教学方法是顽固的，教师主宰课堂已形成习惯很难改变。稍一放松又会走老路。

3. 正由于传统教育思想及方式的根深蒂固，教育局必须理直气壮地采用强势推进的办法抓课改。

4. 尝试不但是一种教学方法，也是一种教育理念，在推进新课程中会产生巨大的作用。

在巍巍的尝试教学理论大山面前，我们的"尝试"只是山脚下一粒小小的碎石。但尝试教学的路我们必须坚持走下去，无论前方的路有多难，有多险，千万里我们将追寻着你，与你相知、相恋，直到永远……

尝试教育促进区域教育优质均衡发展

四川省宜宾市翠屏区教育局　黄耀学（原局长）

2007年3月，我就任翠屏区教育局局长，面临的最大任务就是创建全国义务教育均衡发展县（区）。对翠屏区而言，迎接达标验收，硬件投入问题不大，最大的困难是提高教育教学质量，而当时区域之间、城乡之间、校际之间教育教学质量极不平衡，缩短"三个差距"成为推进均衡发展急需破解的难题。经过反复调研论证，决定将改革课堂教学作为提高教育质量的重要抓手。改革课堂教学的关键是用科学的理论作引领。还好在1980年代，我就读过邱学华的《尝试教学法》，并在我担任的初中物理教学中做过一些尝试，也收到良好效果，因此对尝试教学法有一定的认知。基于对尝试教育的理解和信任，我带领全区教师走上了一条以尝试教育促进区域教育优质均衡发展的成功之路。

一、敬师德——我们跟定尝试教育

从2009年开始，我们就在全区推广尝试教学法。尽管我们多次组织相关人员外出参观考察，但由于缺乏理论指导和专家引领，第一年实验效果并不佳。2010年，我们开始想办法联系邱学华老师，希望得到他的亲自指导。几经努力，我们通过重庆市北碚区教师进修学院领导与邱学华老师取得了联系，并于2010年11月派出区师培中心唐元毅主任到深圳参加第一届尝试学习国际研讨会，当面向邱学华老师表达了我们的拜师请求，得到了他的热情回应。之后，连续3年，邱学华老师都来现场授课、讲学，至今还常态化与我们保持线上联系。在邱学华老师的精心指导下，我区尝试教学实验步入了正轨。我们的实验之所以能够顺利开展并得以成功，主要取决于以下原因。

首先，是邱学华老师的人格威望。邱学华老师是自学成才的尝试者，更是矢志不渝的研究者。邱学华老师从教七十余年，带领全国各地数千所学校开展尝试教学实验，编著和主编著作三百余部，在国内外教育杂志发表文章八百余篇。虽已是八十高龄的老人，仍致力于尝试教学法的推广运用，不愧为当今的教育家。仅2011年，他就先后两次到翠屏区开展课堂教学调研和指导。他严谨的治学态度，儒雅的学者气质，简朴的生活作风，和蔼的待人态度给我们留下了深刻印象。他对于翠屏区的帮助远远超出课堂教学指导本身，还有他高尚的人格魅力的感染。在他的影响下，践行尝试教学法成了我区教师的自觉行动。

第二，是尝试教学法的学术感召。尝试教学法不只是一种教学方法，也是一种教育理念。它吸取了中国古代教育思想的精华，又从中国教育的实际出发，为改革人才培养模式，全面实施素质教育，提供了鲜活的经验。几十年来，尝试教学实验从尝试教学法升华为尝试教育理论；实验规模从一个班发展到几十万个班；应用范围从小学发展到中学、大学，从普教发展到幼教、职教以及特教，从数学发展到语文、外语、科学等科目；实验范围遍及全国31个省、市、自治区以及港、澳、台，并已传到国外。在这个过程中，没有依靠一个红头文件、一个行政命令、一分研究经费，却能给教育发展带来变革性影响，足见其强大的学术感召力量。

第三，是先进学校和地区的经验启迪。无数事实表明，尝试教学法对于各级各类学校都具有很强的适应性，尤其是在改善薄弱学校方面成功的实例更是不胜枚举。我们熟知的洋思中学、杜郎口中学、东庐中学等学校，运用尝试教学思想的成功经验都给予我们深深的启发。这些学校原来都是农村薄弱学校，由于坚持课改，改变了课堂面貌，促进了教育质量的大面积提高，成为全国名校。区域整体推进尝试教学法的成功经验也比比皆是。云南省玉溪市20年坚持运用、推广和发展尝试教学法，全面提升了区域教育质量，促进了一大批教师在实践探究中不断成长，探索出了提高少数民族地区教育质量的成功之路；湖北省房县推广尝试教学法15年，促进了全县中小学教育质量的提高，彻底改变了这个国家级贫困县教育发展的落后面貌……

二、走师路——我们推行尝试教育

我们坚持把开展尝试教学实验作为一项重点工作，通过几年的不懈努力，收到了明显的实践效果。

普及理论，专业领引。要在区域内整体推进尝试教学实验，转变观念和普及理论是基础。为此，我们采取了"五学"措施。

一是专家学者辅导学。先后4次请来邱学华老师，深入十余所学校，听课、评课、座谈、示范教学、作专题报告。为培养"种子"教师，邱学华老师还在我区招收6名教师为关门弟子，涵盖了语文、数学、英语等学科。6名教师深得邱学华教授的教诲，均成为我区推广尝试教学法的领军人物。

二是专题培训集中学。将尝试教学理论作为师培中心组织的各种培训班的必开课程和基层学校校本研修的必选内容，围绕《邱学华与尝试教育人生》等书，开展专题培训。

三是案例解剖对比学。请来杜郎口中学、昆铜中学、眉山师范附小等近十所实施尝试教育获得成功的学校的教师，采取同课异构的方式，对典型教学案例进行分析研究，推广成功经验。

四是参观考察交流学。派出数十批教师赴江苏、山东、上海、北京等地考察交流，选派教师参加尝试教育研究会组织的每一次交流活动。

五是教学反思总结学。开展教学反思，使教师自我检索开展尝试教育的经验和教训，形成反思日记，促进教师自我提升。部分教师还将尝试教学中的问题作为"项目研修"课题，开展"微型科研"，校本教研，系统总结成功经验，提高自身专业素养。

三、记师恩——我们坚守尝试教育

我区以课改十年行动计划为抓手，促进了教育质量的整体提升，加速了区域教育优质均衡发展进程。连续12年，在全市教育质量监测评估中，学前教育、义务教育、普通高中教育和职业教育均以第一名的资格获一等奖；2013年，在全市率先通过义务教育均衡发展国家评估认定；2021年，学前教育普及普惠又首批通过省级督导评估，并在全市率先启动了义务教育优质均衡发展县创建工作；在2021年四川省教学成果奖评审中，科研成果获特等奖1项、一等奖2项、二等奖9项，获奖数量在全省183个区县中名列第二名。我区在全市教育发展中的龙头地位更加巩固。这些成绩的取得，得益于我们对尝试教育的坚守，感恩邱学华老师的精心指导。

抓实统筹管理。强化教学常规管理是推进尝试教育的保障。为加强课堂教学指导和管理，我们采取了"局长走进课堂、机关干部视导课堂、校长管理课堂、研训员扎根课堂、教师研习课堂"的系列措施，努力实现"学生乐学课堂"。2020年，又建立了"四长"（即：局长、股长、校长、家长）进课堂制度，并实施"每周一校"制度，即每周由一名局领导带领业务科室、督导部门干部和师培中心研训员深入一所学校视导教学，把脉课改。

优化激励机制。改革课程评价和教育督导制度，激活课改运行机制，是我们推进尝试教育实验中一以贯之的激励措施。我们坚持每学期组织一轮课改专项督导，并将尝试教育理论的运用和推广作为专项督导的重点内容。致力于探索完善教师工作评价和激励机制，每年投入2000万元（去年提高到3000万元），建立教育质量和教师发展奖励基金，对在教育教学和自身专业成长方面做出突出成绩的教师给予奖励，调动教师投身课改的积极性。

如今邱学华先生已88高龄，还在为尝试教育的研究思考和奔走，他创立的尝试教学法惠及千万师生，功德无量。

洛龙区尝试教育联盟的诞生与发展

河南省洛阳市洛龙区第三实验小学　冀要朋（优秀校长）

河南省洛阳市洛龙区尝试教育联盟以尝试教学法创立者邱学华教授的"先试后导，先练后讲"的核心教学思想为引领，以洛龙区第三实验小学的尝试教学成功经验为实验案例，区域共同进行校本研究，以"尝试教学"为突破口，把尝试精神和尝试方向引向德育活动和学校管理等方面，逐步建立起完整的区域尝试教育联盟体系，推动区域学校高质量发展。

一、尝试教育联盟的萌发和形成

河南省洛阳市洛龙区第三实验小学位居古都花城洛阳市的核心区，同名刹白马寺相邻，建校20年来，从一所村小发展为洛龙区名校，成为洛阳市示范性特色学校，是当地口碑好、质量高的名校，这一切得益于不间断坚持尝试教学13年之久。"向40分钟要质量""请不要告诉我，让我先试一试"等尝试理念的坚持，在当时引起洛龙教育界的广泛关注。2014年，洛龙区尝试教学现场会在三实小召开，尝试教育创始人邱学华教授亲临现场，进行指导点评。邱学华教授和洛龙区教育局对此次活动给予了高度评价。2015年，全国第二届孔子杯尝试教学大赛在这里如期召开，这是一场尝试教育盛宴。来自内蒙古、新疆、黑龙江乃至香港、澳门等全国各地的学者、参赛老师汇聚一堂，共同见证了这所学校尝试教育的成果，活动再次取得圆满成功。于是，在教育局的指导下，2015年的春天，以第三实验小学为龙头的"尝试教育联盟"在中原大地揭开华丽篇章，它的成立是经历了数年积淀后自然而然的成果，是校际联动的一个新方向，我们迎来了尝试教育的一个欣欣向荣的春天。"尝试教育联盟"的目的在于把一所学校的成功经验在区域内推广，帮助更多的学校共同发展。

二、尝试教育联盟的坚持和发展

洛龙区尝试教育联盟，前后有十几所学校参与，已坚持了七年之久。联盟定期两周一次主题活动，各联盟校轮流承办。到目前为止，已经举行了两百多次各具特色的主题活动，这在校际教研活动中是创纪录的。联盟校校长沙龙，每月一次沙龙主题活动，各联盟校校长围绕议题交流畅谈，互相借鉴提高。以研究尝试教学、尝试德育、尝试课程和尝试管理为核心的校际联动教研形式，以尝试教学法创立者邱学华教授的"先试后导，先练后讲"的核心教学思想为引领，以三实小的尝试教学成功经验为实验案例，区域共同进行校本研究。

联盟成立之初，参与学校对尝试教育还比较陌生，三实小主动承担起送教上门、示范课、举办活动、蹲点参观等工作，一步一步带领实验校入门，熟知，实践；一段时间后，从上示范课到指导联盟校教师磨课、走进日常课堂等手把手指导；经过一些积淀后，带领联盟校一起参与全国性培训、赛课等，前后七年，实验教师参与活动一千多人次，上示范课、交流课二百余节，学生参与活动一千五百多人次；第三实验小学、太平明德小学等5所联盟校被授予全国"尝试教育优秀学校"，86名教师被授予"尝试教育优秀教师"，并有32名教师运用尝试教学模式在全国各种教学大赛中获得特等奖、一等奖，培养出一大批尝试教学优秀人才。联盟通过环境创设、培训指导、教学实践、资源共享、机制辐射等具体活动来落实共同愿景，引领提升参与学校的教育教学发展。在尝试理念的引领下，在尝试这条路上矢志不渝，各联盟校发生了深刻的变化，课堂教学改革如火如荼，有声有色，教师积极主动，教研劲头突飞猛进，学生学习的主动性、合作性、参与性逐步提高，校园生机勃勃。

三、尝试教育从教学领域向教育领域的延伸

如果说尝试教学是一种理念，那么，尝试教学对洛龙区域的教学质量

提高是有很好的推动作用的，各校各学科形成了学科教学模式。如语文的自主体验五步教学法、数学的尝试七步教学法等等，形成了一校一模、一科一模、一模多法的三级建模。2017年4月，河南省教育局教研室与各地市的教研员，走进第三实验小学，进行尝试教育联盟成果考察，对联盟工作给予了充分肯定。联盟主题活动内容也从单一的语文、数学、英语等学科教学交流，拓展出多个板块："校长沙龙"、"校长讲校"、班主任"班级文化"演讲、教师"说课标说教材"活动，还有阳光体育大课间、学校特色文化展示等多方面、全方位的交流展示。联盟不断挖掘校际研讨的广度和深度，为区域高质量发展做出了创新和探索。高质量不仅仅停留在学生学业上，更加关注学生的道德、情感、意志、行为，强调学生的行动，让学生大胆"尝试"，采取"先行后知""先做后导"策略，在尝试中去养成，去实践，去体验，相信"学生能尝试，尝试能成功，成功能创新"，凸显学校德育的主体性和实践性。

尝试教育联盟不仅仅局限于课堂教学，而是跳出学科搞尝试，从班主任说班级文化到教导主任话教研再到德育主任话德育，层层递进，尝试教育联盟促进了各校管理和学校文化多个方面的改革和发展。用邱学华教授在河南省专题教研会上的话说："能跳出尝试教学搞尝试教育，三实小是全国第一的学校！洛龙区尝试教育联盟太了不起了！"

四、尝试教育联盟助推区域高质量发展的作用和展望

洛龙区是洛阳市的首善之区，作为教育高地，学校高质量发展势在必行。尝试教育联盟作为一种有效途径，把智慧联合起来，把资源充分共享，会成为学校高质量发展路上的加速器。"合作、交流、创新、共赢"的宗旨给校际均衡发展带来无限生机。尝试教育联盟着眼于研究联盟的模式、活动过程、活动类型及活动成效，在实践的过程中还有更远的路要走：如何让尝试教育关注"五育并举"，特别是核心素养的培养？如何让尝试精神更好地融入家庭教育形成合力？如何构建系统的尝试课程……这是我们共同的愿景、共同的方向，如今，尝试教育联盟的伙伴正携手并肩，行走在尝试教育的路上，一次次的联盟活动正推动尝试精神如星星之

火在教育中形成燎原之势。洛龙区尝试教育联盟经验的推广，是合作，更是共赢。把尝试教育做细做强，把一枝独秀做到百花齐放，成了大家义不容辞的责任。

一花独秀不是春，百花齐放春满园！

区域推进，从尝试教学到尝试教育

四川省宜宾市翠屏区教培中心　徐斌　刘川　李洪

在邱学华先生创立的尝试教育理论指导下，在翠屏区教体局、翠屏区师培中心的推动下，我们翠屏区以"张扬个性、和谐发展"为研训理念，以"深入实践与研究，打造尝试教育品牌"为特色，开展教育改革。尝试教育理念深入我们每一位教师的心灵，改变着我们的行动。十多年来，我们在尝试教育理论指引下，与时俱进，向课堂改革深处漫溯，从尝试教学走向尝试教育。

一、坚持传承与弘扬，实现"尝试教学"向"尝试教育"新跨越

2011年4月，被誉为"教育的光明使者"的邱学华一踏上翠屏区的土地，立刻掀起了"邱学华旋风"。这位老人不仅深入浅出地阐释了"尝试教学的原理策略与实践"，还将翠屏区10所小学确立为"全国尝试教学实验基地学校"，掀开了翠屏区以尝试教学改革为突破口，整体推进课改的崭新一页。翠屏区先后选派校长，到北京、浙江、山东、江苏等地名校考察学习近400人次；与成都江阳区、锦江区教育局以及重庆市江北区签订了3年合作协议。

在学习尝试教学的基本理论的基础上，研究尝试教学的基本教学模

式。从模仿尝试到自觉运用，从自我摸索到相互借鉴，从最初的不适应到熟练掌握。这期间，老师们经历了一次次蜕变。

翠屏区在2011年开始推进首届尝试教学课堂比赛，2012年4月，首次组队参加全国尝试教学课堂比赛就获得了丰硕的成绩：8名教师获得全国一等奖。尝试教学让教师们尝到了甜头，振奋了信心。自2012开始，每一届全国尝试教育学术年会上，翠屏区实验教师都会刮起一次"翠屏旋风"，让与会同行点赞夸奖。

在研究中，我们发现，尝试成功让学生产生了极大的学习兴趣，给学生带来了极大的学习动力，老师们广泛应用尝试教学思想，并初见成效。在此基础上，我们认为尝试教学思想不仅能在数学学科应用，还能运用于其他学科和学校管理中。这既是对尝试教学思想的深化，也是搞好教育管理的有效方法，更是区域教育求发展的必然选择，由此，"尝试教育"思想在我区生根发芽。

二、内涵发展中立足科研，创新尝试教育，追求卓越发展

我们选择"尝试教育"作为翠屏区课堂教学的鲜明特色，是植根传统、立足发展的高品质定位。说它植根传统，是因为要培养学生敢于尝试的素养，在尝试教育环境中陶冶情操，从小就敢尝试、能尝试、乐尝试，培养"尝试人才"。

如何来指导学校，实现尝试教育内生发展呢？既要着眼于宏观尝试教育，同时又要把尝试教育思想拓展为一种精神，拓展为更加丰富的内涵模式，包括学校管理、教师发展、学生培养等方方面面，把尝试精神输送到师生的学习生活中，从而最终实现富有鲜明特色的尝试教育。这是对邱学华先生的"尝试教育"的丰富和发展。

三、特色实践中铸就尝试教育品牌

（一）多措并举，打造尝试教育教师团队

1. 以研究课堂为主阵地，打造个性张扬的教师队伍。

没有教师的个性发展，就没有教育的创新；没有教育的创新，就谈不

上创新型人才的培养。构建高效课堂，鼓励教师敢于尝试新的理念，新的教法，引导老师们从"入模""研模"到"出模"，最终实现教师自己鲜明的教学特色。开展同课异构、磨课、示范课、达标课等多种形式课堂教学竞赛活动，鼓励老师们"出风头"。在此基础上，学校实行集体备课，先以备课组为单位形成共案，根据自己的教学风格，再做修订，形成集众家所长又兼有自己个性特色的教案，以特色教案作为实现教师个性发展的平台。

2. 聆听学生心声，争做最受学生欢迎的教师。

深得学生喜爱的教师，才有可能创造出高效的课堂。学校力求让每个教师做学生喜欢的老师，做学生的偶像。如何做学生喜爱的教师？用以学生为主体的观念来影响教师教学行为的转变，这是学校教育思想的新变化。学科教研组每学期都要进行"最受学生欢迎的教师"调查问卷，内容涉及教师的课堂效率、行为习惯、关注学生等方面，反映学生的心声，实验学校评选出的最受欢迎教师名单张贴在宣传栏、办公室，以此鼓励更多的教师不断调整自己的教育教学，争做最受学生欢迎的教师。

3. 依托学科愿景，打造魅力教师队伍。

在尝试教育思想的引导下，我们正努力通过"微研究"开展教科研活动：通过开展教师"自录课堂"，采取"照镜子方式"让自己的专业更扎实；通过开展普通话培训与比赛，让自己的语言更优美；通过开展慈心一日捐、结对子等活动，让自己的品德更高尚。开展这些活动的目的就是用教师的魅力去吸引学生，用魅力向学生传递正能量。

由于疫情原因，全国第20届尝试教育学术年会线上召开，这一次，翠屏区提交的作品取得了不错的成绩：论文和教学设计49篇获奖（一等奖38人，二等奖11人），教学课件（录像课）获奖32件（一等奖28件，二等奖4件），优秀实验教师（校长）56人次。

（二）多种活动培育尝试教育学子

让学生"在尝试中生活，在尝试中成长"，激发学生内在的情感需求，让学生在对待平凡小事中在心里埋下"尝试的种子"，真正使学生成为"张扬个性、和谐发展"之人。

我们通过多种途径和举措，培育尝试教育学子。尝试自主管理，构建和谐班级；本着让学生积极参与、尝试自主管理的思想，成立"学生自主管理委员会""女生管理委员会""男生生活监督委员会"，通过"自我规范、自我管理、自我检查"实现学生自律；以"四节"（科技节、读书节、体育节、艺术节）为契机，发展学生特长；以学校社团为载体，积极拓展课程育人资源。社团活动不仅仅是给学生提供一个张扬个性、施展特长的舞台，更是素质教育要求的体现。

我们的"尝试"历程已十余年。一句"请你不要告诉我，让我先试一试"已经深深地印入了所有师生的心里。"学生能尝试，尝试能成功，成功能创新。"尝试教育理论对于课堂教学适用，对于学校管理、德育工作、班队工作、课外活动、家庭教育等各个领域同样适用。

下一步，我们将继续做好"四个坚持"：第一，坚持以学为中心，让课堂发生根本性变革；第二，坚持凸显学科本质，让课堂教学发生深度变革；第三，坚持儿童研究，让课堂真正成为儿童的课堂；第四，坚持信息技术融入，让课堂更加开放，更具活力。

尝试教育在山东省的实践与推广

山东省尝试教学理论研究与推广中心　谢兆水（特级教师）

尝试教育走过了"小学数学尝试教学法→尝试教学法→尝试教学理论→尝试学习理论→尝试教育理论"的持续发展路径，"先练后讲，先试后导，先学后教"的尝试教学深入人心，尝试教学研究成果获得2014年基础教育国家级教学成果奖一等奖，已成为国内最有影响的教学流派，也是国际上知名的中国教育本土流派。邱学华先生是新中国培养出来的一位成就卓著的教育家。

一、缘起

尝试教学法在山东省第一次引起轰动,还是早在1994年。时任山东财政学院教科所所长王敏勤教授敏锐地发现尝试教学法的特点和优势,邀请邱老到山东举行了第一场报告会,受到与会代表的高度评价,播下了尝试教育在山东传播的第一粒火种,从此山东省民间的尝试教学活动如火如荼地开展起来。

经过三年的自发研究,部分优秀教师探索出了初步的研究成果。但随着实践而来的,更多的是问题。应广大一线教师的要求,1997年4月,山东省教科所在济宁召开了尝试教学专题研讨会议,着力于一线教师实践中出现的问题的解决。本次专题研讨会,集中解决了老师们普遍感到困惑的一些问题,实效性和针对性突出,进一步助推了尝试教学理论在山东省内的推广。

1998年10月,山东省教科所在济南市历城区召开小学数学课堂教学观摩研讨会,邀请了邱学华老师等一批小学数学名家进行尝试教学的课堂展示,开创了专家上课加报告的培训模式。这样的方式既有理论的高度,又有名师接地气的课例,至今在很多培训活动中仍在广为运用。会议引起了轰动,能容纳一千多人的历城会议中心座无虚席,会场内连走道都站满了与会代表。1999年上半年,山东省教科所又在济南市历城区召开了小学语文课堂教学观摩研讨会。

看到山东省内校长、教师对尝试教学法如此认同,山东省教科所在1999年下半年在潍坊高密市又组织了一次尝试教学观摩研讨会。在这次会上,时任山东省教科所副所长的王坦和张志勇提出了建立山东省尝试教学理论研究与推广中心的设想。该中心于1999年正式成立,标志着尝试教学理论在山东研究与推广进入了新里程。

二、推进

山东省尝试教学理论研究与推广中心(以下简称推广中心)是国内第一家以省级教科所建立的尝试教学研究和推广机构,是山东省教育学会下属的二级民间学术团体，致力于尝试教育理论在山东境内的研究与传播。推广中心办公室设在山东教科所开发中心，开发中心副主任王如才同志兼任推广中心的理事长兼秘书长。

推广中心在工作中做到了如下几个坚持，推进了尝试教育理论在山东省各中小学、幼儿园及职业学校的应用，也促进了教学改革的发展和教育科研的繁荣。①坚持学术年会制度。②坚持开展专题研讨。③坚持发展研究团队。

三、深化

21世纪初，山东省尝试教学理论研究与推广中心设计并组织了一些精彩的学术研讨活动。

2012年11月，推广中心工作会议，融合了数学教学现场研讨活动。会议特邀高中、初中和小学的数学学科的特级教师、名师等执教了尝试教学观摩课，受到与会代表的称赞。这一次打破了学段的限制，大胆进行跨学段组合，这种新的尝试取得了较好效果。包括杜郎口中学的教师代表在内，三位上课教师都未在课前与学生见面，呈现了一个原汁原味的研讨过程，给老师们带来了许多启发，给与会者提供了更丰富的观察和体验视角。

尝试思想在教育层面、教学层面、德育层面、课程层面、管理层面、名师成长等方面的实践也是推广中心工作的重点，把尝试思想运用于教师专业培训和教师队伍建设方面，积极为教师搭建平台、创设环境，鼓励教师敢于尝试、敢于展示自己，突破自我设限，引领教师全面成长。教师培训中要求每个教师上台展示自己的见解、收获和感悟，从年轻教师开始，为每个人提供了组织尝试活动的机会；行政管理中更是不断尝试新的管理方法，以适应不断发展的新环境。济南市历城区王舍人中心小学创新德育载体，拓宽德育途径，尝试把节日文化、社团活动、对外交流、社会实践等活动融为一体，开发成隐性课程，以班队会、兴趣小组、社团活动、比赛、展示等形式呈现出来，打造星期五下午的"课程选修超市"，成为对学生进行德育教育的载体，更成为学生自我教育、自主发展、自我管理、自我服务的重要阵地。

四、展望

综观尝试教育在山东省的研究与推广，虽然取得了一些成效，但我们也清醒地看到还存在许多问题。存在问题并不可怕，问题恰好给了我们新的尝试的机会和动力。我们一是通过遴选部分优秀实验学校，深入开展研究，将尝试教育思想渗透到教育教学的全过程和方方面面，打造尝试教育实验标杆学校；二是精选部分优秀骨干教师，设计专题性研究和展示平台，进一步促进优秀教师的成长并进一步扩大优秀骨干力量的影响力；三是坚持开好尝试教育学术年会，以主题的深化引领省域内的研究思路和发展路径；四是借助好邱老的全国活动平台，积极参与全国的尝试教育活动，积极推出山东省的优秀团队和经验。

邱学华先生既是我们的学术导师，更是我们的人生导师。他创立的尝试教育给了我们一幅教育理想的画卷，给了我们一条教育科学的路径，给了我们一种教育实践的智慧，同时也给了我们一份教育执着的信念。

我们与尝试教育同行

江苏省常州市武进区湖塘实验中学　张伟俊（校长）

中国教育界，有一位从小学教师成长起来的教育名家，他就是尝试教学法的创始人邱学华老师。邱老师从 20 世纪 60 年代开始酝酿，到 1980 年代的实验研究，历经四十多年的研究与实践，创立了尝试教学法，后又发展为尝试教育理论，在中国教育界产生了广泛的影响。

一、我们与尝试教育结缘

邱学华老师的尝试教学法,1990年代我在常州师范学校学习期间,就有所耳闻,有所了解。但真正见到邱学华老师,那是在我工作十年之后的2012年,我校有幸与邱学华老师和尝试教育结缘,成为了全国尝试教育实验学校,开始参与尝试教学法的实验研究与推广应用工作。自此,邱学华老师开始担任我校的名誉校长,负责指导我校基于尝试教育思想开展自主学习型课堂教学改革工作。当时,我担任学校的副校长,负责和邱学华老师对接工作。因此,我有更多的机会和时间跟着邱学华老师学习交流,这让我对尝试教育的发展历程和尝试教学法的内涵特征有了全面的认识。尤其是,后来我非常荣幸地成为了邱学华老师的徒弟,跟着他一起研究推广尝试教育,这让我对尝试教育思想的精神实质有了更深刻的认识。2014年,"尝试教学法的实验研究与推广应用"获得国家级教学成果一等奖。作为尝试教育实验学校之一,我们倍感自豪,我们也更坚定了基于尝试教育思想建设自主学习型课堂模式的信心和决心。

为了更好地研究和推广尝试教学法,常州市教育局在2016年常州市教育工作会议上宣布成立"邱学华尝试教育思想研究会",作为常州市教育学会的一个下属学术组织,由湖塘实验中学顾志平校长任会长,我担任秘书长,邱学华先生担任顾问,定期开展以学习、推广尝试教育思想和尝试教学法为主题的学术活动。同年,由常州市教科院牵头,遴选了湖塘实验中学等9所中小学校作为尝试教学法实验学校,成立尝试教学实验学校共同体,在各实验学校开展学科教学尝试教学法的研究与实践。

2019年,常州市教育局拨款20万元,在湖塘实验中学建设了"邱学华尝试教育史料陈列室",收集、陈列了尝试教学实验工作的原始资料,有关学习和推广尝试教学的文件、学习资料,邱学华发表的主要文章、出版的全部著作以及部分手稿,邱学华讲座及上示范课的教学光盘,各实验单位和教师撰写的有关尝试教学研究的专著、论文,各级媒体的宣传报道等。陈列室不仅展示了邱学华的成长历程和科研成果,也反映了尝试教学法从提出到成熟再到各地推广应用的发展过程,是学校和教师学习尝试教育思想与尝试教学法很好的基地。常州电视台曾为"邱学华尝试教育史料陈列室"作了专题报道，江苏教育报刊总社和南通大学口述历史项目组在此拍摄了"邱学华口述历史"。

2020年11月，以我校为成果推广责任单位，我们又成功申报了江苏省基础教育前瞻性教学改革实验推广项目《尝试教学法的实验研究与推广应用》。我们带领一批尝试实验学校积极践行尝试教育思想，不断推广尝试教学法，努力将尝试教育思想发扬光大。

二、我们的尝试教育实践

为了深化教育改革、提升教学品质，我校从2006年开始启动自主学习型课堂教学改革工作，从编制教学案引导学生自主学习，逐步走向构建自主学习型课堂模式。从2012年我校引入尝试教育思想以来，自主学习型课堂在学习尝试教育思想、借鉴尝试教学法的基础上不断创新发展，取得了丰硕成果。正如邱学华老师所言，常州市武进区湖塘实验中学已经成为了全国尝试教学法研究与推广的中心，自主学习型课堂是尝试教学法校本化实施的一个生动案例。我们通过以"先学后教"促进学生学会学习，以"练在当堂"提高学生学习效果，以"教学模式"引领课堂教学改革，建构了"三五九"自主学习型课堂教学模式（三轮循环、五个环节、九个步骤），形成了"自主研读初步学、合作探究深化学、检测总结巩固学"三轮循环、螺旋上升、不断深化的可操作的教学程序。还在基本模式的基础上，提出教学模式学科化的观点，引领教师在总体要求和基本原则不变的情况下，根据学科特点来创造性地优化教学模式，从而便于教师灵活应用，最终达到"既有模又无模""无模胜有模"的境界。

六、民族情怀

　　我国是一个拥有 56 个民族的社会主义大国，尝试教育在发展和推广应用中始终关注少数民族的师生和少数民族地区教育的发展，从雪域高原的藏族，内蒙古大草原的蒙古族，西部边陲的哈萨克族和维吾尔族，云贵高原的彝族、布依族、哈尼族，湘西的土家族、侗族、苗族，广西的壮族、瑶族等，尝试教育为中华民族伟大复兴而奋斗，民族情怀，血浓于水。邱学华先生数十年来不远万里，不辞辛苦，两上雪域高原，十多次到内蒙古大草原，数十次走进湘西少数民族地区扶贫助学，在云南彝族中学义务当三年名誉校长等等，他的民族情怀感人至深。他的少数民族弟子有许许多多，有的推广应用尝试教学法改变了一所学校，创造了民族地区教育的奇迹。尝试教学流派的形成和发展，少数民族的师生贡献了巨大的力量，开出一朵朵美丽的鲜花，结出一个个沉甸甸的果子。

在云南省昆明市体育馆3000多人观摩研讨会

全国著名教育家，中国尝试教育理论创始人邱学华教授学术

湘西州尝试教育科学实验研究

尝试教学法在雪域高原开花结果

西藏拉萨市教研所　尼玛（藏族，副所长）

1980年代，西藏拉萨市教育事业在中央政府的关怀下已经有了发展，全市普及了六年义务教育，办学条件也得到了改善。可是，教师的教育理念和教学方法陈旧，教学质量偏低，特别是小学数学平均成绩一般只有四五十分。有人说，这是由于藏族学生高原缺氧，思维反应慢，记忆力差所致。

在这样的背景下，1992年7月，我们邀请尝试教学法创建者邱学华老师来雪域高原古城拉萨市举办小学数学教师讲习会，组织了全市五百多位教师参加，其中70%以上是藏族教师。拉萨是世界屋脊，内地来的人会有高原反应，我们担心邱老师的身体是否能适应，因此那天我们带着氧气袋到机场接他。可是他一下飞机没有感到任何不适，根本用不上氧气袋。他顾不上休息，一连讲了5天，每天都要工作六七个小时，这样的工作量连我们西藏人都受不了。邱学华老师忘我的精神令人敬佩。

他的到来，不仅受到广大教师的欢迎，也受到各级领导的重视。时任拉萨市副市长、模范共产党员孔繁森亲自设宴招待他，拉萨市教体委的领导也天天听邱老师的讲座。

邱老师的讲座全面系统，从怎样备课到怎样上课，从口算教学到应用题教学，特别是详细介绍了尝试教学法，使西藏教师第一次接触到了先进的教学方法。

他们对尝试教学法很好奇，可是疑惑重重，藏族学生思维慢，"先练后讲"能适应吗？为了解除大家的疑惑，邱老师亲自借班上示范课。借的是拉萨市实验小学四年级藏族班，示范课的内容是"三步复合应用题"。邱老师没有先讲例题，而是让学生自学课本，自己做尝试题，然后自己编题，自己做题，结果全班95%的学生都做对了。课堂气氛热烈，学生思维活跃，顺利地完成了教学任务。看了邱老师的示范课，大家打消了顾虑。藏族学生同样能在尝试中学习，尝试教学法并不神秘。

讲习会结束时，时任拉萨市教体委主任张荣扬在会上宣布，在拉萨市小学数学教学中全面推广尝试教学法，确定了第一批实验学校，请拉萨市师范学校米玛老师把尝试教学法文章翻译成藏文，印发给各藏族学校教师学习。在拉萨市教育行政部门的重视培养下，一批教学能手脱颖而出，对拉萨教育的整体发展起到了很好的促进作用。

应用尝试教学法学校的老师经过几年的实践和摸索，切身感受到尝试教学法体现了"教师主导、学生主体、训练主线"的教学指导思想，也体现了教学改革的趋势，反映了现代教学方法的基本特点，符合素质教育的要求。同时，老师们感受到尝试教学法的应用有利于充分调动学生的学习积极性，有利于激发学生学习的兴趣和求知欲，有利于培养学生独立思考的探索精神，有利于提高教学质量。"五步六结构"的教学模式逐步成为数学教师们最熟悉、适用、有效的课堂教学模式。"先练后讲"的教学思想也逐步代替了传统"填鸭式"的教学方法，在课堂上，学生得到了更多的动手机会和思考时间。在教学过程中，老师们也渐渐重视学生自学能力和创造能力的培养，重视学法的指导，重视启发引导，重视教学过程的情感化和趣味化，小学数学课堂教学的整体水平得到了提升。

进入21世纪，新一轮课程改革启动，拉萨教育面临新的挑战，进一步转变教育观念和改革教学方法势在必行。为此，我们再请邱学华老师来拉萨传经送宝。时隔10年，尝试教学法已上升为尝试教学理论，同新课程的理念相一致，邱老师详尽介绍了尝试教学理论的实质以及如何为新课程服务。

10年前的拉萨市教体局局长张荣扬，此时已升任西藏自治区教育厅党组书记，他设宴招待邱学华老师，感谢邱老师为西藏教育事业所作的贡献。10年前，拉萨市小学数学平均成绩只有四五十分，现已上升到七八十分。特别是通过实验，当地培养了一批骨干教师，拉萨市实验小学的第一批实验教师卓玛，她教的毕业班平均分达到96分，创造了西藏小学数学教育史上的最好成绩，她已被破格评为西藏第一位小学教师中的中学高级教师职称。

随着课程改革的深入发展，我们成立了尝试教学研究课题组。整个研究过程分为准备阶段、起步阶段、城市学校普及阶段、农村学校普及阶段和总结五个阶段。为了研究工作的顺利开展，我们举办了尝试教学骨干教师培训班，历时48天，由邱学华老师推荐、尝试教学理论研究会委派湖南省慈利县教师进修学校杨万新作为指导老师。一批骨干教师的成长，起到了带头示范作用，有力地推动了小学数学课程改革的发展。教师在边学习边实践、边实践边创新的过程中，逐步掌握了尝试教学法的精髓，使之逐步内化到教师自己的教学观念中，逐步形成具有自身特色的教学风格。

尝试教学法在拉萨市城市学校得到了基本的普及。在实验过程中，大家对学生的学业成绩、自身能力的提高、自学能力进行了观测。结果表明，运用尝试教学法强化了学生自学课本的意识，培养了学生的自学能力，特别是学困生的学习积极性得到了极大的提高，学生的学业成绩得到了较大幅度的提高。

尝试教育理论走进锡林郭勒大草原

内蒙古锡林郭勒盟教学研究指导中心　达日玛（蒙古族）

锡林郭勒盟是位于我国正北方的一个边境少数民族地区，是内蒙古自治区中部的人口只有百万而有着二十多万平方公里辽阔草原的蒙古民族聚居的牧区。锡林郭勒盟小学数学应用尝试教学法进行教学改革实验起步于

1990年代初，经过了三个阶段的发展过程，在全盟范围逐步推广开来。

第一阶段，于1992年只在西乌珠穆沁旗的几所小学开展了尝试教学法课题实验。1995年，实验班的数学毕业成绩达到全旗前列。学生的数学成绩说明了尝试教育理论的先进性和"尝试教学法"适合民族地区学校的教育。

第二阶段，锡盟教研室为了进一步证明尝试教学法教改实验的成果，1995年秋季，把实验规模扩大到6个旗（县、市）的十几所小学。西乌旗、镶黄旗、正蓝旗、西苏旗和锡盟师范附小，实验班数学成绩再次证明了"尝试教学法"的优越性，我们蒙古族地区教师欢迎尝试教学法。

第三阶段，在前两段的基础上2000年春季，锡盟教研室在西苏旗召开了全盟小学数学"尝试教学法"现场学习研讨会议，把实验规模扩大到全盟13个旗（县、市）。原计划60名课题实验教师参加的西苏旗"尝试教学法"现场学习研讨会议，在各地数学教师的强烈要求下，扩大为一百二十多名教师参加的大型会议。这一情况说明了尝试教育理论的巨大魅力。当时，"尝试教学法"实验得到了却吉扎布、嘎日玛、桑杰等一批锡林郭勒大草原数学教学专家和老师们的积极热心的拥护和支持。2005年，锡盟教研室组织成立了尝试教育理论研究会分会和8个尝试教学实验基地。至此，锡盟地区的尝试教学法教改实验从小范围实验进入到了较大规模实验的发展轨道。

随着实验规模的扩大，锡盟地区的数学教学工作掀起了学习应用尝试教育理论的高潮。我作为负责全盟小学数学"尝试教学法"教改实验工作的盟教研室副主任，为了及时解决"尝试教学法"教改实验中产生的各种问题，使实验工作顺利进行，向素不相识的尝试教育理论创立者邱学华老师求援指导，得到了他无微不至的关怀和热心细致的支持。在邱学华老师的邀请下，本人多次南下参加了全国性的尝试教育理论与实践学习研讨活动，并多次受到邱学华老师的热心关怀与精心指导，他既是我的导师，又是我的好朋友。我退休后还继续到锡盟各地作报告。2019年，邱老师还邀请我赴北京参加全国首届小学数学名师新时代课堂观摩研讨会，活动期间举行了《邱学华教育文集》首发仪式。

在锡盟地区尝试教学法教改实验发展二十多年的历程之中，邱学华老师不仅提供了自己所有的尝试教学研究成果资料，还前后四次亲自到锡林郭勒大草原为当地广大教师举办讲座和上示范课，及时提高了全体实验工作者的尝试教育理论认识及尝试教学水平，使锡盟地区实验水平走向新的阶段。

锡盟地区尝试教学法教改实验走过了二十多年的历程，从无到有，从弱到强，与新课程理念不谋而合，形成了一个较完整的先进的教学方式方法和教学模式，充分体现了尝试教学理论所倡导的"学生能尝试，尝试能成功，成功能创新"的教育思想。

邱学华老师足迹遍及内蒙古各地，来过二十多次，到过锡盟、阿盟、巴盟、呼市、包市、乌市等，他是教育的光明使者，也是我们蒙古族的好老师、好朋友。我们永远不会忘记他。

"教育的光明使者"到小街中学

云南省玉溪市峨山彝族自治县小街中学　龙家文（彝族）　谢天录（哈尼族）

峨山县是全国第一个成立的彝族自治县，我们小街中学是峨山县一所名不见经传的普通初级中学，由于离县城较近，好的生源都到县城中学读书去了，所以教学质量一直上不去。可是到了2006年以后，学校有了重大的变化！

小街中学师生面对2007年、2008年、2009年中考，成绩连连走高，节节攀升，创下历史新高。连连获奖，8位教师参加玉溪市教学能手选拔赛分别夺得语文、物理、历史3个一等奖，数学、英语、地理（2人次）、生物5个二等奖；被评为"全国教育科学研究课题'尝试教学理论与实践'

全国先进单位"；9名教师在北京举办的全国第十四届尝试教育年会课堂教学评选中荣获一等奖、二等奖；9名教师被评为全国教育科学重点研究课题'尝试教学理论与实践'先进个人；全国尝试教学理论研究会在昆明举行的全国第六届说课大赛暨教育论文评选中，小街中学38名教师参赛，获21个一等奖、17个二等奖……

今天，在一系列的殊荣面前，我们不禁想起：这一切的一切都是教育的光明使者——我国尝试教学理论的创立者、著名教育家邱学华先生，给小街中学带来教改明媚春天的写照！

一、一位不取报酬的名誉校长

2006年7月，一位七十多岁的长者——邱学华老师来到小街中学，他不远万里来到云南边陲彝族地区一所普通中学自愿担任不取报酬的名誉校长。他退休10年，曾被一所民办学校老板邀请当总校长，高薪聘请，待遇十分优厚，由于同老板在办学理念上不一致，他同老板说"我是想办一所理想的学校，不是为了挣钱图享受而来"，然后辞职。

为了办好一所学校，他萌发到边疆少数民族地区做义务校长的想法。通过云南省玉溪市教科所李永云所长的介绍，来到了小街中学。峨山县教育局张局长非常重视这件事，在全校教师会上亲自宣布邱学华先生为小街中学名誉校长，以教育局名义发聘书，为期三年，每学期来两次，每次工作时间一周。授予邱校长几项权利：①邱校长参与学校管理，有决策权；②三年之内人事基本稳定，如有少数不遵守校规校纪，对学校教改措施有抵触，经学校建议，教育局批准，可调离；③根据教改的需要，教育局划拨一定的经费，特别要对积极参与教改的教师进行奖励。

从此，邱校长把小街中学当成自己的学校，他遵守承诺，3年内多次来学校，每次都给我们带来智慧和力量。每次来都不住县城宾馆，住在学校附近的招待所，同师生一起在食堂吃饭。

每次来都是夜以继日地工作，他工作的重点放在培训领导班子，讨论教改措施，统一思想，达成共识，让他们分头去执行。参与决策，但不包办代替。然后是深入课堂听课、评课，从教改到校园文化建设，直到教师的家庭生活。

印象深刻的，他亲自参与制订学校的校风、教风、学风，编写上操和集合的口号"小街、小街，胆量不小，一起努力，争做名校"，以振奋师生的精神。

学校校舍很简陋，在半山坡上有两幢教学楼、一幢教师办公楼以及宿舍、食堂，连校门都没有，四通八达。邱老师同校长们商量规划建了一个校门，修了一段校门前的路，围墙上写上校风、教风、学风标语，种上花草，虽然看上去并不气派，但终究像个学校，旧貌换新颜了，师生们都很高兴。

二、小街中学的"超前体验式尝试教学模式"

邱校长的首要工作，同领导班子共同商量制订了三年规划，确定课改思路。这项任务在玉溪市教科所和峨山县教科所领导下进行，他们都把小街中学作为试点学校，每次教师培训都派人主持。

制定的教改思路为："以尝试教学思想为指导，以洋思经验为依托，以学案为抓手，充分调动教师的积极性和主动性，把每一个学生都教好，大面积提高教育质量。"

邱校长在小街中学促成超前体验式教学模式。小街中学轰轰烈烈的三年教学改革形成的操作体系是：以尝试教育理论为指导，以超前体验式教学模式为流程，以班级分组自主合作学习为组织形式，以教学案为抓手。

一堂课超前式体验一般分三个阶段。

第一段超前体验：即上课的头天晚自习教师给学生发放学案，要求学生完成超前版面（包括学习目标、基本训练、超前尝试练习），次日上课时让学生自主订正合作探讨。

第二段课堂体验：学生展示了超前部分内容后，紧扣学习内容自主完成"课堂体验成果展示"，要求学生提问，但不是"不懂就问"，而主张"不懂，学了再问"，这为创建合作学习能力打下了坚实的基础。在自主学习的基础上，小组成员交流答案，合作学习，组内生生交流，取长补短。

第三段成功体验：自主完成根据整篇学案设计的当堂检测题。成果展示：依课堂情况推举小组代表展示或班级同学全部展示。师生评价：对展示者的答案进行学生评价和教师的再评价。

在全校成立几个评课小组，轮流听每个教师的课，采用赛课形式，评选优质课。在全校形成共商教改上好每一节课的风气。

我们在邱校长的带领下，经过一年时间打磨，基本形成这套课改的模式，一经大家认可，我们就坚持下去。我们觉得这套办法，道理很简单，操作也很简便，关键问题在于要坚持，坚持就是胜利。

三、尝试，促使了一所学校的发展

我们用三年时间，改变了一所学校的面貌，出现了本文开头所说的各项成绩和荣誉，这是铁的事实。教育质量三年三大步，我校从一所名不见经传的普通学校，一跃成为全玉溪市的名校，我校课改的研究成果获玉溪市人民政府的一等奖，这是教育领域的唯一的一个一等奖。这个事例成为我地教育界的奇迹。

我们从内心感谢引路人邱学华校长。他遵守承诺，一干就是三年，往返10次，每次都要从江苏常州坐火车到上海，在上海转飞机到昆明，再从昆明坐3小时汽车到峨山，要花整整一天时间，那时他已是七十多岁高龄的老人了。更令人敬重的，他所做的一切都是义务的，为了少数民族的孩子，不远万里来到这里。

邱校长不但给小街中学带来了尝试教学理论，还播种了忠诚党的教育事业的奉献精神的种子和一切为了学生的价值观，邱校长常说"我是小街中学的一名普通老师"。我们从他身上看到了一位共产党员"不忘初心，牢记使命"的高大形象。

三年到期，邱校长要走了，在欢送会上，教师们依依不舍，纷纷说出心里话。玉溪市教科所李永云所长说"一石激起千层浪，邱先生激活了小街中学的思想理念"，小街中学校长姚金福说"邱老师给我们带来了机遇和挑战，这种机遇和挑战使学生、教师和学校都得到了长足发展"。临走时他说，看到学校有了新的面貌，这是最好的礼品。

此事已经过去十多年了，现在学校已经搬迁了，教师也有所变动，但是我们还会经常谈起邱校长，他的形象经常会在我们脑海中浮现。他来小街中学三年，更使我们赞同著名教育家朱永新对邱学华的评价"教育的光明使者，创造纪录的长者"。

"试一试"让我在教改之路踏歌而行

新疆霍尔果斯市丝路小学　阿依萨勒很·努尔哈特（哈萨克族）

我生活在祖国的西北边陲新疆伊犁哈萨克自治州霍尔果斯市，这里同哈萨克斯坦共和国交界，是中国向西与中亚、西亚乃至欧洲距离最近的地方，是最便捷和重要的通往中亚、西亚、俄罗斯及欧洲的重要口岸。

2017年9月，我加入了霍尔果斯市丝路小学这个大家庭，当了一名数学教师。那时的我很迷茫，既没有教育理论，也没有教学经验，不知如何去上好一节课，每天都在不停地听课，不停地学习，但收效不明显。

就在这时，我幸会贵人，初识"尝试教学法"。刚走上工作岗位的我，首先是遇到了不远万里、怀揣深深教育情怀到我校支教与管理的缪建平校长。在缪校长的带领下，学校出现了教学改革的热潮，他把邱学华老师创立的"尝试教学法"带到了新疆，积极推行尝试教学法。尝试教学法也深深地吸引着我，我边学边实践，教学体验在不断加深。

2018年7月，在缪校长的鼓励下，我参加了在河南洛阳举办的第十九届尝试教育学术年会暨全国尝试教学协作区"孔子杯"小学课堂教学大赛，这次活动对我来说太重要了，我第一次走出新疆，到中国六朝古都洛阳，感到祖国历史文化伟大。但是我心里很紧张，我仅是毕业才一年多的少数民族教师，深感水平不够。会议上，有幸聆听八十多岁高龄的邱学华教授的报告，对尝试教学有了更新的认识，对尝试教育在新的教育形势下的作用有了更深的了解。更为幸运的是，在本次年会上，我大胆运用尝试教学法施教《数学广角：搭配（一）》，最终得到评委的一致好评，荣获一等奖，这是对我莫大的鼓舞。

为了上好这节课，之前的准备我格外上心。刚开始时，我用自己的思维去整理，我通过喜羊羊与灰太狼的故事引入，让学生听音乐，猜动画，再引入新课。学生通过给出的两组数字猜出密码，救喜羊羊，一步步通关，从而解决问题——搭配。缪校长听完我的思路，耐心地给我指出存在的问题，首先是课的开头引入新课的部分，不要有太多的环节，直接开门见山，引出课题，效果会更好；其次要尽快引导学生自学，不要有太多的过渡语，要把课堂还给学生，先让学生去尝试。经过缪校长的指点，我进行修改，又在班里进行试教，最终在"孔子杯"比赛中荣获一等奖，打那以后，我对尝试教学法的实践更有信心了。

学习回来后的我，豁然开朗了，我告诉自己，一定要坚持用尝试教学法。刚开始，我试着在班里用尝试教学法上课，效果不是很明显，尤其是自学环节，学生不知道如何看书，如何自学。因为没经历过，对于自学课文如何自学，我也很迷茫，怎样才算有效的自学呢？于是，我自学邱老师的理论著作，找有经验的同事们请教，终于体会到：对于低年级的孩子，一定要带学生一起，让他们打开书，认真读每一句话，每一个字，圈出重点，认真看例题，试着把例题做一遍，再根据例题把尝试题试着练一练。刚开始可能会慢一点，等学生们掌握了方法，学会了如何自学，我想这样的课堂一定是高效的课堂。

"请不要告诉我，让我先试一试"，每每读到邱老师教给孩子们说的这句话，我就不由自主地去反思自己的课堂：什么时候让学生试一试，又是什么时候不要告诉学生。通过这次学习尝试教学法，我认识到学习应该先提出问题，学生在旧知识的根底上，自学课本和相互讨论，依靠自己的努力，通过尝试练习，去初步解决问题，最后教师根据学生在尝试练习过程中的难点和教材的重点，针对性地进行讲解。这样一种把教师的主导作用和学生的主体作用有机地结合起来的教学方法，才能提高课堂效率。

说到尝试教学法的基本策略，我自然想到缪建平校长在丝路小学推行的"尝试反馈"16字策略,即"尝试为先,问题导学,结构整合,高效反馈"。实施切实有效的课堂教学策略,才能真正实现从"教"向"学"的转变,实现课堂教学的有效与高效。

使用尝试教学法,我清晰地理解,要想让"尝试学习"深植于学生心中,就要"三靠",通过"三靠"来解决自己的学习问题。一靠课本,就是要充分发挥教科书的作用,学生的学习离不开文本也就是教科书,学生在课堂上要阅读课本,仔细地研究课本,要以本为本。二靠同学,课堂教学中教师只是一个组织者、引导者、合作者;以教师一己之力不可照顾到所有的同学;也只有小组合作才能最大限度让全体同学动起来,到达学习上的高效;也只有这样才能发挥学生之间的互补作用。三靠自己,课堂中所学习的知识归根到底是让自己去理解、应用;学生也只有靠自己的学习,才能最终掌握知识。

回顾自己追寻的尝试之路,我感慨万千,在短短的半年时间,从年轻教师、新教师的队伍中脱颖而出,这都离不开邱老师的理论指导,离不开学校"尝试反馈教学"领路人缪建平校长的帮助,是他们让我找到了教学的方向,找到了适合自己的教学方法——尝试教学法。

尝试教学法在苏尼特草原生根开花

内蒙古锡林郭勒盟苏尼特右旗第五小学
巴达玛(蒙古族) 宝苏日嘎拉图(蒙古族)

广袤丰美的草原,车马书信的边城;悠远苍茫的长调,曼妙翩跹的牧舞;炽热喷焰的豪气,容纳天地的胸襟……苏尼特右旗这片热忱的土地,从古到今都书写着美的篇章。

这里还发现了100多公里长的成吉思汗边墙，从京城大都通往大库伦的两条古路遗迹，青铜器时代的德勒哈日壁画，元代阿拉坦图满古墓群以及晚中新时代的查干淖尔恐龙化石区，还有著名的吉呼郎图匈奴墓群。

近年来，在这片充满灵气的地方，苏尼特人立足自身的特点，高瞻远瞩，毫不犹豫走新课改的道路。2000年春天，锡林郭勒盟教研室在我旗召开全盟小学数学尝试教学法现场研讨会，而且很荣幸邀请到数学教育大师、尝试教育理论创始人邱学华老师现场指导。

2015年春，苏尼特右旗教育局专门请邱学华老师为全旗小学数学教师培训讲座，指导尝试教学法实验研究课题，在全旗小学试行了"小学数学尝试教学法课堂应用"课题。该研究活动让苏尼特右旗教师进一步理解新课程理念，形成比较完善的先进教学方式和教学模式，为边疆民族地区学校教育教学改革发展开辟了新路子，为大力提高小学数学教学质量奠定了坚实基础。

邱学华先生提出的"尝试教学法"是一种让数学教育面向全体学生，适应学生个体发展的教学方式。尝试教学法提倡"学生为主、自学为主、练习为主"，讲求"先学后教，先练后讲"，充分发挥学生在课堂教学活动中的主体作用，要求学生进行尝试练习，把学生推到主动的位置。通过学生的尝试提高学生的学习探究能力。

尝试教学法的要求和数学课程标准的要求相一致。2011年版数学课程标准指出："重视学生在学习活动中的主体地位，学生是数学学习的主体，在积极参与学习活动的过程中不断得到发展。"新课标要求我们加强培养学生创新精神和实践能力，而这样的能力依靠传统的注入式教学是难以培养出来的。在教学中倡导学生自主学习和探究性的学习是十分必要的。

尝试教学法符合新课标的要求，体现自主合作探究精神。在教学中倡导学生自主学习和探究性的学习是新课改的方向。运用尝试教学法有利于发挥学生的主体作用，提高学生的学习兴趣和探究能力，充分调动学生学习的积极性、主动性，切实减轻学生课业负担，贯彻素质教育理念。

我从2015年9月开始至2019年11月，历时四年主持的"尝试教学法"课题子课题"小学数学尝试教学法课堂应用"，是在邱学华老师的直接指导下进行的。我校教师尝试教学法研究课实录、微课、教学设计等成果先后获得国家级、自治区（省）级、盟级奖项。更值得一提的是，我的课堂实录《三角形内角和180°》在洛阳市举行的全国优秀教育科研成果评选中获特等奖。大量的优秀成果和学生的尝试能力的提高，说明邱学华老师的尝试教学法是可行的，有价值的。我这堂课是用蒙语上的，采用尝试教学法的先练后讲的办法，让学生分小组合作尝试，得到邱老师的青睐。他主动打电话指导我修改，要求我在录像片中打上汉语，让汉族教师也能看懂，并在教育网上播放。邱老师说我是第一个在全国教育网上上公开课的蒙族教师。我很高兴，也很自豪。

邱学华老师对教育事业有感情，有奉献，他呕心沥血，将爱的教育播撒在祖国各地，在他老人家的热情支持和指导下，我们培养出了一批具有创新思想的优秀中青年数学教师。数学教师队伍做优做大，数学教学质量进一步提高，得到上级领导和社会各界的高度评价。尝试教学法已经在苏尼特草原生根开花。

我在祖国边陲新疆霍尔果斯推广尝试教学法的故事

新疆霍尔果斯市教育局教研室　刘香玲（教研员）

我是祖国西部边陲口岸新疆霍尔果斯市教育局教研室的一名小学数学教研员，这里与哈萨克斯坦共和国接壤。霍尔果斯是边境口岸城市，也是多民族聚居地区，有汉族、哈萨克族、塔吉克族、维吾尔族等。这里相对于内地，很多方面比较落后，教育亦如此。课程改革轰轰烈烈，我们似乎感觉不到，虽然本地区学校也会进行示范课、公开课、"走出去、请进来"等教研活动，但很快教师们又回到了自己最初的模样。

一、与尝试教学法结缘

初次接触尝试教学法还是在2017年的暑假，有幸跟时任丝路小学的援疆校长缪建平到上海参加了小学数学教育高级研修班。在研修班上，我第一次见到了邱学华老师，并有幸现场听了尝试教学法的示范课，又第一次见到了吴正宪老师，并有幸现场听吴老师讲课；第一次见到了很多教育界的名师，非常激动，因为当时感受很深，缪校长鼓励我记录下来，于是我写了一个美篇，这是我第一次写美篇。邱老师得知我们来自遥远的新疆，特别赠送了尝试教学法相关书籍和光盘资料，我们感受到了邱老的大爱。后来他又赠送了一套《小学数学基本功天天练》。

二、尝试教学法落地霍尔果斯

一年后，又因工作调整，我调到霍尔果斯市教育局刚刚成立的教研室，成为了第一名小学数学教研员。在不断地下校视导和听课中，发现大多数教师在课堂中仍然"满堂灌"，学生对数学课没有兴趣，课后作业难，教师辛苦付出却没有取得好成绩，原因有很多，但主要原因是教师教学理念转变困难。虽然也会有各种各样的课程学习和教学研究活动，但是很快教师又回到了最初的模样，改变很困难，说到底是缺乏行之有效的办法并持续跟进。

2018年，得知邱老不远万里来到了新疆霍尔果斯，八十多岁高龄的他，为丝路小学的教师上了一堂示范课并送教下乡，开展了尝试教学法培训，甚为感动。

我市丝路小学缪建平是援疆校长，原是苏州工业园区莲花小学副校长，是邱学华先生的弟子，追随邱先生搞尝试教学法已三十多年。他把尝试教学法带到丝路小学，并根据学校特点，突出反馈的作用，在丝路小学进行了"尝试教学反馈法"的推广和应用，这对我有很大启发。我想起了邱老师赠送的尝试教学法书籍，如获至宝。在看了《邱学华教育报告集》后就欣喜不已，这不正是我们需要的方法吗？后又看了《怎样用尝试教学法上课》和《邱学华怎样教小学数学》，对尝试教学法有了更深入的认识，根据霍尔果斯市实际，光讲理论不行，必须要拿出一个具体操作的方案，于是我与部分骨干教师共同制定了尝试教学法教学案模板。以丝路小学为龙头，在全市推广应用。每学期开展一次尝试教学法的推进会，通过实践反思不断改进。

市教育局领导十分重视引进尝试教学法提升我市的教育质量，觉得尝试教学法教育理念先进，操作简单，便于少数民族地区推广，批准我们制定的推广尝试教学法的实施计划。

三、尝试教学法初见成效

1. 教师方面。

（1）切实减轻了备课负担。

我们这里还存在备课与上课不一致的情况，教师沿袭以前的做法：要么抄写购买的名师教案，要么下载网上教案，主要是为了应付领导检查。而上课是按照自己的思路上课。教师们不愿意抄写教案，但又不会自己设计研究教案，辛苦抄写又没有实际的作用和价值。我们设计的尝试教学法教学案模板给了小学数学教师导向和参考，教师们认为这样备课就是为上课服务的，很有价值。

（2）提升了研读教材和解题的能力。

在提倡多媒体教学的今天，有些教师下载了现成的课件PPT，上课就是一张一张放映幻灯片，一节课下来，师生连书本都没打开是经常的现象。教师没有认真研读教材，怎么能思路清晰地上课呢？对于教材中所涉及的习题，很多老师没有亲自做一遍，认为小学的数学题很简单，不需要做。事实是，有些高年级的数学题，在学生做出后，老师都不清楚对错。对教材中不同题目的设计意图不了解，这就造成了课堂教学的随心所欲，导致教学效率不高。而尝试教学法教学案模板则需要教师认真研读教材、经历习题设计，进而提高教师的业务能力和水平。

2. 学生方面。

教学案既体现了尝试教学法的思想，也体现了新课标"以人为本"的理念：学生通过独立思考或者合作交流感悟数学的基本思想，在参与数学活动中积累基本经验，帮助学生形成认真勤奋、独立思考、合作交流、反思质疑等良好的学习习惯。尤其是尝试练习后的自学环节，培养了学生的自学能力；当堂检测环节把问题解决在课堂，大大提高了课堂效率，学生普遍表示学有所获，增强了学好数学的自信心。

邱学华湘西教育扶贫之路

湖南省湘西土家族苗族自治州吉首市教师进修学校　　王本慈（土家族）

我们湘西土家族苗族自治州地处湖南边陲，与湖北、贵州、重庆接壤，山高路险地瘠民贫。实属老、少、边、穷地区（革命老区、少数民族聚居区、边远贫困地区）。在这块神奇的土地上曾有过贺龙元帅"两把菜刀闹革命"，沈从文、黄永玉两位大师就是踏着我州凤凰的南长城走向世界的。我们的先辈曾受土司苗王的血腥统治。解放前夕更是官匪一家，鱼肉人民。我州古丈匪首张平杀人不眨眼，因此流传着"天见张平，日月不明；地见张平，草木不生；人见张平，九死一生"的民谣。电影《湘西剿匪记》《乌龙山剿匪记》就是1950年中国人民解放军在我州剿匪的真实写照。党的民族政策好，中华人民共和国成立七十多年来，我州发生了翻天覆地的变化，教育事业也得到蓬勃发展。

改革开放后，教育事业逐渐走上正轨，大家都在进行教育改革，寻求如何提高教育质量的课堂教学方法。那时教学方法众多，有中国的、外国的。当时自治州教科所文金声带领大家学习与比较，觉得外国的发现教学法或探究教学法不适于贫困山区的教师，说得很好听，但是操作很困难。我们认为尝试教学法的道理很明白，操作很方便，决定推广应用尝试教学法，改进课堂教学方法。相关部门组织教师学习邱学华老师发表在《福建教育》杂志上的文章：《尝试教学法的实践和理论》，但山区教师水平有限，领会有困难，萌发邀请邱老师来湘西讲课的想法，可不知如何能找到邱老师。后经《湖南教育》数学编辑陈钢先生的介绍，在 1985 年 5 月终于请到邱老师来湘西讲课。邱老师目睹湘西老少山区经济落后，教师急需学习新方法的现状，开启了他的教育扶贫之路，前后二十多次走进贫困山区，一边做教师培训工作，一边做扶贫工作。他的高尚品质和奉献精神，令人感动。

一、智力扶贫，把先进的尝试教学法送到湘西

1985 年，邱老师第一次进湘西讲学，使湘西教师清楚地认识尝试教学法的实质，无非是让学生先试一试，采用"先练后讲，练在当堂"的办法，观点鲜明，操作简便。这次讲座使我们教师更坚定应用尝试教学法、改革课堂的决心。全湘西各县都行动起来。短短几年时间已有三分之一的教师能应用，教学质量也在逐年提高。

1987 年，邱老师为了进一步助推这项工作，决定全国第三届尝试教学法学术年会在湘西召开。年会上，邱老师不但做报告，还要亲自上示范课，另外，全国各地名师也要来上观摩课。消息传出，大家欢欣鼓舞，奔走相告。湘西教科所为了控制人数，只能给各县分配名额。有些学校没有分到名额，自费也要来参加。有一位边远山区的老师，为了参加活动，卖了一头猪，翻山越岭，花了整整一天时间赶到吉首参会，精神令人感动。

这场年会有来自全国 28 个省、市、自治区及本地教师共一千两百多人参加，在新建好的体育馆举行。这是湘西有史以来举行的最大规模的一次教学研究活动。

2002 年 10 月，湘西吉首市又举行全国第十一届尝试教育学术年会，又一次掀起学习应用尝试教学法热潮。这次年会最大的特色是教学研究同扶贫结合起来，所有专家报告和名师上观摩课都不取报酬，参会代表还自愿捐款，沿海地区学校同湘西贫困地区学校结成一对一互帮友好学校，来自湘西贫困山区的教师免除会务费、赠送资料。

现在有些单位把举办教学研讨会和观摩会当做创收的一种手段，举办

地点大都安排在沿海发达地区或有名胜古迹的风景区，而尝试教学理论研讨会把举办地点放在贫困山区，很显然是为了帮助贫困山区的教师。

邱老师为了满足贫困山区教师的需要，不顾山高路远，深入湘西各县讲学。桑植县是革命老区，是贺龙元帅的家乡，是湘西自治州的边远山区，邱老师答应桑植县教育局的邀请，决定为革命老区的教师讲课，并约法三章：一不收讲课金，二不搞宴请，三不送土特产。

著名教育家朱永新称邱老师是"教育的光明使者"，的确名不虚传，他把先进的教育思想和科学的教学方法传播到我们湘西大地。

二、物质扶贫，帮我们走出困境

湘西地域偏僻，信息封闭，教师很想走出大山，到教育改革先进地区参观学习，无奈经济条件所限，无法外出。尝试教学理论研讨会，邱老师都留有扶贫名额，每次给我们湘西6—8个名额，享受免除会务费、赠送资料、补助部分差旅费的优惠，让湘西山区教师分期分批外出学习。特别是1998年，我们参加了在广东珠海举办的"迎接新世纪两岸四地小学数学教育研讨会暨课堂教学观摩会"，邱老师设法接受澳门教育青年局捐款，对我们湘西去的教师，除免除会务费外，还报销全部差旅费。在开幕式上，我们穿上民族服装，向澳门教青局领导赠送了锦旗，表示感谢，彰显了大陆与澳门的同胞之情，另有广州的实验学校把旧的投影仪送给我们。

前面提到的2002年全国第十一届年会在吉首举行，这次年会事实上是一次扶贫活动，把大家捐献的6万多元，购买了全新的课桌椅赠送给一所苗族学校——三岔坪小学。会议期间，三岔坪苗寨的父老乡亲们邀请与会代表参加隆重的篝火联欢晚会，用苗族热情和淳朴的山歌、舞蹈来表达他们的感激之情。来自全国各地的教师和他们围着篝火一起跳起苗族接龙舞，此情此景是任何一次学术研讨会所看不到的。

邱老师几十年来给湘西学校赠送的有关尝试教学研究的著作，他主编的《数学小博士》《数学大王》等学生读物，不计其数。

三、精准扶贫，帮助职校学生家庭脱贫

进入新世纪后，通过对湘西职业学校的考察，邱老师对扶贫有了新的思路。他发现许多贫困户大都是老人生病，缺乏劳动力，没有固定收入，政府发放的救济金很快用完。有些孩子就读职业学校虽说不用交学费，学校也解决伙食费，但学生还得购买学习用品和日用品，每周从家到学校往返要车费。所以很多贫困家庭只能要求孩子辍学，回家劳动。

邱老师想，如果贫困家庭的孩子能坚持三年读完职业学校，有了一技之长，毕业后找到工作，有了固定收入，这个家庭就能脱贫。他把这个想法同我商量，此时我已从吉首市教师进修学校退休，在职业学校协助工作，我赞同和支持他这个想法。具体由我经办，从2006年开始做，每人每年300元，20个名额，以后逐年增加。实践证明，这个办法扶贫能帮到实处，钱虽不多，但使孩子有了信心，有了盼望，坚持三年学习，毕业后大都能找到工作，使家庭脱贫。邱老师把这个办法称为"一人就业，全家脱贫"。后来，把助学金提高到每人每年500元，人数扩大到40人，另外重点帮助10名孤儿，每人每年1000元，每年扶贫款总计3万元。每年，邱老师把扶贫款汇给我，由我和学校联系，采用个人申请，班级讨论公示，学校批准的方式，最后由我把助学金直接发到学生手里。

邱老师连续16年用33万元资助湘西特困生和孤儿455人，他们毕业后大部分找到了工作，真正做到"一人就业，全家脱贫"。如永顺县学生罗燕，母亲因车祸亡故，父亲没有文化，家里还有一个瘫痪的弟弟，原来家庭生活十分困苦。罗燕得到邱老师连续三年的资助，顺利从中专毕业，在杭州就业后，将父亲接到本厂当清洁工，并有钱为弟弟治病，全家生活逐年好起来。

受资助的贫困生中有67人，先是自己就业挣钱，使自己脱贫，尔后回家乡自己创业，他们优先招收贫困户家庭员工，于是出现了"一人就业，多家脱贫"的扶贫效果。另外还有一个突出的事例，中专学生龙先凤，父母体弱多病，弟妹又多，是一家老困难户。邱老师对她连续资助三年。她毕业后在广东翊凯电器厂就业，由于工作勤奋，又有中专学历，进厂三个

月后由流水线调到人力资源部工作，一年后升任主管。她想方设法让家乡的贫困家庭的青年进厂就业，五年内安排了两百多人，真是"一人就业，脱贫一片"。

邱老师在湘西扶贫坚持做了三十多年，总计有六七十万元，同企业家捐款相比，钱虽不多，但他给湘西山区送来的先进教育思想和尝试教学法是无法用金钱估量的，他的高尚品德和大爱精神更比黄金可贵。因此湘西自治州人民政府为邱学华颁发"扶贫先进个人"证书，列入这个名单的大多是捐赠百万以上的企业家，唯有邱老师一人是外地教师。

我一直是湘西自治州政府所在地吉首市教师进修学校的教师，邱老师教育扶贫的种种事迹，都是我亲眼目睹的，而且许多事都是由我经办的，退休后我仍然配合邱老师坚持做宣传推广尝试教学法的工作。他的"一人就业，全家脱贫"项目的扶贫款，都是由我经手转发到贫困学生和孤儿的手上，我是一个见证者，我被邱老师的大爱精神所感动，我们湘西人民永远感谢他！

七、港澳台地区

尝试教学法早在 20 世纪 90 年代就推广应用到了港澳台地区。尝试教学法已在港澳台地区得到推广应用，对港澳台地区教学质量的提高和教育的发展起到了促进作用。邱学华先生关注尝试教学法在港澳台地区的推广应用，与港澳台教育界和教师有着广泛而长期的联系，有众多弟子。港澳台的一批批教师应用尝试教学法成果显著，很多成了名师，因此尝试教学流派应该包括港澳台地区教育界的力量。

邱学华（右）赴澳门讲学，在学术报告会上由澳门特区政府教育暨青年局苏朝晖局长（左）向邱学华赠送纪念品

在香港演讲

尝试教学法在澳门

澳门大学教育学院、澳门数学教育学会　汪甄南（会长）

1995年夏，在一次天津小学数学教育研讨会上，第一次认识邱学华先生，他所创立的"尝试教学法"和"尝试教学理论"深深地吸引了我，其"先练后讲，先学后教"的教学模式，是一种反传统的、具有创建意义的崭新的教学模式。

长期以来，澳门的中小学生对学习数学存在着畏难情绪，在课堂教学中，"满堂灌"和"注入式"的教学方法又是澳门数学教师使用的主要教学方法。

"尝试教学法"强调让学生先"尝试"，在"尝试"中学习，有指导地"尝试"，力求取得成功。这就为发挥学生的主体作用和教师的主导作用找到了一种切实可靠的途径和方法，对克服数学课堂教学中的"满堂灌"和"注入式"的弊端极为有效。

自1995年以来，本人充分运用澳门大学教育学院的工作平台，积极介绍、宣传尝试教学理论，并运用实验、交流等不同形式，推动广大澳门中小学数学教师学习尝试教学理论，实践尝试教学法，并多次邀请邱学华先生来澳门为数学教师亲自讲授尝试教学基本理论，并积极鼓励教师运用尝试教学的先进理念进行教学改革，提高澳门数学教师的科研意识，转变教师的教学观念，从而引进教学方法，提高教学质量。

2000年3月，澳门大学教育学院邀请邱先生到澳门讲学。澳门小学教师课务重，一周要上30节课左右，下午5点放学后才能来听讲座。邱先生讲话通俗易懂，幽默有趣，深深吸引了大家，直到晚上7点结束，没有一个人中途离开。

2000年10月，澳门特区政府教育暨青年局派中学教育处陈宝云处长、小学教育处李嘉丽处长参加在山东省济南市举行的全国协作区第十届尝试教学法学术年会，她们亲身感受到尝试教学法对培养学生的主体精神和创新精神的巨大作用，又容易学习，便于推广。尔后，澳门教育暨青年局决定在全澳中小学推广尝试教学法。

2001年3月，邱学华先生受高规格邀请到澳门讲学和培训教师。邱先生在澳期间，向全体中小学校长作学术报告，教青局局长苏朝晖先生亲临听讲。邱先生向全体中小学数学教师宣教尝试教学法，亲自上示范课，并深入课堂进行具体指导。盛况空前，这是迄今为止，澳门教育界规模最大的一次教研活动。

16年来，"尝试教学"在澳门从无到有，从小到大，它正在改变着澳门的数学教育。可以毫不夸张地说，"尝试教学"已植根于澳门，已被广大数学教师接受。不少教师已在尝试用"尝试教学法"进行课堂教学，无论在观摩课、示范课或是应聘工作时的试教课，都会运用尝试教学法进行教学；也有不少澳门大学教育学院和澳门圣若瑟夜间部师范学校的学生在撰写学士、硕士论文时，会选择尝试教学理论作为研究课题。

由于澳门的特殊地位，它是一个多元文化社会，长期以来吸取和包容东方与西方的教育思想和教学方法，可是还没有哪一种教学法像尝试教学法那样深入澳门教师的心中。

邱学华先生所创的尝试教学理论，为澳门基础教育的学科改革作出了重要贡献，为澳门与内地的教育交流作出了贡献。

尝试教学让澳门的孩子快乐学数学

澳门培正中学（包含小学） 邵敏（澳门名师）

一、认识邱学华老师

我作为澳门数学教育研究学会理事，经常在会长汪甄南老师的口中听到邱学华老师的名字。第一次见到邱老师是在2006年4月，在浙江宁波市举行的两岸四地小学数学教育研讨会上，研讨会规模很大，在那里我见到了邱老师，一位神采奕奕充满活力的学者。我心情非常激动，心想着一定要找机会好好向邱老师请教，而邱老师一见面就很热情，这是他永远不变的性格，他耐心给我介绍尝试教学法。

在这次研讨会上，很荣幸，我执教的课荣获了一等奖，并且得到了邱老师的鼓励。在2006年7月，我受邀参加在上海市举行的全国协作区教育科研培训暨说课大赛中的说课比赛，这次我尝试用尝试教学法进行教案编写，很高兴荣获了一等奖。同年9月，在专家们根据综合课堂教学水平、教学基本功以及教育科研能力的评审中，我被评为全国尝试教学理论研究会小学数学学科"十佳教师"。后来，我参加了在云南省玉溪市举行的"第十三届全国尝试教学研讨会暨新课程课堂教学观摩会"，在会上，我上的课又获得了一等奖，这对一位刚接触尝试教学法的老师来说是很大的鼓舞，特别是在接受邱老师颁奖时看到他永远笑眯眯的表情，我默默地下决心，一定要认真研究尝试教学法，把尝试教学法应用到我的课堂上，甚至同行们的课堂上，让澳门的孩子体会一下这种教学法带来的好处，于是我开始了尝试之路。

二、认识尝试教学法

邱老师的尝试教学法是要我们老师相信"学生能尝试，尝试能成功，成功能创新"，充分体现了"以学生为主、以自学为主、以练习为主"的教学法，在尝试教学法中，教师要把握很重要的三个字，俗称邱学华的"三字经"："趣"，上课要上得有趣；"实"，上课要让学生实实在在学好基础知识，练好基本功；"活"，课堂气氛要活，学生思维要活跃。同时邱老师给出了十二条建议。

（1）要及早出示课题，提出教学目标。（2）尽快打开课本，引导学生自学。（3）激发学习兴趣，活跃课堂气氛。（4）先让学生尝试，鼓励创新精神。（5）强调主动参与，摆正主体地位。（6）允许学生提问，发展学生思维。（7）组织学生讨论，增强合作意识。（8）控制教师讲话，多留练习时间。（9）及时反馈纠正，练习当堂订正。（10）加强动手操作，运用现代手段。（11）内容不要太多，把握教学节奏。（12）实施分层教学，注意因材施教。

三、尝试教学法的应用案例

2015年10月，在河南省洛阳市，我参加了全国第二届"孔子杯"小学课堂教学大赛，在这里又见到了邱老师，还是那么和蔼可亲。这次我要上的课是《圆的认识》，需要用iPad，于是从澳门带了一批iPad到洛阳。虽然原来孩子们上课很少用iPad，但是现在的孩子天生对科技产品敏感，一上手就熟练了，让孩子们摸熟了iPad后，马上就开始上课了。

首先我让同学们四人一组进行分组，这样有利于组织学生讨论，增强合作意识，取长补短，还能培养学生关心自己也要关心他人，大胆发表意见的习惯；然后立刻出示课题，温习学过的相关知识，提出问题。组长选出他们觉得最适合的工具在小组内进行量度并进行讲解，在这里充分发展学生思维，增强了学生的动手操作能力，还锻炼了他们的合作能力，学生懂得了先分工再合作。在尝试的过程中，学生们会发现一些问题，提出一些问题，我没有急于回答，而是让学生们去自学课本；这时学生们恍然大悟，原来不清楚的问题都有了初步的了解，接着就是玩个小游戏，让他们给短片配音，根据短片中的量度操作，留意细节，这样才能配出完美的音。这样也能发现学生们在自学过程中还有哪些细节没有留意，帮助老师再接下来有的放矢讲解。游戏充分调动了学生们的积极性，进行得如火如荼。然后抽两组进行分享，再次肯定学生的付出，也纠正一些问题；每组派发学具，做课堂练习，让小组分工合作再次进行量度，并将量度过程用iPad拍摄下来。这里运用了现代手段，让学生们更积极更投入，这次全部小组都能做到又准确又清晰地把食品罐的底面直径量出来，配音详细，操作顺畅，看来孩子们都掌握了，于是，我乘胜追击，让同学们自己做总结，说出要注意的问题。看到学生们意犹未尽，又举行了一场大比拼，让他们找出身边的物品进行量度，看哪个小组又快又正确。这下沸腾了，只见同学们各显神通，最后无论是最快的还是最慢的，大家都享受到了学习带来的快乐，也把这堂课的内容掌握了。整堂课大多都是学生们在说，在练习，我就做好我的辅助人员角色。整堂课上得非常活跃。于是这堂课获得了特等奖。这都要感谢邱老师的尝试教学法，让整堂课又紧凑又活跃，还能动手，思考，合作，还"玩"了iPad，同学们别提多高兴啦，都舍不得下课呢。

四、尝试教学法带给澳门学生的快乐

澳门的有些学生畏惧数学，觉得很难很枯燥，在运用尝试教学法上课之后，不管是数学成绩好的学生还是学数学困难的学生，都感觉上课很快乐，因为他们能提出学习要求，能发挥自己解决问题的能力。尝试之后对问题会有更深的认识，也能顺利地解决问题，学生们获得了成就感，于是更喜欢数学。很多学生还特别爱解决难题，这充分地激发了学生的好奇心，求知欲。

2019年4月，在北京，我作为澳门名师参加了全国首届小学数学名师新时代课堂观摩研讨会，在会上作了一场报告，上了一堂课，这是我多年来运用尝试教学法的一次汇报，得到了邱老师的大力支持和赞赏。

邱老师孜孜不倦、坚持不懈的精神真的非常值得我们好好学习，他那乐呵呵的样子，对待孩子们，对待晚辈们热情和蔼的样子，将永远鼓舞我们继续前进！

尝试教学法在香港的传播与发展

香港油麻地天主教小学　冯立荣（香港名校长）

一、结缘

跟邱学华老师结缘始于 1998 年。因我的老师余荣燊先生的推荐和鼓励，我参加了在广东佛山体育馆举行的新世纪小学数学课堂教学观摩会，观摩会规模很大，与会人数约五千人，有来自全国各地的与会者，包括港澳台地区的。

观摩会由邱学华老师统筹，我以佛山的小学生为施教对象，用《四边形的性质》作课题进行了一次现场公开课。会场上，观摩教师都很投入认真，并仔细地把教学要点逐一记录下来。课堂先由专家观课、评课，再由现场教师跟我一起讨论和总结。当时粤港两地教学交流并不常见，是一个难得的机会。此行我有两个收获，第一当然是认识了邱学华老师和尝试教学法；第二就是在观摩会中认识了大陆许多具教育热忱的同行，十多年后广西教育厅组团访港到我校参观，其中一名成员看见我校校门口挂的"尝试教学法实验基地"的牌匾，就回忆起当年在佛山观看我授课的情景，感怀一番，特别亲切。

二、回顾

那时候对邱学华老师认识不多，只知道他由小学数学教师做起，不断学习和研究，然后结合教学经验和学习理论，创立尝试教学法，后来它成为全国最受欢迎和影响最大的一种容易实践的教学法。从此我对邱老师仰慕不已，只要时间配合，都会参与他筹办的各种教研活动。两岸四地小学数学教育研讨会、小学数学教育博物馆开放……走遍珠海、深圳、澳门和宁波等地方，蒙他不弃收为弟子，跟他学习。

我最佩服的是邱老师不仅讲授理论，每次在各地举行尝试教学法的研讨会，他都会亲自披甲上阵，以他优秀的教学技巧呈现尝试教学法的精神，成为教师们学习的楷模。邱老师永不言休，至今仍在各地东奔西走，为提高教师的教学素质而努力。受到他这份精神的影响，现在我也退休了，仍乐意在教学领域继续奔驰，为孩子可以愉快学习而努力。

三、实践

数学不仅是公式运算，而且是充满趣味的解难游戏，可以开拓学生广阔的思考空间，但对许多香港小学生来说，数学是一门十分艰深的学科，面对着不明白的题目往往会却步。我明白，要把沉闷、艰辛的学科转化为有趣的东西，就要给予学生尝试的机会。最初，我只在自己任教的班级采用尝试教学法，经过一段时间后跟其他班级比较，发现学生有显著进步，因此我便邀请其他数学教师一同采用。一般人以为，学习数学只有老师讲、学生听的方式，但尝试教学法便打破这个传统框框，让学生主动尝试寻求解决方法。学生的能力有别，对于能力稍逊的学生来说，要自行解决新难题并非易事。我便把尝试教学法跟小组教学的特点糅合，让不同学习能力的学生走在一起，通过讨论和交流推动同学们彼此学习，充分发挥小组学习的效能。学生化被动为主动，无形间提升了自学能力。同学之间相互支持，加上教师给予适当的鼓励，一些畏惧数学科的学生，也积极投入这个解难游戏，课堂气氛也活泼起来。学生感受到学习并不孤单，更可从中获得成功感。我当时任教的油麻地天主教小学成为全国教育科学重点研究课题"尝试教学理论研究"的实验基地，其间更邀请邱老师来港为教师做培训。

四、成就

由于尝试教学法十分切合当时香港教育改革提出的强化学生九种共通能力的理念，油麻地天主教小学以此参加了香港行政长官卓越教学奖（2005—2006年），结果获得数学教育学习领域嘉许奖。这个奖项在香港是很高的荣誉。当时评审专家给予的意见是：

"小组的教学实践和反思是根据内地以学生为本的尝试教学法，灵活调适以培育学生解决问题的能力、数学知识、技能、态度、沟通技巧及其他的共通能力。先由学生自行学习或尝试解决教师安排的问题，老师根据学生的表现作出适当的辅导，学生再尝试，教师再跟进辅导，显示他们协作的成效。学生熟习分组的安排，互相讨论，分享计算方法和发言，并能清晰地汇报结论。教学实践程序简单易明，富启发性及能与同工分享，提升教育素质。"

五、启示

传统教学观念把学习简单地看成是知识由外到内的输入，教学就是要把结论告诉学生，让他们理解了，记忆下来。大部分教师只着重训练学生的计算技巧和运用各种公式去找出题目的答案，即使一些只着重背诵，或对数学原理一知半解的同学，只需牢记数学例题的演算方法，也不难在考试中取得好成绩，这绝不是我们的教学初心。我相信，学生除了具有计算能力之外，更应该懂得思考及理解数学的特性和关系，并应用在日常生活中。我们期望学生通过数学训练，培养出自学能力及探究精神，为一个人的"终生学习"奠下良好的基础。

尝试教学法的施行，可以把教师的主导作用、学生的主体作用、教科书的示范作用以及学生之间的互补作用有机地结合起来，有效地发挥出来，并在教学过程中具体地落实。在学生努力尝试的同时，教师掌握了他们在学习新知识时的思维方式，更了解他们的学习需要。

今天，尝试教学法已延伸到不同科目，跨越中小学的学习阶段，影响深远。社会进步，世界复杂多变，每天有各式各样的问题出现，任何一种知识都不能确保我们的学生在将来能顺利解决他们的问题。我们只有从小训练他们勇于面对困难的尝试精神，当他们遇到问题时，能靠自学和不断探索的方法来解决。尝试教学法经得起时代考验，体现出来的，不只是传授数学知识，而是培养学生不怕困难的尝试精神，使他们"学懂学习"。邱学华老师高瞻远瞩，永远是我心中的"一代宗师"。

尝试教学法是一种理想的教学模式

台湾省高雄市莒光小学　陈美莉

我对数学教学一直抱有浓厚的研究兴趣，不断吸收新知并应用于实际教学，来帮助学生学习数学，希望能让儿童不再畏惧数学，而且能喜欢它。两年前，得知邱学华教授创立和倡导尝试教学法，即以此教学模式施以班上，效果卓著。更以此法举办教学观摩会，与校内教师以及师范学院师生共同切磋研究。现把自己的心得体会简述如下。

其一，尝试教学法强调让学生在旧知识的基础上尝试练习，所以教学过程中便有基本训练题、准备题与尝试题。"温故知新"便是尝试教学法的主要精神之一。学生从复习旧知识的活动中，使其认知结构再度获得同化或顺应，同时也增强儿童的信心。进而利用既有的知识与技能去探索教师所提出的尝试题。基本训练题与准备题的呈现方式，视教材的内容选择不同的题目和不同的方式来引导，常用的方法有闪示法、快问快答法、分组游戏竞赛、前置性测验及小组搜集资料报告等，这些都是学生较乐意进行的活动。

其二，实施尝试教学法时，我结合应用"合作学习方法"。将学生分为每组5—6人，使每一组的程度趋近一样，且每隔一段时间，视儿童进步情形，调整组别。

学生在合作学习环境中进行尝试活动，可以发挥集体的智慧，分工合作进行尝试活动。学习数学不再是枯涩地死背公式，而是启发思维、帮忙解决许多疑问的科学，同时有了同伴的协助与激励，人的潜能将因此获得最大的发挥。这种驱动力是来自内在的，所以能持之以恒，这不是传统强压下的教学所能及的。

其三，尝试题的设计，攸关整个尝试活动的流畅性，多以发散性的多元思考题型呈现，且与课本的例题相似，让儿童借以自学课本，操作学具及共同讨论，来尝试解决问题。

尝试题为整个尝试活动的灵魂，它深深地吸引儿童的注意力，因为唯有全神贯注，才能寻找解决尝试题的线索。因此，在设计尝试题时，教师便要多多费心，特别要注意能够激发使儿童好奇的内驱力，许多概念及策略便能水到渠成建构于儿童的认知结构中。

其四，指导儿童自学课本乃是尝试教学的特色。学生期待教师会提出何种尝试题，然后在尝试题的引导下，学生去自学课本，获取课本中有关解决尝试题的信息，形成假设，再与小组成员讨论，达成共识。教师请儿童上台发表，若有不足之处，可请别组组员补充。此时，他组组员可提出质疑，亦可加以补充说明。教师在活动中不要急于评价，让儿童尽情发表意见，最后由教师或儿童整理归纳重点。

从小培养儿童从自学课本中进行独立研究或小组讨论，乃是建立良好的求知方式的形式。因为一味地接受教师灌输知识的教学模式，已不能适应瞬息万变的环境了。唯有主动、积极地去探索新知，才是上策。

其五，使用尝试教学法，会使概念清晰地深植于儿童心中，但"精熟学习"也是不可缺少的，必须培养学生的能力。所以进行第二次尝试练习时，往往可配合课本与习作的题目来进行，或口头问答，或形成性评量，等等。

应用尝试教学法后，可以发现儿童的"学习迁移"能力增强，常能举一反三，不需要教师题题讲解，可节省时间。应多让儿童板演或共同订正，因为通过合作学习，大家都能互相帮助，使程度不一的儿童能渐趋靠近，有利于提高整体的学习成效。

有些人曾怀疑，在现有教材及紧张的教学进度下，何必费时地实施尝试教学法呢？我认为学生有了探索能力和自学能力，能够举一反三，自己学习，反而能提高教学效率。另外，我想不管哪种教学法都不能死板地单独使用，所谓"运用之妙，存乎一心"，唯有配合创造性、多元化的教学设计，才能培育出高创造力的学生。尝试教学法为我们提供了一个兼具认知、情意、技能的良好的数学教学模式，值得大家试一试。

八、中小学教育

　　尝试教学法最初从小学数学开始,然后推广应用到小学其他学科,再推广应用到中学各个学科,可以说尝试教学法是扎根我国中小学教育而发展起来的。中小学基础教育这块沃土是尝试教育成长的园地,也是它的用武之地。历经六十年中小学教育园地的辛勤耕耘,尝试教育人不断成长,尝试教育思想不断发展,因此形成了规模大、影响深的尝试教学流派。

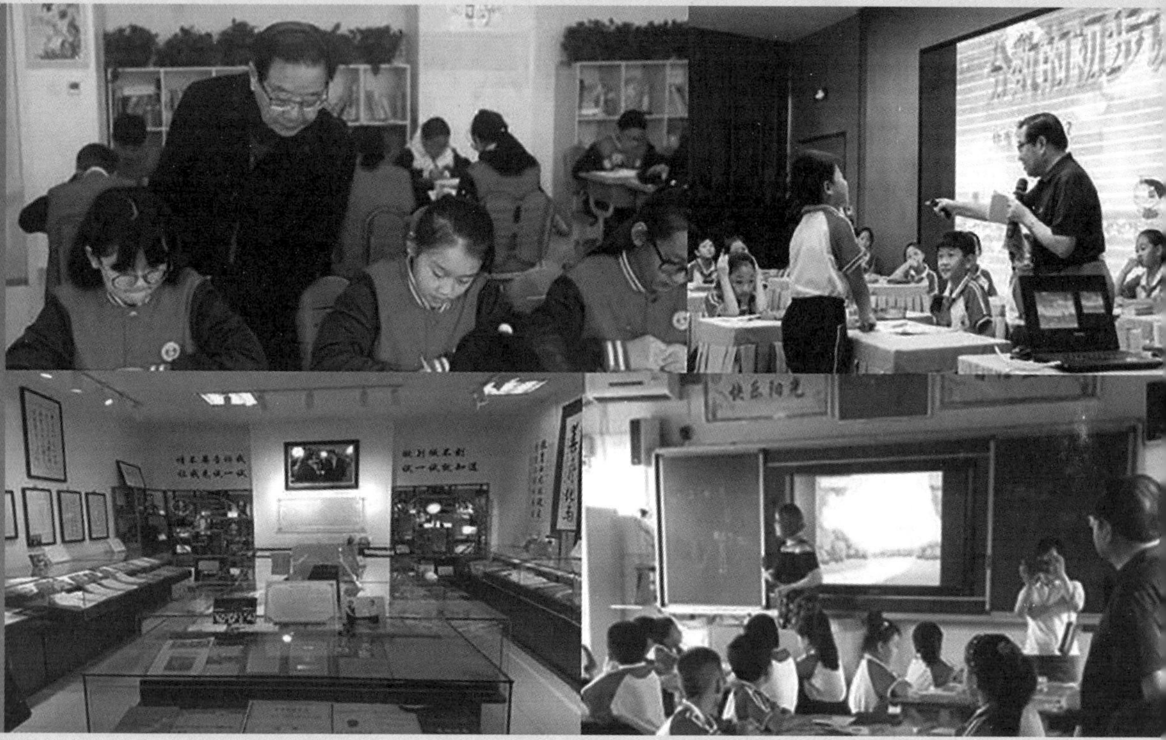
快乐阳光

邱学华是小学生的好朋友

原天津市南开区西湖村小学　邢艳

邱学华先生创立的尝试教学法历经四十多年，对中国的教学改革产生了深远的影响，在教育界几乎是人人皆知，惠及千千万万的教师和学生。

在我师从邱学华老师学习和研究尝试教学理论及小学数学教育中，邱老师给予了我许多指导和帮助，也对我的专业成长产生了重要影响，特别是邱老师对儿童数学读物的重视，对我影响大，我受益匪浅。邱老师的数学教育思想中一个很重要的理念"要学生学好数学，首先要使学生喜欢数学"，我记得他常讲的一句话："数学教师最大的失败，就是把儿童都教得讨厌数学！"所以我上课力求把课上得生动有趣，激发学生学习数学的兴趣，逐渐形成了我的教学风格。因而我成为天津市基础教育科研带头人、小学数学学科骨干教师，后调任天津市南开区教师发展中心培训教师，曾派往香港做教学指导工作。

邱老师同别的教育专家不同，他不但口头讲理论，而且能够实地去做。为了激发儿童学习数学的兴趣，他编写了大量的儿童读物，编辑《数学小博士》杂志，举办"数学大王邀请赛"。我跟随邱老师一路走来，真正体会到儿童学好数学的真谛。

一、打开思维大门的钥匙

邱先生编著的三百多本书，其中有一百五十多本是为儿童写的课外读物。有《数学大世界》系列、《数学大王》系列、《小学数学课外阅读》系列、《数学小博士》系列、《算得快》系列、《解数学题的钥匙》系列、《小学数学基本功天天练》系列、《一点就通》系列、《小学数学课堂教学游戏》系列等。他写的书，孩子爱读，既有趣味性，又有科学性，一经出版，受到广大师生的热捧，上市即告售罄，一再加印，总发行量达一千多万册。他主编的由江苏教育出版社出版的《数学大王》系列，曾被香港新雅文化事业有限公司买走版权，在香港出版发行，同样受到香港师生的喜爱。

他最有名的一本书是《解应用题的钥匙》，属于《解数学题的钥匙》系列，另外还有《解计算题的钥匙》《解图形题的钥匙》《解竞赛题的钥匙》，由中国少年儿童出版社陆续出版。

《解应用题的钥匙》这本书写于20世纪80年代，历经40年，加印了几十次，总发行量达三百多万册，几代教师、几代学生都读过这本书，成为儿童读物中的畅销书之一。他编写的这套书就是开启儿童思维大门的钥匙。现在许多老教师对这本书还津津乐道。我也是读着邱老师的书成长起来的。

邱老师是一位著名的教育理论家，其实也是一位受欢迎的儿童科普读物的作家。

二、《数学小博士》——师生的益友

《数学小博士》杂志是邱老师主编的一本分学段的，以连环画的方式，给孩子们讲数学故事，在情境中解决问题，启发解题思路的数学课外读物。栏目包罗万象：卡通连续剧、名人故事、智慧故事、小百科、小侦探、创新思维训练、数学史话、画中藏谜……把一个个数学思考的过程通过喜闻乐见的方式呈现给学生，把一个个数学小故事用亲切的画面传递给学生，一个个数学卡通人物承载着数学的智慧成为了学生的益友。我校在那五年间，除了数学课上教师的教学方法发生了变化，学生的课外阅读也充实起来。因为他们爱上了邱老师编写的《数学小博士》杂志。只要下课铃声一响，孩子们就从书桌里掏出《数学小博士》如饥似渴地阅读；午休时间，学生边吃饭边津津有味地品味数学故事；孩子们甚至还凑在一起讨论、争辩问题的解决方案；这一期的《数学小博士》读完了就早早地期待下一期的到来。数学阅读在孩子学习数学的路上埋下了新奇的种子。我校小升初的"状元"是在学校尝试教学全包围环境中培养的学生，从没上过课外辅导班。这样的成绩鼓舞着我们坚定地在邱老师的指导下实践、探索。

其实，被《数学小博士》吸引的，除了孩子们，还有老师。他们通过阅读《数学小博士》学会用孩子的语言聊数学，学会将抽象的数学知识用绘画的方式呈现。《数学小博士》能让师生爱不释手，致使全体学生广泛阅读，根源是邱老师对小学数学教育事业的热爱，是对少年儿童数学学科成长的关怀，是小学数学教育人的责任与担当，是教育家的教育情怀。

三、"数学大王"——竞赛激发学习兴趣

"数学大王"是《数学小博士》中的一个栏目，它为小学生数学竞赛开辟了一片新天地。它不同于"华赛""奥赛"，而是基于各年级的数学教学重点难点，对应课外知识拓展、相关数学思维训练延伸的水平测试。其主要目的在于激发学生学习的兴趣，发展学生思维能力，命题贴近小学生实际，面向多数学生，精准把握学生的认知发展水平，使所有参赛的孩子都能从中获得成功体验。"数学大王"竞赛题既有接地气的日常教学重点难点，渗透学生能自己学会的拓展性知识，也有卡通人物讲述的开放题和探究题。无论是卷面的趣味性还是题目的适应性都让学生感觉这不是考试，更不是什么竞赛，而是一次汇报或对话，没有负担、身心愉悦。赛后，按学生的成绩颁奖，优秀的孩子会得到全国"数学大王"的称号，还会在《数学小博士》杂志上刊登照片表彰；其余参赛学生会被授予校级奖励。

五年间，我校组织了许多学生参加"数学大王"竞赛及其颁奖活动。我们使"数学大王"竞赛充满了仪式感，在这个仪式上每个孩子都体验到通过努力换来的成就，尽管等级不一样，但是学生受到了表彰，不同层次的学生登上了领奖台，孩子们饱尝了靠辛勤努力换来向上的荣誉，感受到心之所归的成功感！这就是我校教学质量五年中不断攀升的奥妙。五年内我校的数学教学质量上升了三个台阶，即从一所区普通校到教学质量"良

好"校，再到教学质量"优良"校，最终数学单科毕业成绩在全区近六十所学校中名列前茅。

著名数学家苏步青认为："要帮助小学生学好数学，必须掌握两条：一是配合小学数学课本，适当地有目的地添上一些引人入胜的内容，使少年学起数学津津有味；二是根据少年思考灵活的特点，循循善诱地介绍少量动脑筋的资料，为将来独立思考打基础。"在邱老师的引领下，我们做到了。

走在尝试的路上

安徽省太和县高庙镇中心小学　高灿

我喜欢在路上的感觉。

回忆自己的从教经历，1994年走上三尺讲台，1995年春我有幸在江苏徐州市参加全国名师展示教研活动，拜师于小学数学界名师、尝试教学法创始人邱学华先生。在邱老师的指导下，我在1998年申报了我们太和县首项教育科研课题，并于2000年顺利结题。这对于一名乡村小学数学教师的我来说是一次鼓励和鞭策。记忆犹新的还有确实艰难的磨课记忆——我深深地记得第一次照搬邱学华先生的课例《两位数乘两位数》，试教第一次不理想，然后教研组研讨、点评、重建，第二天第二次试教，环节符合尝试教学法的主要流程，但不甚流畅；于是到了第三天正式上课前，那一夜我真的无眠，反复自练、修改，对照邱学华先生的尝试教学法的操作要领，才发现真正的原因是尝试题设计不符合本班学生，于是把准备题作了修改，换了尝试题，最终这堂课深得全镇数学教师的肯定。

因为尝试从此迷上了教研，迷上了尝试教育实验研究；因为是从懵懵懂懂的"孩子王"初登讲台，亟待名师引路，于是奔西安，去苏杭，上济南，赴北京，跑上海，追随邱学华先生一路到今天。有几次我是自费参加的，邱老师知道后，免去我的会务费，还赠送资料给我。2001年，参加全国尝试教育学术年会，我的一篇论文获得一等奖。那一年，我29岁。当掌声和鲜花向我涌来时，我知道，我其实还在起点上。我刚刚开始行走在教育的路上，我想飞，却怎么也飞不高。

在邱老师的指导下，我逐渐养成读书的习惯。白天，忙完工作就拿起书本；夜晚，在昏黄的灯光下我阅读到深夜，《教育学》《心理学》《外国教育史》……一本接一本地读，床边案头总是整齐地摆放着厚厚的书本，慢慢地建起了自己的书房——若愚书屋。安徽农村条件艰苦，有一间个人的书屋，是令人羡慕的事，同事、朋友、学生都来我的书屋看书，借书。邱老师知道此事，十分高兴，特地送来一包书。

各种各样的书读得多了，自己的心也变得宁静起来，眼前的旧房枯树在阳光下也变得明亮起来，就连孩子们那冻得红红的小脸，那因贪玩留在脸上的泥道道也变得美丽起来。我越发喜欢教育工作。因为应用尝试教学法，同学们都很喜欢我的课。我用尝试题引路，让学生自主尝试，质疑问难，作品展示，拓展提升。那时候，让学生喜欢我、喜欢上我的课是我最高的追求。"只要你努力，你也能把数学课上得简单、快乐！"全国著名特级教师邱学华曾对我鼓励道。

"请别告诉我，让我先试一试"这是邱学华先生的尝试教育的精髓。我的课堂能不能这样宽容、这样大气、这样民主呢？于是，很长一段时间内，我成了学校最谦虚的"学生"，反复听老教师的课，一遍遍修改自己的教学设计，磨课到"酸爽、自虐"的状态，全身心扑到了小学数学教学的研究实践中。身在一线，我真切地体会到教学基本功的重要，深知"站好课堂是教师的最大职责"。为了备好一节课，我苦苦思索，备教材，备学生，备学材，多少次备好，又多少次推翻，直到满意为止；为了上好第二天的课，夜深人静时，我不时地面壁"试教"。为了拥有扎实的理论功底，建构属于自己的数学教学思想，我走进了苏格拉底、卢梭、洛克、苏霍姆林斯基、陶行知、朱永新、邱学华等专家学者的鸿篇巨制。捧读邱学华先生的尝试教育系列著作《尝试教学法》《尝试教学理论》《邱学华与尝试教育人生》等，那是一段更为艰辛的阅读，因为，读理论无疑要有啃书的勇气和耐力。一次次烦躁地放下，又一次次珍爱地拿起，一遍遍对自己说："读下去，读下去……"行走在教育理想的路上，心，终于安静下来。

有人说，思索是一道大门，通向世界上没有的东西，通到现在人类想不到的地方。的确，正是在思索中，我开始建构自己的教学思想：数学是什么？什么是有价值的数学？数学老师首先应该关注的是数学还是孩子的心灵？如何建构人性化的数学课堂？在思索和实践中，我写出了近百篇的教学论文，发表在国家级、省级教育杂志上。因邱学华先生的引荐，也有机会结识了吴正宪、刘德武、张齐华、刘可钦、徐长青等名师以及很多在一线热衷于尝试教育实验的老师。在与他们的对话和交流中，我督促自己应该更加增强教育的责任感，更加投入到教育的改革实践中。

我是贫困农村的一个普通教师，在邱老师的帮助下走在尝试的路上，虽没有太大的建树，但感到幸福，感到满足。感谢邱老的一路指引，我愿继续行走在尝试的路上。

尝试路上　追梦无悔

河南省舞阳县第一实验小学　霍芳欣（优秀校长）

2014年8月，由于工作需要，我从工作了18年的舞阳县教研室调到舞阳县第一实验小学任校长。舞阳县第一实验小学130名教师和两千七百多名孩子的成长和未来，沉甸甸地交付到我的肩头，唯有努力，才不负重托！

一、抉择

教师名,学校兴。要想孩子有闪亮的未来,教师必须有厚重的现在。如何带领教职工高效工作,让教师专业成长扎实而快速,必须要有一种切实可行的教学理论、教学方法作为支撑。在过去18年的教育教研工作中,我接触了大量的理论模式和教学方法,它们都闪耀着思想的智慧与实践的光华,但我深深地知道,任何教学方法都要植根于适宜的沃土。

学校工作,教学是中心;教学工作,课堂是中心。选择一种既能培养学生的创新意识与实践能力,又能提高教学质量和学生素质的教学模式,成为我开展工作的着力点。开学后,虽然工作庞杂,我依然坚持每天听课,走进课堂,深入教学第一线。短短半学期,几乎把各个学科、每位教师的课听了一遍,教师们的教学特点和他们的课堂情况我都了然于心。平时,我还经常趁家长接送学生之机与他们交流,以了解家长对学校工作的建议。结合本校实际,反复比较,一再权衡,邱学华教授的尝试教学理论、教学方法在我的脑海里聚焦,清晰且闪亮!

我所工作的舞阳县第一实验小学是我县历史最悠久的一所公办小学,成立于1948年,底蕴深厚,但我们的老师年龄结构也偏大,45岁以上的约占百分之八十。他们有老一辈踏实努力的优良传统,缺乏的是大胆创新。又由于城市化建设,新城区东移,我校又成了城乡结合部地段,生源大多来自周边乡镇,留守儿童居多,隔辈溺爱,家庭教育有不同程度的缺失。要改变现状,就要带领教职工勇于改革,打造高效课堂,培养学生自主学习、独立思考和独立生活的能力,尝试教学法无疑是"妙招"。在对师生资源、学校现状、社会环境等因素综合调研和评估后,我们决定以尝试教育作为学校工作的突破口,积极实践,有力推进,力求办一所教师不断成长、学生全面发展、社会各界满意的特色学校。

二、实践

"天下难事必作于易,天下大事必作于细",再伟大的成就都要从细微的小事做起。读"尝试"书籍,悟"尝试"精髓,探"尝试"模式,上

"尝试"课堂，按既定规划，统筹安排，逐步实施。

2014年11月，我先挑选两本尝试教学法书——《邱学华与尝试教育人生》《尝试教育研究》，发放给每位教师并要求仔细研读，在寒假写出读书体会，并于2015年开春进行了"与书籍为友 与智者同行"读书交流会。读书交流会上，宣书平老师《像野草一样生长》、荆晓光老师《拿什么奉献给你，我的孩子》等读书体会篇篇入耳、字字入心，让我思潮汹涌，我看到了老师们身上饱满的热情和进取的力量，我的激情之火越发炽热！

我们一定会成功！我立即与教导处筹划，于2015年3月，成立了"尝试教学研究课题组"，吸纳了27位"排头兵"，以点带面，分散到各个年级教研组，带领全校教师开启尝试教学之路。虽然一开始是"依葫芦画瓢"，但我们也要努力上好尝试课。同时安排学校教研中心把邱教授的"尝试教学课堂五步六结构""邱教授100句语录""课堂三字经"等主要内容汇总印刷，人手一份，要求烂熟于心，校领导在全校教职工会议上，面对全校教职工复述，任课教师找本组教研组长过关，各个年级教研组长找我一一过关。一遍下来，尝试教学理论全记熟。后来的每个学期，我校都为每个老师购置至少一本尝试教育书，过"书香假日"，举行"同频共振"读书交流会，已是我校的常态化活动。现在，全体教师已经阅读了邱教授出版的大部分书，并慢慢内化，逐渐在课堂上大胆尝试！

一切努力都只为课堂四十分钟的精彩绽放！为了打造好尝试课堂，自2015年春起，我们举行一年一度的"尝试杯"课堂教学大赛。教师人人上尝试课，教研组择优两名教师参加学校总决赛！一次一次磨课，一次一次赛课，营造了比学赶帮的良好氛围。

在赛课中，我发现只能讲还是不够的，还要能把尝试教学法和自己的教学风格融合起来，在继承中创新，打造出具有个人特色的尝试教学模式。念念不忘，必有回响，辛勤的付出终有收获。从2015年秋到2018年春，历经近三年磨砺，我们结集印刷了《尝试教学初探》（上、下两册）、《尝试教学教案》（共24册）。我校四位老师的教学模式被收录到县教研室出版的书中，并在全县推广应用。

邱教授说："数学学习的刀口是练习。"2015—2016年的教研时间，大部分用来研究练习题，我们根据教研组每课一练的教研记录，汇集成《尝试习题集》（共 24 册）。

三、深化

酒香不怕巷子深。多个学校听说我们在实践尝试教育，纷纷发来邀请，我们派出孟艳、邢巧云、宣书平、荆晓光等老师到全县 14 个乡镇巡回上示范课并介绍尝试教学实践情况。我校的多名教师在全县观摩课、示范课、专家人才逐乡行等活动中，都能以自身的尝试特色脱颖而出！我们也于 2019 年 4 月，被县教育局评为"课程改革名牌学校"。学校的教改事迹被河南省《教育时报》《漯河日报》专版报道。这些肯定与褒奖，为我们注入了无穷的力量。

不满足是向上的车轮！我深知，文化育人于无形。我把目光聚焦在校园文化上。

我校面积狭小，校舍老旧，无可拓展，但困难亦是契机。经过我们精心的设计、规划，廊道文化、阶梯文化、围墙文化使学校亮丽起来。进入校园，教学楼顶层大大的 11 字标语彰显了我们的理念——做到做不到，试一试就知道。这句话，师生会说会用，甚至我校的学生家长、教师家属都了然于心。我们天天见，日日看，不知不觉中它已根植于心，外化于行。我们师生遇到事时、碰到难题时，就不由自主脱口而出："做到做不到，试一试就知道。"校园门口及校园文化展示区，以邱学华教授三十句教育语录和尝试教学理论要点、尝试教学模式为主制作版面，既营造了氛围，又方便教师随时查看、思考、内化。校园南墙、校园绿化区绘墙头画《小马过河》《我也可以飞》两个绘本故事，色彩明丽，造型活泼，使师生在欣赏绘本的同时受到尝试文化的浸润。教学楼廊道文化以古今中外的"尝试"名言为主进行布局，每个教室及每层楼梯口都有"请不要告诉我，让我先试一试""做到做不到，试一试就知道"等标语，师生俯仰即见，教育渗透于心于行。

四、展望

学习之路上，我们永远都是追梦者！上海、洛阳、内蒙古、北京等，邱教授走到哪里，我们追随到哪里！只要老师们愿意学习，我都支持他们。在2019年10月的北京研讨会上，我和邱教授促膝谈到深夜，八十多岁的邱教授散发出来的生命活力让我佩服，他的娴熟而厚重的教学智慧更让我折服！我试探地说想请邱老师到我校视察并指导工作，这位睿智的老人，欣然应允并兴致勃勃地说：我也想去看看你们的学校呢！为了共同的教育梦想，我们的手紧紧地握在一起。

在我们的期盼中，2019年12月19日，隆冬严寒，邱学华教授亲自来到我校指导工作。邱教授的精彩报告及对老师们观摩课的高屋建瓴的点评，令我们醍醐灌顶，给予了我们无穷的力量。我们以此为契机，挖掘自身优势，深化尝试思想，为办一所人民满意的学校而尽心竭力，愿倾尽心血！今后，我仍将带领一实小全体师生，在尝试路上，勇于实践，敢于创新，追梦无悔！

我是邱学华著作的"铁杆粉丝"

重庆市开州区汉丰第三小学　谭鹏

我与邱老师的结缘要追溯到2003年初，在阅读《小学数学教师》时，发现了他的通信地址，就贸然给他去了一封信，表达了我想进行教学研究的想法。没想到德高望重的邱老师很快就回信了，对身处偏远乡村想开展教学研究的教师给予鼓励。从此，我成了邱学华著作的"粉丝"，我在书店和网上搜索，凡是邱老师的书，我都买，迄今为止我已有四十多本。其中有：《尝试教学全书》《尝试教学法》《邱学华与尝试教育人生》《邱学华尝试数学课堂艺术》《尝试成功的学习》《小学数学尝试教学设计》《尝试学习研究》等。阅读这些书，让我感悟到邱老师教育人生路的坎坷与教育研究的艰辛历程。"先练后讲，先学后教"的尝试思想几乎颠覆了我的认知，我们曾经都是先讲后练，满堂灌，练习作业都是放在课后去做，而邱老师主张我们的课堂要体现"三个为主"（以学生为主，以自学为主，以练习为主）；必须做到"四个当堂"（当堂完成作业，当堂校对作业，当堂订正作业，当堂解决问题），这样才能真正减轻学生的课业负担。邱老师鲜活的数学教育思想让我受益良多，伴我成长。后来又细细品读《尝试教学论》《邱学华怎样教小学数学》《儿童学习数学的奥秘》等好书，从书中感悟到许多，学到许多，汲取到更多的营养和新知。一本43万多字的《尝试教学论》，不仅对尝试教学理论实质特征、历史渊源、理论依据、操作模式等方面进行了详细阐述，还对该论述在中小学各学科的运用都进行了讨论，比较完整地提出了尝试教学理论的框架和实际应用方法。在本书中，邱老师明确提出了他的教育理念："学生能尝试，尝试能成功，尝试能创新。"这就是尝试教学理论的核心。这是经过了八十多万教师对三千多万学生的广泛而长期的教学实践检验，证明其确实有效方才问世的。

2020年初，疫情居家期间，又拜读了邱老师的几本《邱学华教育文集》中的书，发现书中有几处需勘误，前言中正好有邱老师的联系邮箱，我把勘误整理出来发邮件给邱老师，很快邱老师就回复我，让我加他的微信，时隔十多年后终于又联系上啦！微信中邱老师大大表扬了我的认真细微，关切地询问我工作、学习、生活等情况，还给我快递了《邱学华教育文集》全套中我缺的一本《邱学华论尝试教育》，亲笔写上寄语"尝试是创造的前提，尝试是成功的阶梯"，并鼓励我尝试开展教学研究和写一点文章，一位著名教育家对素不相识、从未谋面的普通教师如此关切与提携，真令人感动！近期我从"坚持不懈的探索精神、执着追寻的创新精神、求真务实的实践精神、思辨教育的理性精神"等方面写出《崇高的教育情怀 不懈的教育追求——读〈邱学华论数学教育〉有感》一文，这是在邱老师的帮扶和指导下，我写的一篇读后感，在《小学教学》杂志上发表。一个边远地区的教师能发表文章，是过去我想都不敢想的。是邱老师引导我树立信心，在教育科研的道路上行进。

邱老师做了三十多个数学实验研究项目，其中"'加法口诀'的实验研究"课题让我特别受益，这一课题，邱老师前后经过五十多年的持续研究，发表了从《要不要学生熟记加法口诀》到《再论小学生要不要熟记加法口诀》五篇论文，并得出科学结论："小学生熟记加法口诀，能够有效地提高学生的计算能力和数学素养；小学生的记忆力正处于上升期，熟记仅有20句的加法口诀不会有困难，不会加重负担，背会了不但能提高计算速度，还能防止差错，更重要的是能够受用一生。"2013年，有幸读到《再论小学生要不要熟记加法口诀》一文后，我就在课堂上实践，效果显著，学生计算准确率高、速度快，学得也非常轻松。后来介绍给同事实践，反响很好，都觉得解决了困扰我们多年的学生加减法计算能力为什么低于乘除法计算能力的问题。而今有了邱老师较为完整的研究成果，我坚定了深入实践和推广的决心。

邱老师的教育理论简明而朴素，便于操作，好学易用，具有较强的实用性。他总结出数学课堂的"三字十二条建议"，提出上课要达到"趣、实、活"三字境界，这样的观点具有创新性，切合课堂教学实际，具有很好的指导作用。邱老师的十二条具体教学建议，字字珠玑，把先进的教育理念转化为具体的教学行为。若在教学中落实，何愁我们的教学质量不高！

邱老师一生都在追寻一种理想的教学方法："学生学得愉快，教师教得轻松，教学质量又很高。"这就是邱老师七十多年的研究成果，贡献给我们今天的"尝试教学法"。邱老师现已88岁高龄，却仍然不知疲倦地辛勤耕耘着，就像一盏指路明灯，照亮着我们的前行路，为我们的小学数学教育教学指点迷津。

我校地处边远地区，老师很难有外出参观学习的机会，直到现在我还没有见过邱老师，但我们可从邱老师的著作中，学习他的高尚品质，学习他的先进教育思想和方法。我追星20年，有着深刻的体会，我自认为自己是邱老师的编外弟子。我期待疫情尽快结束，找机会去拜见我敬仰的邱老师，弥补未曾谋面的遗憾，聆听邱老的谆谆教诲，获取尝试教育的真经。

乘着尝试的翅膀与孩子一起飞翔

黑龙江省鸡西市园丁小学　崔艳丽

2009年的夏天，学校开始了课改之路，我有幸成为第一批实验教师。现在想来十多年的时间让自己在反复备课、上课、磨课、再上课中，我的羽翼不断丰满，虽说自己在教育领域里还不是一只展翅的雄鹰，但我相信我是一只自信的白鸽，因为我深知尝试的翅膀一定会载着我与我的孩子们一起飞翔。

2009年，初为人母的我将幼小的孩子放在家里，与几位优秀的同事一同踏上了尝试教育的学习之路，虽然深知在这条路的背后会有太多的荆棘，会付出太多的汗水，但自己懂得一点，哪有成长路上一帆风顺的？学习回来便是隔天的一节磨课、讲课、研课、再讲课。那段日子里，真的好像十几年的公开课次数累加起来都不及这几个月上的公开课节数。但我始终坚信，成功的花朵必然需要汗水的浇灌。2012年，敬爱的邱学华老师不远万里来到了我们这所边陲小学讲座、听课。很幸运，我的《组合图形的面积》一课被邱老师所听。在备课时，我就有意识地在新课中渗透转换思想，把稍复杂的组合图形转换成最基本的图形，把没有学过的问题转换成学过的问题。另外，书中呈现给我们的新知内容一是引导学生认识组合图形，二是例题只设计了一个用分割求和法求一间房子侧面墙的面积的例题，再看课后习题，却发现求组合图形的面积除了分割求和法还出现了添补求差法，所以在设计预习指南时，我对教学内容进行了微调，设计为两个例题（一个为分割法，一个为添补法）。课上，我先是让学生观察组合图形的组成，再想一想，怎样能求出它的面积，从看到想，由具体到抽象，引导学生层层递进。学生感受转化的必要，经历转化的过程，总结转化的方法，感受转化的成功；提高发现问题、分析问题、解决问题的能力。

学生以小组活动尝试学习的方式，通过结合问题情境，尝试探究相应的方法，在多种个例中总结一般规律。在组际交流中，学生通过质疑、补充、反思去优化方法，总结分割图形越简洁，其方法越简单。除想到相应的分割求和法，还探究出"添补求差法"。另外，这节课上一个意外的生成成为了这节课的一个亮点。布置一道开放题后，个别小组竟自己探究出"割补法"。学生在这种丰富而有效的尝试交流中，学会从多角度去思考问题，最后通过不同的途径来解决问题。学生不但学会了组合图形的面积的计算，而且在数学思想方法上有了创新。

课后，邱老师对我的课进行了点评，并给予了我很高的评价，称我为"东北边陲闪亮的明珠"，我深知是邱老师高赞了，但这样一句话大大地激发了我再攀高峰的动力。汗水与泪水最终换来了可喜的收获。我先后多次在国家级、省级、市级上观摩课、示范课、公开课，收获颇丰。自己的课堂教学也得到了极大的肯定和提高。

十几年的磨砺，十几年的成长，过程艰辛，但快乐无比。有尝试的羽翼，相信我与我的孩子们一定越飞越高。

尝试教育，从小处做起

河南省洛阳市洛龙区第三实验小学　牛逢源

"请不要告诉我，让我先试一试。"当我在那节课，真的成为了一位引导者，而不是满堂灌的教师，这句话的意义才真正进入了我的心里。

我今年成为了一年级小朋友的班主任，来不及多想，便匆匆上任。孩子们用好奇的眼光打量着我的时候，我也在用无可奈何的眼光打量着他们。当时的我，心里一直在犯嘀咕——这么小的孩子，也能进行自主尝试吗？没想到，在不久后的一节课上，我找到了答案。

本学期，我们第三实验小学进一步开展尝试教育活动。而学校教导处对于我们低年级组的要求，则是希望我们能够引导学生形成"小组合作，自主尝试"的习惯。于是，我在周五的一次班会课上，组织并引导学生进行了小组合作建设。

课前，我们已经把小组以"圆桌"形式排好了。一上课，学生们都感到非常新奇与激动，这是入校以来，第一次以这样的形式来进行学习。"上课！""老师好！""同学们，请坐！"课前问好后，大家依次落座。

课一开始，我便请大家举手发言，来说一说自己对新的小组形式的感受。几位回答的同学，都不约而同地表达了自己的好奇与激动。然后，我开始引导同学们思考一个问题：我们班为什么要换成这种样子来学习？这明显吸引了大家的注意，同学们纷纷举手。有的说因为老师喜欢大家这样做，有的说是因为这样做能让老师看得更清楚，还有的说这样做很好玩。这是一个没有固定答案的问题，我提出表扬，肯定了同学们的回答。这让一年级的学生更加有自信来思考，并回答之后的问题。

接着，我请同学们做了一个动作。"坐姿端正！""请大家面向老师。"果然，孩子们并不知道在新的小组内如何看向黑板了，有人歪着脖子，有人伸长了腿，有人感觉到不对，可又不知道该怎么办。于是，我就借此机会，让学生们都不要动，拍了一张照片，传到了电脑屏幕上。大家看到自己刚才的样子，哈哈大笑。我也忍不住笑了出来。之后，我就问了第二个问题：怎样才能坐姿端正，看向老师，不这么好笑呢？

这一次，我请大家小组讨论。在巡视各小组讨论的时候，发现有些小组不知道说些什么，大眼瞪小眼，有些小组则是几个"小机灵鬼"滔滔不绝地说个不停。作为第一次进行小组讨论的学生，出现这样的情况很正常，而且这种情况，也需要在老师的长期引导下，在小组积分的奖励下，才能逐渐发展前进。这节课，学生们有讨论的兴趣，就足够了。

第二次请学生展示的时候，我故意挑选了一些腼腆的学生。自然，他们或者选择了沉默，或者愣愣地看着我。当我看到小组内其他学生着急的眼神时，我微笑着请他们出来解围。腼腆的孩子也有展示的机会，哪怕实在不会，也能专心地跟着听一遍。这也是尝试教育中关于小组合作的好处之一。

　　听完了几组代表同学的回答，结合课前我准备好的课堂小口令，"坐姿一！""我就坐姿一！"地变换。动作是根据学生们的想法设定的。有些调皮的男生，还笑着说这是"战斗形态"。我想，这一定代表孩子们喜欢这样的变换口令了。

　　尝试能成功，请让我来试一试。当一年级的同学敢于去表达自己的观点，乐于去"试一试"的时候，我们尝试教育的路便有了新的起点。

　　有了良好的开端，刚进校的一年级学生慢慢适应小组合作学习的形式。这证明只要引导得当，学生的尝试能够成功！

尝试教学促进师生共同成长

吉林省敦化市第六小学校　　王春艳

　　每当看到教学楼的墙壁上"学生能尝试，尝试能成功，成功能创新"这句话的时候，眼前就会浮现出慈祥睿智的邱学华先生莅临我校指导、讲学的情景。

　　我校从2017年推广应用尝试教学，邱学华先生到我校讲学，从此我校尝试教学的推广应用掀起高潮。这年，我有幸成为校"领航组"尝试教研团队中的一员，开始学习尝试教学理论，在课堂教学中运用尝试教学法。在应用尝试教学过程中，我和学生得到了共同成长。

尝试教学法是能使教师少教学生多学的一种教学方法，它坚信"学生能尝试，尝试能成功，成功能创新"，我在尝试教学运用中受益匪浅。

一、尝试教学法促进我走上专业化发展之路

邱教授的尝试教育理论提出：尝试是一种教学思想，尝试是一种教学原则，尝试是一种教学理论，尝试是一种教学模式，尝试是一种教学方法，尝试是一种学习方式，尝试是一种教学策略。它们之间相互联系、相互制约，它们共同的精髓是：让学生先试一试。

我在学校"领航组"尝试教研团队中，开始了尝试教学理论的学习，《怎样用尝试教学法上课》一书成了我尝试教学实践的法宝。尝试教学理论成为为我的尝试课堂教学提供理论依据的一溪活水。尝试教学模式的"五步六环节"，我们教研团队一次次反思，一次次研讨，一次次调整再尝试。我从最初的迷茫渐渐走向清晰，慢慢在尝试中由知道走向了做到。

邱教授莅临我校指导、授课，更加坚定了我践行尝试教学法的信心。我在教学反思中提升了自己对教学实践的判断、思考和分析能力。尝试教学注重基本训练和当堂检测，尽量做到基础夯实和教学不留欠账，从而减轻学生课外作业负担，提高教学质量。在尝试教学实践中，我逐渐形成了自己的教学风格，几年来，我撰写的教育教学故事、教学课例、反思、论文等在各级刊物上发表。我把这些方法分享给同伴，带动更多年轻教师在尝试中共同成长。

二、尝试教学法促进学生走上自主学习的成长之路

新课标提出教学改革的重点是教学方式与学习方式的转变，课改的重要点是倡导学生自主学习、主动参与、自主探究、动手实践。尝试课堂教学，以尝试教学法为抓手，以课本为根本，重视学生的尝试学习，让学生在尝试中学会自主学习，在尝试中学会合作交流，在尝试中学会主动探索。

尝试能创新，最重要的是孩子有主动探索的欲望。经过三年的培养，全班80％以上的学生能够看书自学，可学会一半以上的内容。全班50％以

上的学生能当小老师讲课，孩子们能够举例说理相结合，讲得头头是道。听课的孩子们更喜欢同伴分享的方式，所以课堂氛围良好，学困生得到有效转化。30%以上的孩子在遇到难题时会告诉我说："老师，您先别讲，等一会儿，我们试试，应该能做出来。"通过先学，学生尝到了"先学"的甜头，具有了尝试学习的思想和合作的意识，增强了学习的自信心。

孩子们带着尝试学习方式走进初中，初中老师反馈说：很多孩子自主学习能力强，乐于探究。特别是疫情居家学习期间，学生们表现得更加自主、自律。我为学生们为终身学习奠定了坚实的基础而倍感欣慰。

五年来，在尝试教学的探索实践中，我真正体会到了"教为不教、学为会学"的真谛。今后的尝试教学之路，我会初心不改，同心相伴，匠心相守，坚持前行！

一堂课使"尝试教育"在我心中悄悄地生根发芽

广东省东莞市南城阳光第三小学　颜木燕

2017年4月12日，邱学华教授莅临我校指导课题"学习共同体建设"开题，我有幸在邱教授的指导下，用尝试教学方法以小组合作的方式上了一节公开课——《制作活动日历》。上完那节课后，我有豁然开朗的感觉，那节课也给我留下很多的思考。也就是从那一天起，尝试教育的理念在我心中悄悄地生根发芽。

在打磨这节课的时候，由于这是一节综合实践课，所以不管怎么调整都完成不了在一节课40分钟内设定的教学任务。正在我和我的磨课团队犯愁的时候，邱老师来到了我们学校，知道我们的困惑后，他说"你先上一次给我看看吧"。他在八十高龄又长途跋涉来到东莞，还没来得及休息的情况下，就立刻来到我的教室听我上课，课后又马上给我提出了修改方案。他在给我修改教案时，是那么耐心，也充满了激情。有好几个瞬间我都偷偷地观察邱教授的眼神，虽然邱教授已年过八十，但在谈论教案时，还是那么的有激情，他的眼神是那么的坚定，话语是那么的有力，那时我已经被他感染了，心里想，这大概就是教育家所拥有的吧！

听完邱教授的指导后，我才感到，原来的方案是过于保守了，没有给学生足够的空间去发挥，而是牵着学生一步一步探索，生怕学生走弯路。而听了邱教授的建议后，我有些担心放手让孩子去操作、探索会出不了亮点，但是事实证明我的担心是多余的。那天的公开课我就是用邱老师的尝试教学法来完成的，学生小组合作，纷纷出色地用四个正方体设计出能同时表示出12个月、31天和星期一到星期日的活动日历，而且其中的难点即用两个小正方体表示31天的方案也是学生自己探索出来的，当时一个男孩还当场给现场的专家们讲解了一遍，专家个个都竖起了大拇指。现场还有家长代表，有一位妈妈说："哇，原来现在的孩子这么厉害的。"另一位妈妈说："这节课我也听懂了，我从来都没有像今天这么认真地上过数学课。"课后，我也问了几位上课的学生，我问他们"你们喜欢这节课吗？"孩子们都表示非常喜欢。我还清楚地记得有一位男孩说："我觉得这节课很烧脑，整节课我都在疯狂地想问题，但是幸好我们组想出了方法，设计出了作品，成功感满满的。"听到这些，我知道我这节课是精彩的，是成功的，尝试教学法是受学生欢迎的。

那节课之后，我不断地把我以前的课堂教学与邱老师指导的这节课作对比，我真正明白了"让学生做课堂的主人"这句话。邱老师的尝试教学理念，就是让学生先尝试去学，给予学生足够的思考和发挥空间，而不是像传统教育那样牵着学生鼻子走。从那之后，我不断地翻看邱教授写的书，慢慢地去理解尝试教育。我的课堂也开始尝试用这方法进行教学。同年的7月，我有幸代表学校参加了在上海举办的"全国中小学数学高级研修班"的培训，这一次，让我有更多的机会和邱老师近距离接触，原来，邱老师不仅是一位教育家，他还是一位非常随和的老人，可谓是德艺双馨。

这里我还感到邱老师的指导方法是科学的、有效的、人性化的。以前也有很多专家来校听课评课，大都是先听课后评课。有的专家说些不着边际的好话、空话；有的专家抓住这堂课中忽视的问题，无限上纲，弄得执教者灰溜溜的，所以老师们听到有专家听课大都担心受怕。邱老师的方法，是先听试教，再与教师共同修改、备课，修改教案，在交流过程邱老师耐心讲解为什么要这样改，这样改的理由，教师听了心服口服。晚上，教师有时间消化邱老师的意见，也有时间认真考虑上课的细节问题。到明天正式上公开课定能取得成功，执教者会产生成就感。执教者通过前后对比，教学认知和教学水平得到升华。

至今，我的课堂都是用尝试教育理念来主导，我的课堂教学是轻松高效的，也是受学生欢迎的。就是通过用尝试教学法上的《制作活动日历》这一堂课，尝试教育的理念在我的心中悄悄地生根发芽了，也正是这堂课，使我认识了一位令人敬佩的教育家——邱学华。

尝试教学理念给我的启迪

天津市河西区闽侯路小学　　张建伟（正高级教师）

邱学华老师是一位可敬的长者，是我教学上的指路人。

1987年，我刚参加工作的时候，向河西区教师进修学校张治老师学习了很多教学法，其中有邱学华的尝试教学法。我对尝试教学法很感兴趣，通过几年的实践，感觉尝试教学法在课堂上使用教学效果很好。

2005年，我被教育部选派到香港做教学指导，有幸和邱老师建立了书信和电话联系，同时把尝试教学理论介绍给香港的老师们。

我感悟到：教师教得越多，给学生独立地获取知识的机会就越少，教学过程的活力和效果就低。应让学生多种感官参与活动，通过用眼看、用嘴说、用耳听、用手写、用脑想，力求使学生学得生动，练到实处。

后来我在香港、泰安、天津、上海、北京多次见到邱老师，感觉他平易近人，热情直率，我们之间成了忘年交。聆听邱老师的讲座，我为中国的基础教育的成绩和经验感到自豪。看到他八十多岁高龄还亲自给小学生上观摩课，我们晚辈对未来充满了憧憬。

当小学生感觉快乐时，他们的活力就会绽放，就会产生激情，学习有兴趣就不会当作负担，因而乐此不疲。以喜欢打电子游戏为例，其实分析起来，游戏带来的不仅是声、光、电的乐趣，有的小学生喜欢游戏有三个原因：①能自主。以自己为主角，可以自由选择难度和场景，同时在虚拟的环境中压力能得到释放。②通过加分、升级、换装备等形式，可以得到及时的鼓励，而且公平。③游戏结束后可以再来，失败了可以重新开始。学生大都是聪明的，精力旺盛的，就看他把才智和精力放在哪儿。应从培养学生学习兴趣入手，从"要我学"到"我要学"，再到"要学我"，让学生不作虚拟世界的英雄，成为现实生活的成功者！

邱老师主编的《数学大王》杂志，图文并茂，有趣益智，深受小学生欢迎。我也在这方面向邱老师学习得最多。2021年，我被评为正高级教师，很荣幸的是，与邱老师合著的《一点就通——送给爱数学的孩子》（三、四年级）由上海教育出版社出版。

我在课堂教学中通过"问题—尝试—交流—练习"几个环节，即问题是思维的起点，尝试体现以学生为主体，交流可以取长补短，练习有助于提高解决问题的能力，来实现有效高效课堂教学，深感尝试教学独到之处。

尝试教学让课堂教学改革真正发生

吉林省敦化市第六小学校　潘世菊

我们在课改的道路上，曾迷茫和困惑，甚至失去方向。自从与尝试教学结缘，我们的课堂才真正发生改变。

一、学校课改路上困难重重

从2000年起，我们学校就磕磕绊绊地走在课改的道路上，但因种种原因，课改艰难。有个别教师的教改经验非常有价值，如"小先生授课法"，学生教学生，课堂呈现的效果特别好，我们也试图在全校推广，但苦于没有具体操作模式，没有抓手，老师们仅学到皮毛，并没有推广开来，画虎不成反类犬。同时，一些严峻的问题也摆在了我们眼前，如学校生源比较复杂、教学时间紧、课程任务重。为了解决这些问题，我们的课堂教学改革势在必行。

二、实施基于尝试教学的课堂教学改革

（一）给学校定位，明晰目标，解决困惑

2016年，基于学校的发展历史和现状，学校确定了"为学校持续发展创造条件，为学生终身发展奠定基础"的办学理念，以及"教为不教，教人求真"的教风和"学为会学，学做真人"的学风。

怎样为学生的终身发展奠基？怎样做到"老师'不教'，学生'会学'"呢？为此，教师要充分了解学校办学理念、办学思想，教师要转变育人观念与教学思想，强调课堂是培养人才的主渠道，是实施素质教育的

主阵地，我们就应该抓住这个主阵地，积极投身课改，敢于尝试；要挖掘每个孩子的最大的潜能，打好"双基"，逐渐培养学生会学习的本领，使其终生受益！

（二）全盘策划，带头学习，营造氛围

2017年，学校有幸接触邱学华教授的尝试教学理论后，经过多次论证和研讨，认为在"小先生授课制"教学方法的基础上，老师们学习尝试教学法，会更加应该得心应手；尝试教学有规范的操作流程，开始的学习可以按照步骤实施；最重要的是尝试教学适合所有学科。于是我校决定实施以"五步六段"为核心的尝试教学模式，以教学模式的实施倒逼课堂教学改革，否则课改只能停留在口号上。

"五步六段"尝试教学模式主张先练后讲，先让学生根据"尝试题"自学课本，尝试练习；遇到困难向组员请教；做完"尝试题"后在全班面前展示交流，通过生生互动、师生互动实现更深入的学习提升；再经过教师"讲解"，将学生的"尝试结果"进一步升华。课堂上"少讲多练，练在当堂"，突出学生的主体性，把更多的学习时间还给学生。

学校给教师购买了邱学华教授的部分专著，包括《怎样应用尝试教学法上课》《邱学华教育报告集》等。把尝试教学的理念提炼出来，并精心设计制作成文化墙宣传标语，张贴在主楼梯的正上方，让老师每天都能看到，将尝试教育思想在不经意间印入老师的脑海中。每登上一层楼梯，就能看到一条尝试教育思想的标语，将课改寄希望于教师，要勇于尝试，做课改的攀登人。

（三）内外引领，行动研究，创新布局

1. 内外引领，整合"尝试教学模式"。2017年10月，学校有幸邀请到了尝试教学理论创始人邱学华教授来传经送宝，借专家高瞻远瞩的教育视野，深厚渊博的理论功底，为尝试教学课堂研究领航。

2. 行动研究，探索"五步六段"教学模式。我们以课堂为阵地，分层推进。教研课：夯实研究基础，教研课是全体教师人人参与的课堂研讨活动。引领课：通过课堂实践、评课交流，引领尝试教学实施的航程。竞赛课：通过赛前研磨，赛后评点，青年教师对尝试教学法有了更深的理解，也促进了自身专业的发展。

3. 以课程为平台，创新布局。学校鼓励老师们大胆创新，由教导主任、骨干教师参与开发了"诵读积累""翰墨童年""笛韵悠扬"等重点校本课程，优化了尝试教育特色课程建设。

4. 创新评价举措，促进尝试课堂教学。学校制定《尝试课堂教学评价表》与《教师工作量化考核方案》，并将平时的教学考核与年终评优考核紧密挂钩，形成良好的评价机制。

5. 区域内推广。我校应用尝试教学法推进课堂教学改革的举措得到敦化市教育局和进修学校领导的认可。2018年，学校与黄泥河镇一小、大石头中心校和第六中学结成"尝试教学联盟协作体"，多次开展校际交流活动，尝试教学之花在敦化绽放。

几年来的课改实验，学校的教学质量得以提高，但我们的工作仍任重道远。我们愿意在邱学华教授的引领下，继续阔步行进在尝试教育的道路上，不断收获尝试的惊喜！

听邱学华先生上语文课《济南的冬天》有感

江苏省常州市兰陵中学　张微　薛燕霞　陈海燕

记得十多年前的2011年，已经76岁高龄的邱学华教授在常州市兰陵中学推广尝试教学法。我校地处常州最老的工人新村，这里现今住的大部分是来常州打工的，学生基础薄弱，我校是常州有名的薄弱学校。邱先生选择我校作为实验学校要有很大的勇气，也说明尝试教学法有极强的生命力。学校先在数学课推广，取得了成效。可是，语文教师都反映中学语文教学中运用"尝试教学法"有困难，不知如何下手。为此，邱老亲自上了一堂语文课——《济南的冬天》。作为著名的数学教育专家，邱老现在居然要上语文课！他的大胆尝试的精神，令人敬佩。邱先生走上讲台第一句话：''邱老师是数学老师，今天第一次上语文课，请大家多多关照。''邱老一上课就以自己数学老师的身份来上语文课的勇气，给学生作出了榜样。

我国著名教育家陶行知先生曾说过这样一句话：''教学做是一件事，不是三件事。我们要在做上教，在做上学。不在做上用功夫，教固不成为教，学也不成为学。''如何在做上教，在做上学？著名特级教师、尝试教学法的创始人邱学华先生给了我们很好的示范。

记得那天，兰陵中学的电化教室里座无虚席，来自各校的很多老师慕名而来，用心聆听了邱学华先生尝试上的一堂语文课《济南的冬天》。听完后，我们获益匪浅，主要有以下几个方面的感悟。

一、倡导自主尝试，体验成功感受

邱老从课前预习就开始让学生进行尝试。课前提出预习要求：（1）读懂课文，大致了解课文的意思。（2）找出不认识或不理解的字词，先查一查字典。（3）有条件的可在网上查一查作者老舍和这篇课文的信息。预习要求，其实就是语文课的尝试题，让学生通过自己的预习、观察、探讨，然后发现问题，解决问题，在不断的自我探究的过程中摸索教学内容的重点，提高自我学习能力，让学生在老师的引导下能够完成尝试任务，体验成功感受。

二、及早出示课题，提出教学目标

上课伊始，在简单地导入新课后，邱老师就立即出示了课题，开门见山，直截了当。然后就提出这堂课的教学目标，并让学生朗读，通过高声朗读让学生明确这堂课的学习内容与重点。只有知道了本堂课的学习目标，学生才会更好地投入课堂学习中，主动参与学习。

三、先让学生尝试，培养自主学习的能力

先让学生尝试，就是把学生推到主动学习的位置上，这是培养学生主

动参与的有效办法。让学生先尝试，不受教师讲解的束缚，学生就能尝试出各种结果，这也为学生留有创新的空间，促进学生创新精神的培养和自主学习能力的提升。而这些都是新世纪人才最核心的素养。

在邱老师的这堂语文课上，他始终以"尝试—诊断—组合"的教学模式开展教学活动，充分展现了"学生是课堂的主人"。比如，在"正音"这一板块，邱老师就先让学生根据课本中注释的注音尝试着来读一读，接着请各小组的某一成员在全班面前进行朗读，如有读错的地方，邱老师并没有直接说出答案，而是把主动权交给了学生，让学生来纠正读音，甚至于有的学生不仅读准了这个字的字音，还阐述了这样读的理由，充分凸显了"学生是学习的主人翁"的思想。而这种思想也贯穿于整堂课的教学中。然后教师又出示了一些生字词，让学生齐读，这样师生合作，更好地调动了学生的学习积极性，也让学生掌握了本课的生字词，达到初步能解读文本的要求，更是践行了"在尝试中学　在尝试中成功"的尝试理念。

四、激发学习兴趣，活跃课堂气氛

激发学生兴趣的有效办法，是要让学生看到自己的进步，受到教师和同学的认可。所以创设愉悦、和谐、民主的课堂气氛是关键。邱老师在这堂课上，时时表扬学生，或是赞扬他有一双善于发现的眼睛，能关注到页下注释中关于某句话的出处和意思；或是称赞她朗读时声音洪亮、字正腔圆，有做朗读者的风范；或是鼓励他再尝试一下，再多思考一下，"尝试能成功"。学生在邱老师的积极鼓励下，大胆发言，敢于提问，勇做小老师，课堂氛围融洽和谐，不禁把听课老师都吸引进了课堂，也和学生一起讨论学习了。我想，这样的学习才是真正的学习，学生也只有在这样的氛围中才能真正地学有所获。

通过聆听邱学华先生尝试上的这堂语文课《济南的冬天》，我们看到了学生们的改变，也感受到了他们的学习热情，这也给我们带来了更多的思考与探索。在今后的教育教学路上，我们也要发扬尝试精神，多给学生提供展示的舞台，努力提高学生的积极性，让学生在尝试中学，在尝试中成功。

九、幼教特教

　　尝试教学流派在教育实践中逐步形成，已从普教逐步发展到幼教、职教和特教，纵观国内外，尚没有一种教学流派能够如此广泛应用到教育的各个领域。喜欢尝试是孩子的天性。幼儿园的小朋友尤其喜欢尝试各种新鲜事物，玩着玩着就着迷；特教学校的学生虽然是一个特殊的群体，但这些孩子同样喜欢尝试，他们用他们的方式尝试各种事物。尝试教育"学生能尝试，尝试能成功，成功能创新"的理念，符合幼教特教的特点和需要，因而尝试教学法在幼儿园、特教学校得到广泛推广应用，而且开展得有声有色，效果良好。

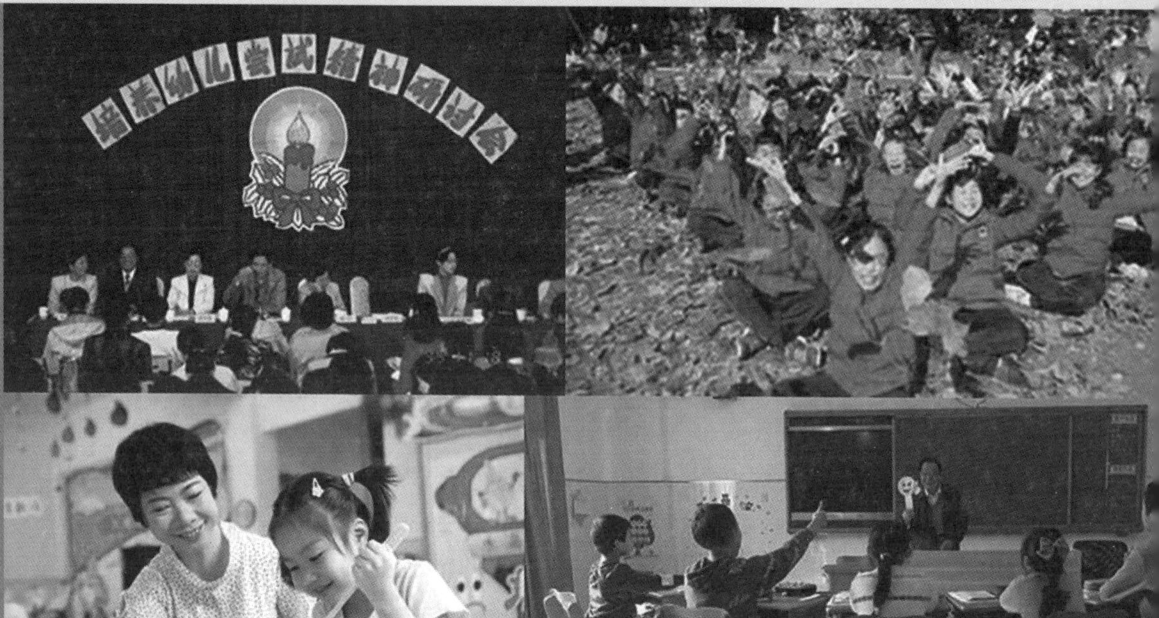
培养幼儿尝试精神研讨会

放手，让幼儿自主成长

广东省肇庆市实验幼儿园　卢眺（优秀园长）

在教育教学一线工作中，看着幼儿成长的个案和社会"巨婴"的现象，我不断思考：未来需要怎样的人才呢？慢慢地，一个想法越来越清晰，要培养幼儿自主去适应社会的需求，且深刻认识到培养幼儿自主性对幼儿个体发展有着深远的影响。在不断寻找适宜的方法培养幼儿自主性的教育实践和反思中，坚定了自己的信念，也逐步形成了自己的教育理念——"放手，让幼儿自主成长"。

"放手"，是一种行为，更是一种观念，一种相信孩子、鼓励孩子、支持孩子、伴随孩子、培养孩子自主成长的教育观。我把重点放在有效问题的创设，以问题为导向为孩子提供自主探索的空间，培养孩子自主探索的思维模式和自主学习的能力。注重教育内容的预设和生成有机结合，相互渗透，使课程保持动态发展，有高度的灵活性和开放性。如在一次观察中，小张小朋友发现，小蝌蚪的颜色与青蛙的颜色不同，这个有探究价值的问题让我马上接过孩子抛过来的"球"，提出："为什么小蝌蚪是黑色而变成青蛙是绿色？"然后创设环境与幼儿在实践中探索，引导家长陪伴孩子查找青蛙生长过程的知识，到大自然中了解青蛙的生活环境；同时把收集到的青蛙放在黄色、绿色的环境中，带领幼儿每天观察、记录，用幼儿记录的结果验证青蛙的颜色会随着环境颜色的变化而改变。这样以幼儿为主体生成的课程，有效地培养了孩子主动学习，主动探究的精神，有利于形成科学探索的思维品质，孩子的学习变得更主动积极。经测试、对照，我们班81%以上的幼儿有3种以上解决问题的方法，显示出思维灵活，富有创造性。

"放手，让幼儿自主成长"的理念不断渗透在我的教育过程中。有一天，小龙小朋友说："我和爸爸在建筑工地里看见吊塔。"边说边伸出手臂，模仿起吊塔的吊臂转动，他那眉飞色舞的样子和活灵活现的表演一下子吸引了许多小朋友过来观看。小朋友们也争着描述自己的见闻，抢着用身体语言表现吊塔的形状。终于，单纯的讨论和身体语言已经不能满足孩子们的表达欲望，他们都在跃跃欲试，想用材料来表现自己对"吊塔"的诠释。在我的支持下，一次由幼儿自发的，而又是由中心主题引发的尝试活动"搭建吊塔"就生成了。

孩子们有的找来木棍，有的找来积木，有的找来篮子……我也在帮忙，教室里认为有用的东西都用上了。我们一起选择位置，选择材料，选择合作伙伴，共同协商如何搭建一座与众不同的"吊塔"。就这样，我习惯了蹲下来倾听孩子的心声，给孩子适当的支持，以孩子的支持者、合作者的身份来陪伴孩子的成长；我鼓励孩子用一百种语言表达自我，尽情释放自我，展现多彩的童年。

经历不断研究和反复实验，我坚持"幼儿在前，教学在后"的尝试理念，把教育目标转化成具有挑战性的问题抛给孩子，引导孩子带着问题导向进行思考、探索，寻找答案，颠覆了"老师在前，幼儿在后"的传统教学方法，形成了"问题—尝试—验证—运用"这样一种以问题为出发点的崭新的尝试教学模式，有效地培养幼儿主动学习、自主构建知识和积累经验的习惯，成就幼儿自主成长。

"一花独放不是春"，我把自己的有效经验、教学模式和研究成果推广应用到幼儿园的不同年龄段教学和不同的教育领域，成为有效培养幼儿自主性的教学模式——"以问题为出发点的尝试教学模式"：问题—尝试—验证—运用。这模式运用到幼儿防灾教育中，幼儿自主防灾能力明显增强，学会了预测、判断危险，懂得如何远离危险点，懂得正确使用运动器械和操作工具，懂得遵守规则、规范有序，懂得应对危险的基本技能和自救的方法，能有效地将安全防范意识内化为素养。

运用"以问题为出发点的尝试教学模式"培养的幼儿，能独立思考，敢于尝试，能大胆说出与众不同的看法，能创造性地使用各种工具和材料，积极解决问题的方法更是多种多样，真正体现了"以幼儿为主体，教师为主导"的"纲要"要求，使教育真正以幼儿发展为本。我园参与邱学华先生的尝试教学研究已二十多年，已成为全国尝试教学示范幼儿园。

多年来，"以问题为出发点的尝试教学模式"培养的幼儿具有明显的"自主、探索、表达"三大特质，效果显著，得到了社会的高度认可。我也经常获邀到国培班、广东省园长及骨干教师培训班等向园长、骨干教师们作专题讲座，也获邀到农村、薄弱幼儿园进行师资培训，"以问题为出发点的尝试教学模式"得到专业学术机构和同行的高度认同并推广应用。

邱学华与聋哑学校

江苏省常州市中吴实验学校　陆轶力（市骨干校长）

我校原名叫"常州市聋哑学校"，为了保护学生的自尊心，改名为中吴实验学校，因为学校坐落在中吴大道上。

邱学华先生同我校早就结下不解之缘。早在20世纪80年代，邱先生是常州师范学校校长，同我校老校长刘载阳同是市人大代表，邱校长提出到聋哑学校参观，现场听了一节数学课，他见到教师比划着手语不断地"讲"，学生听不见，不知讲什么，急得哇哇地叫，他是含着眼泪听完这节课的。因此触动，他想为这些孩子做点什么，他萌发了把尝试教学法引进到聋哑学校的想法，得到刘载阳校长的支持，选定两位实验老师，说干就干起来了。

学校离市区较远，邱校长每次都是坐公交车，此事没有任何报酬，还要贴上车票钱。他和实验教师一起备课，上课，手把手教实验教师如何用尝试教学法上课。功夫不负有心人，一个多月后，教学效果显现出来了。听障学生脸上露出了笑容，他们都自己学会了。原来教师采用传统的先讲后练的方法，教师在讲台上反复用手语比划，听障学生本来就听不到，"讲"得再多也难见效果。采用"先练后讲"的尝试教学法，教师先出一道与例题相仿的尝试题，引起学生思考，然后听障生自己看书上的例题，学生可模仿例题，找到解题方法。教师再针对学生的尝试练习，指出谁做对了，谁做错了，错在哪里。然后再进行第二次尝试练习，第三次尝试练习，最后全班都学会了。这种方法简单明了，大大提高了聋哑学校的教学质量。

实验成功的消息不胫而走，江苏省以及全国各地的聋哑学校纷纷派人前来学习。两位实验教师均已退休，一位是姚再卿老师，他写了一篇文章《尝试教学法在聋哑学校的应用》，在教育杂志上发表后引起较大反响；一位是王洪明老师，至今还记得："我当时参加尝试教学研究，面向全国开课，课前的紧张、课后的荣光，都是邱老师在陪着我。"

后来，由于学校领导班子的变动、校舍改建等原因，同邱老师联系少了。但邱老师一直关注着我们。我调任该校校长后，有一次邱老师突然找到我，要把他收藏的部分图书捐赠给我校。从此，我校又同邱老师建立了联系。我提出继续搞尝试教学研究的要求，得到邱老师的全力支持。原来的老教师大部分退休了，换了一大批新老师，需要重新学习，再次起步。这样，同邱老师的联系多了，我们进一步走近邱老师。

应该是六七年前了，我们跨越150公里，怀着朝圣的心，前往上海的一家酒店参加全国尝试教育年会。周一的早高峰，让沪宁线上的交通糟糕透顶——无论是高铁还是地铁。等我们赶到酒店的时候，活动已经开始。

说是去参加年会，其实我们去的当天就是听邱先生的讲座。会场乌压压的，坐满了来自全国各地的尝试教育的拥趸。邱先生正在台上作报告，头发梳得很顺，一身笔挺的西服，再加上挺直的身板，整个人给人一丝不苟、非常庄重的感觉。

我们悄悄溜进会场，偷偷在最后一排落座。大家都听得很认真，好多人埋头记着笔记，没几个人注意我们。邱先生作报告非常投入，他两眼放光，洪亮的声音在会场的每个角落回荡。从案例到理论，又从理论到案例。一个个生动的教学案例，带动会场涌动着一阵阵的空气。不，不是空气，而是那种"让我去试试"的跃跃欲试。

两三个小时他就停下来呷了几口水。到中午的时候，终于下课了。邱先生也没歇下来，他正抽空与讲台边一位老教授低声细语。我怀着忐忑的心，壮着胆上前，用常州话跟他打招呼。

邱先生愣了愣神，没反应过来，似乎还沉浸在刚刚的讲学中没回过神来，也有可能没意识到，这里还有人在讲常州话。我又硬着头皮上去，用普通话重复一遍：

邱老师，我是……我们约好了今天来学习的。

哦，是你啊！他终于反应过来，用普通话回答我——实际上，邱先生跟同辈人有一个很大的不同，那就是讲普通话。一般常州的老人，讲着讲着，普通话便会讲成常州话；而邱先生，讲着讲着，常州话便会讲成普通话。

邱学华先生，江苏常州人。邱先生在常州，在教育界，一直是一个"大神级"的存在。这也就不难理解，作为一名常州教育界晚辈，我和邱先生的第一次正式见面，我是多么的忐忑。

因为我校新教师多，他亲自到我校搞培训，不但作讲座，还亲自给聋哑学生上课。我从没有听说过一位著名的教育专家，为聋哑学生上示范课。那天，86岁高龄的邱老师带着亲手做的教具、学具走进我校上课。听说这是一位近90岁的老人在上课，全校沸腾了。一上课，邱老师特有的嗓音便传遍了所在的楼层。楼上楼下的老师偷偷跑过来，躲在门外偷看："怎么看也不像近90岁的人啊！声音这么洪亮，感情这样饱满，我们年轻人都没他这个精神头！"

他喜欢当老师，喜欢教学生。从上海那次见面开始，他经常给我打电话、发微信。他牵挂的大致就这几件事："我要来听课，你安排个时间。""有几本书给你的，收到没有？""有一套资料要给学生……"

疫情之前，邱先生经常要外出，天南海北地跑。有一次我跟着他去买飞机票，这个八十多岁的老先生，让我在一边休息，自己去办手续。全程都不要我参与!

疫情来临,邱先生外出得少了,在家的时间多了。有一段时间没接到他的电话,忽然朋友圈流传,说有位退休老师,交了 12000 元"特殊党费",还要求组织不要宣传,不准出现他的名字。连忙打听,拐了几个弯,终于打听到了:

这个神秘的捐款人,正是邱先生。

尝试教学在智力缺陷幼儿教育中的应用

江苏省常州市东郊幼儿园　丁枫

据有关部门调查:我国的低智商儿童占正常儿童总人数的百分之一,也就是说每一百个儿童中就有一名智力缺陷儿童。对于如此之高的比例,我们教育工作面临着挑战。

我的班级来了个新生——小丽,虽然穿着干净合体的衣服,但眼神和举止却透露着不正常。为何不送到特殊幼儿园去,对于这个问题我一直迷惑不解。

开学一周后,我见到小丽的妈妈,她的一番话打动了我,"我是一个母亲,虽然她的智力不正常,但既然我生养她,就应该付出爱,就应该让她得到更多的爱。我希望她能生活在一个正常的环境中,接受和正常人一样的教育,让同龄人去影响她,也许会对她的智力转变有所帮助。"

有的教学方法即使是对正常儿童效果也不太显著,何况是一名智力缺陷儿童呢?面对一位母亲的殷殷爱子之情,我怎忍心让她失望,我决定运用尝试教学法对小丽进行尝试教育。

尝试教学把以往的"先讲后练"改为"先练后讲"的教学方法,它要求教师提供给孩子一个轻松的尝试动手机会，让幼儿自由地发挥想象，从而达到教学目的。

我首先从小丽的能力培养上着手。

小丽有个特点，喜欢看热闹。于是我就有目的地引导她观看小朋友劳动的情景，然后再鼓励她加入小朋友的队伍。一边"玩"一边模仿同伴的劳动技能，当她"玩"得不高兴时，我就教她一些小窍门，她就会继续"玩"下去。经过几次反复，小丽终于学会了一些劳动技能。

运用尝试教学，小丽学会了自己穿衣服，自己系鞋带，还能主动为班级和同伴服务。如：帮同伴摆好椅子，将洗净的毛巾挂好等。看到小丽的进步，她的家人感到十分高兴，同时我也坚定了对小丽进行进一步尝试教育的决心。

小丽的耐心十分有限，仅相当于同龄人的三分之一，因此要求她像正常儿童一样学习知识是困难的。在教小丽认识正方体的时候，我给她提供动手尝试的机会，第一步我要求她从众多的形状各异的积木中找出跟老师出示的相同形状的积木。第二步要求她为积木"化妆"，每一面都贴上漂亮的彩色纸，每贴好一面在桌上放一个圆片，最后她得出结论：这个积木有六个面。第三步要她将几个一样大的正方体积木顺次堆积，然后启发她想想：为什么不论哪个面朝上堆放，而最后堆好的积木却是一样粗呢？经过反复观察，她得出结论：这个积木每一面都是一样大的。

这样，小丽通过动手尝试，知道了正方体的特征：有六个面，每个面都是一样大的正方形，同时我还奖给她一朵小红花，并且在全体幼儿面前表扬了她。这是一种心理暗示，也是一种鼓励。渐渐地，我经常听到同事们和其家人反映：小丽变"好"了。

小丽的转变证明，我们的尝试教育成功了，更说明了教师应给幼儿提供较多的动手尝试机会，唤起他们学习的积极性和主动性，留给幼儿发挥想象和动脑筋的余地，这样才能促进其智力的发展。

尝试教学法在聋校数学教学中的应用

——以"平方差公式"为例

江苏省常州市中吴实验学校 冯红兵

聋生因为先天性或后天性原因导致听力受到一定程度损伤，听不见或听不清声音，很难学会一整套完整的听、说，导致在思维方面的发展也较为缓慢。聋生的思维特点主要以形象思维为主，因为无法实行语言的辅助，所以在数学学习过程中很难形成条理性、逻辑性的思维，分析问题往往较为片面。

《聋校义务教育数学课程标准》（2016年版）提出："通过有效的措施，启发聋生积极思考，引导聋生自主探索，鼓励聋生合作交流，使聋生真正理解和掌握基本的数学知识与技能，体会和运用数学思想与方法。"尝试教学法符合新课标的要求，学生自主学习，尝试探究，进行独立思考，并与同伴交流，自主参与知识的发生、发展和形成过程，易于积极主动获得新知并体会学习的乐趣。

以苏科版教材七年级下册的《平方差公式》为课例，谈谈尝试教学法在聋校数学教学中的应用。

1. 复习旧知，做好铺垫。学生进行尝试学习，最重要的要具有知识储备，或者具有一定的探究方法基础。因此，在新课开始环节进行适当的复习，能给新课的尝试学习搭建桥梁和纽带。学习平方差公式，学生必备的知识基础是单项式乘单项式、单项式乘多项式和多项式乘多项式的运算。因此，在学习新知之前，有必要进行多项式乘多项式的复习，安排了课前练习，让学生计算 $(3x+y)(3x-y)$ 和 $(5+2a)(5-2a)$ 。

2. 创设情境，提出问题。课件出示生活中小王同学买糖果，能够口算出 9.8×10.2＝99.96，提问：你知道小王是怎么算的吗？通过今天的学习我们也可以来算。创设生活情境，以学生身边的实际问题为例，激发学生对数学学习的兴趣。

3. 尝试探究，解疑释惑。本环节教师设计了以下几个教学活动。

活动一：自学课本第 77 页，尝试用书上的公式计算 $(3x+y)(3x-y)$ 和 $(5+2a)(5-2a)$，这两题在课前练习中用多项式的乘法法则已经计算过，进行比较，哪种方法简单？（直接用公式的简单）像这样的可以用书上公式的多项式乘多项式，能否再写两组。一个学生出题，两个学生进行板演。

活动二：探究公式的推导

学生做完后，教师提问学生，刚刚我们用了书上的什么公式，名字叫什么？（学生答平方差公式）。什么是平方差公式？〔生答 $(a+b)(a-b)$ $=a^2-b^2$〕。对于数学公式的运用，首先我们要做什么？（生答证明公式是否成立）。

等式是否成立，需要进行验证（教师在"＝"号上面打上"?"号）。下面通过两种途径来说明平方差公式的等号成立：图形证明和计算证明，男女生分组进行验证，汇报时男女生作为一个团体来汇报，可补充，教师在旁适当讲解。培养学生的逻辑思维能力，渗透证明的意识，从形的角度理解平方差公式，开阔学生的思维。

活动三：认识平方差公式的特征

学生观察平方差公式，讨论等式左右两边有什么特征，进行交流，得出左边：两个多项式相乘，而且这两个多项式里存在相同的项和互为相反数的项，右边是这两个项的平方差形式，所以这个公式叫做平方差公式。继而出示平方差公式的文字表述，让学生读一读，并说说运用平方差公式要注意什么。

研究公式的特征，为学生用平方差公式计算做铺垫，先判断能否用公式，再判断谁是公式中的 a，谁是公式中的 b。接着出示专项练习：按要求填表格，写出公式中的 a、b 和计算结果分别是什么。

在本环节中，教师组织学生进行尝试学习、自主探究和合作讨论活动，让学生在保持高度学习热情和探究欲望的活动过程中，亲身经历和体验知识的形成过程。

4. 尝试练习，巩固提升。教师依据教学目标和学生在学习中可能存在的问题，设计针对性、层次分明的练习题，让学生在解决这些问题的过程中，进一步理解、巩固新知。练习题分为三个层次：一是直接运用公式，如 $(1+x)(1-x)$、$(a+3b)(a-3b)$；二是换位变形后运用公式，如 $(2a+3)(3-2a)$；三是灵活运用平方差公式，如 $(y-2x)(-2x-y)$。练习的最后再回到课前的情境题：小王口算 $9.8×10.2$，他是怎么算的呢？变成 $(10-0.2)×(10+0.2)$ 后，可以运用平方差公式进行口算，起到提出问题、解决问题的前后呼应作用。

5. 尝试总结，感悟反思。这一环节，我让学生回顾今天学习的内容，说一说自己有什么收获，用平方差公式计算时要注意什么，学生充分发言，交流学习所得，教师进行适当补充。

教学实践证明，尝试教学法在聋校数学教学中具有重要作用：重视聋生的自学能力和语言表达能力，注重学习过程中的反思。

十、学生反响

  一种教学方法和教育理论好不好，最好要听听学生的声音，学生的学习效果和对学生的成长发展影响怎样，这是最重要的评价依据；一种教学流派的流行和发展，还要看学生是否欢迎。尝试教育推广应用，已惠及三千多万学生，如此庞大的受益群体在中国教育史乃至世界教育史上都是罕见的。"学生反响"仅仅是千千万万受益学生中几个代表发自内心的真言，也道出学生的心声，这里有小学生、中学生、大学生，以及师范生。

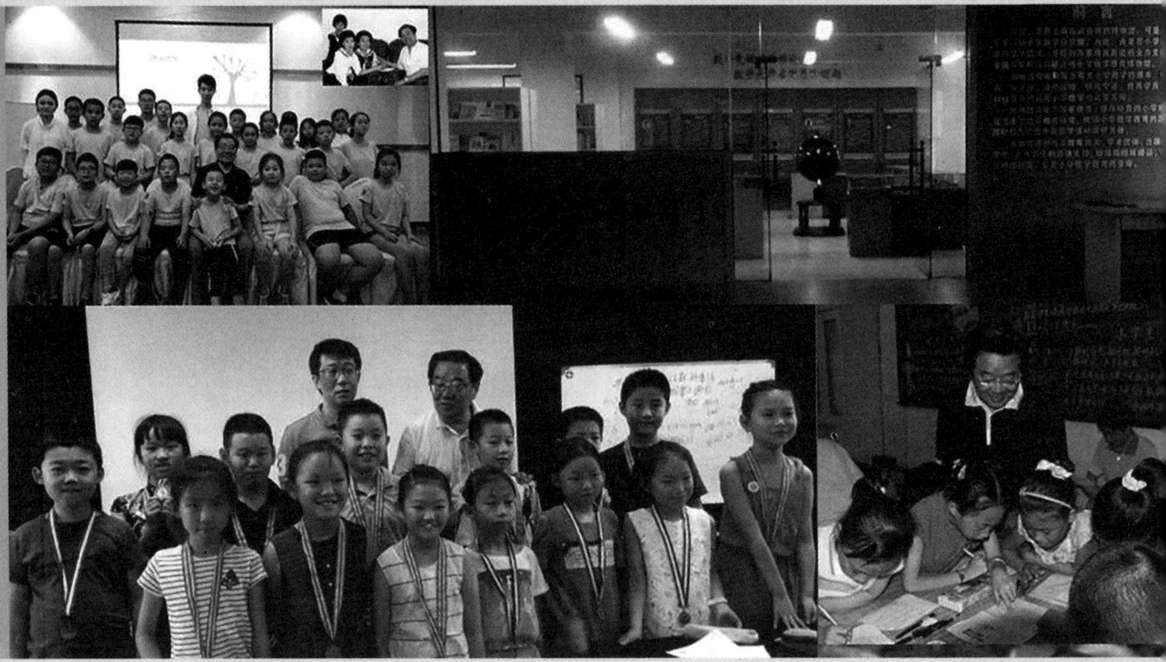

四年级学生做五年级的应用题

福建省泉州市实验小学四年级　许盈盈

上课铃响了，邱学华老师走进来了。大家又紧张，又兴奋。出乎意料的是，他一走进教室就面带笑容地说："同学们好！"听到这亲切的问候，同学们一下子感到轻松多了，也活跃了。我原以为邱老师是一个令人敬而远之的大人物，一看，原来是一个可敬可亲的老师。

他对我们说："今天我们要学习五年级四步复合应用题。"我心头一惊：什么？五年级的？我们四年级的学生怎么会做呢？老师接着又说："但是我相信，四（1）班的同学能做好。有信心吗？""有！"大家信心十足地喊着。于是他出了几道题，让我们试做，还告诉我们分析应用题的两种方法：一种是相差关系比较，另一种是倍数关系比较。我们做题时不但要分清应用题有几个量，还要分析量与量之间的关系。

不知怎的，这几道题我都会做了。同学们也都会做了。老师趁热打铁，由浅入深，又出了几道题，我们对答如流。"会做这几道题还不算稀奇，还要会做更难的四步复合应用题！"老师说。听了这番话，我的心一下子跳到嗓门上去了。最后，我们还是懂了。我越发奇怪：我们怎么懂了……到现在，我才深深地体会到老师用的方法实在妙。他要求我们自己先尝试，让我们在实际解题练习中渐渐地掌握解题规律。这种方法，比死记硬背要有效果得多。

接着，我们又进行了应用题运算竞赛。虽然我们小组只得了第三名，但是，我们却挺高兴，因为我们学会了五年级的课程。

啊，这是多么有趣、多么生动的一节数学课啊！它给我留下了难忘的印象。

神奇的数字编码

河南省栾川县第一实验小学五年级　孙一迪

他身体微胖，面色红润，浓眉下一双炯炯有神的眼睛，那里面饱含着无边的慈爱，宽大的嘴角上，浮着意味深长的笑——这便是给我班上课的邱学华老师。

邱老师今年已经68岁了，说出来你也不信，看着他焕发的精神、稳健的步履、洪亮开朗的谈笑，谁能相信那是一个68岁的老人呢？

9月22日下午1点半，我和班上的同学一起去电影院上课。邱老师到了，台上台下掌声连成一片。邱老师穿着件白色上衣，走上台和老师同学们打招呼。上课了，邱老师首先自我介绍，然后又让我们对他随意进行提问。

"请问您高龄多少了？"

"你猜猜，小朋友！"邱老师笑眯眯地回答。

接着邱老师又回答了同学们提出的问题，并且让我们作自我介绍。

"上课！""邱爷爷好！"邱爷爷一点击鼠标，屏幕上出现了"神奇的数字编码"这七个大字。邱老师先提问我们几个有关我国各大城市的电话号码区号和邮编的问题，同学们一个接一个地回答。正当我们想继续往下说的时候，屏幕上一连出现了许多电话号码。噢！原来是让我们说出每个电话号码分别是哪个城市，同学们都对答如流。神奇的数字编码是书上没有的，邱老师让我们从三部分了解：第一部分是电话区号，第二部分是身份证代码，第三部分是商品条形码。

当老师让我们自己编一个身份证号码时，我快速地在黑板上写

"410324199101113008"。虽然我现在没有身份证，但是18岁时，我希望这个身份证号码正是我现在编的。

邱老师的课全部都是新方法，与以前老师教的大有不同。邱老师提出让学生大胆尝试，这样我们的认识才更清晰。我也懂得了数学原来和生活这样贴近。可以肯定地说"学好数学不是想象中的那样难"，还可以说"数学是思维的体操，数学是逻辑的修炼，数学是时空的艺术，数学是智力的阶梯……"

这一短暂的相识，将会成为我永恒的记忆！

尝试，让我们打开知识的大门

河南省洛阳市洛龙区第三实验小学五年级　路皓涵

作为小学生，尝试就是试着自己去解决每一个问题，渡过每一个难关，乘着"初生牛犊不怕虎"的勇气之舟，带着"长江后浪推前浪"的士气，披荆斩棘，一路向前。

我们每一节语文课都有"课前3分钟"这个环节。本学期我们"课前3分钟"的主题是四大名著。四大名著都是长篇小说，内容丰富有趣，课前演讲的同学讲完以后，下面认真聆听的同学会给出点评并给出相应的打分。我觉得这样可以提高我们讲故事的能力，增强同学们的自信心，听故事的同学则可以提高听课效率，培养专注力。如果讲故事的同学讲错了，下面的同学则要指出错误并督促其改正。这是认真聆听的过程，也是思考反思的过程。

课堂上，老师会让我们小组讨论，有些同学会发出质疑：老师让我们小组讨论不就是让优秀的同学告诉我们答案吗？他们错了，老师的用意不是这样的。每个人都是独一无二的，当然每个人的思维过程也不一样，小组讨论的目的在于让每一个人参与其中，发挥自己的长处，集思广益，相互借鉴。在你思考之后说出想法的那一刻，你会感觉打开了另一个世界的大门，这种成就感会让你更有自信。古人云"师不必贤于弟子，弟子不必不如师"，当我们自觉认真地经过小组讨论得到问题的答案后，我们会感觉无比骄傲。不用老师提醒和讲解，我们就能问鼎学坛。

老师每一次讲完新课都会让我们做练习题。我认为这种练习的好处在于活学活用出真知。因为是本节课刚学到的新知识，所以我们难免会感到陌生，不熟悉，这个时候我们就需要在练习中得到巩固和提升。就和交朋友一样，由相识到相知。

尝试，让我们打开知识的大门，真真切切地汲取精神营养。

我学会了"尝试"

河南省洛阳市洛龙区第三实验小学五年级　靳吉祥

每个学校都有自己的教学模式，而我们学校所用的就是邱学华老师所创造的尝试教学法。

自从学校的尝试教学法实施以来，我的成绩有了很大的提升。做题时，老师从来都不会直接讲解，而是让我们先尝试自己解决，正因如此，我的思维活跃了，脑子更灵光了，创造力也有了前所未有的提升。在学习上，遇到不会的题我都会自己先尝试做，如果实在做不出来，再去问家长，问老师，这个尝试的过程让我受益匪浅。在生活中，也有很多事情是与尝试紧密相连的，比如以前学做饭都是妈手把手教我的，但现在每次做新菜时，我都会自己先尝试做，遇到困难再去问妈妈，其实做饭并不难，现在我的厨艺越来越好了。学习骑自行车也是如此，刚开始觉得太难，不敢骑，在妈妈的鼓励下我试了一下，不一会儿就学会了，这些都是"尝试"所赐。

"尝试"就像是我人生的启蒙老师，它让我敢于挑战自己未知的领域，也让同学们真正成为了学习的主人，无论是课前自学还是小组合作学习，我们都很享受这个学习的过程。敢于尝试，敢于表达，成为了我们班同学共同的目标。

今后遇到困难，我们敢于去尝试，勇于去创新，这是最重要的。感谢邱学华老师，感谢学校老师，教会我们去尝试！

我们期待已久的好课

山东省济南市燕山中学八年级　王鹏

我十分喜欢邱老师给我们班讲的《平面直角坐标系》那堂课。我认为，不论从课堂气氛还是整节课的效果上，那都是一节很不错的课。

那堂课气氛活跃，我们被老师调动起学习的兴趣，全身心投入。我们既轻松愉快地做游戏，又学到了平面直角坐标系的知识，不能不说那是一节愉快而成功的数学课。这堂课上得好，主要是由于邱老师的教学方法新颖。先让我们自学，使我们对这堂课的学习内容有了大概的了解。在课堂上，老师没有长篇大论的讲解，而是让我们讨论，提出问题，特别是通过游戏让我们做练习，实在让我们兴奋不已。能够这么轻松地上一堂课，又学会了不少数学知识，这是我们期待已久的好事。

我喜欢的数学课

浙江省宁波国家高新区外国语学校 306 班　陈思诺

我对数学一直有着浓浓的兴趣，因为数学的奥秘，就像一个深邃的无底洞，让人着迷。它吸引着你不断深入思考。尤其是在学校开展自主课堂改革后，我更喜欢上数学课了。听说，这是在著名教育家邱学华爷爷的尝试教育理论指导下的哦！谢谢邱爷爷！我最喜欢的是，数学课上我们不仅可以当小老师，还会有精彩的辩论赛呢！

我最感兴趣的就是当小老师，每次学习新的知识的时候，老师都会让我们先自己试一试，有想法后就上讲台当小老师。一开始上台的时候，我可紧张了，生怕自己讲错了。在老师不断鼓励下，现在的我已经得心应手了，我可以大方地向同学们提出问题，同学们也会积极回答，给我提出意见，有时候还会明知故问呢！老师说现在我们真正变成课堂的主人了！

我们班的"辩论比赛"让我的思维长进了不少呢！记得学习面积的时候，老师出了这样一道判断题：边长为 4 厘米的正方形，周长与面积相等。我当时想：这个正方形的周长是 $4 \times 4 = 16$（cm），面积也是 $4 \times 4 = 16$（cm^2），$16 = 16$，没有问题呀！看了一下四周，大部分同学和我一样出了"√"的手势，只有几个同学出了"×"的手势。陆老师不慌不忙地说："既然有两种答案，那就请正方和反方上台辩论一下吧！"

老师话音刚落，同学们有的高高地举起手；有的扯着嗓子喊，我！我！有的相互瞟着可爱的小白眼，跃跃欲试，谁都不让谁，而我信心满满地径直走上讲台，加入了正方的队伍。开始我还有一点担心，万一错了怎么办？于是我偷偷看了一眼比例，哈！正方一大片人，反方只有零星几个人，对比十分明显。我暗暗窃喜，他们几个就是鸡蛋碰石头——自不量力。辩论赛开始了！

正方：通过计算，我们发现周长和面积都是16，所以这句话是正确的。

反方：周长和面积单位不一样，两个怎么能一样呢？

正方：单位不一样有什么关系，主要看结果都是16。

反方：虽然只差平方二字，可面积是一个封闭图形内的大小，周长是围绕一个封闭图形一周的长度。

正方：但是数据是一样的呀！

反方：我画个图给你们看，请你们指出面积在哪里，再指出周长在哪里。

我自告奋勇去指出了面积和周长。

正方：面积一大片，周长一条线，怎么能一样呢？要说也只能说它们的数据一样。

我被说得哑口无言，心服口服！是呀，如果周长和面积可以相等，那体重和身高也可以相等了。我一下子明白了！

这场精彩的辩论赛，我记忆犹新。感谢老师没有直接告诉我们答案，而是我们自己尝试，通过辩论，真正理解面积和周长是不能比较的。怪不得老师经常说："要敢于尝试，不要怕出错，尝试能成功！"

尝试课堂三部曲，我们赞成

江苏省常州市武进区湖塘实验中学八年级　张凝露

现在我们老师上课，大都采用"尝试三部曲"模式：第一步，先学后教；第二步，小组合作；第三步，当堂检测。同学们都觉得这三部曲既符合我们学习的需要，更符合我们成长的需要。因此，我们赞成！

　　第一步：先学后教。从"先教后学"到"先学后教"，虽然只是顺序变了，但却好处多多。

　　我们一上课就"先学"，至少要将书本的内容认真看一遍：基础夯实了，老师讲课时"提速"我们也能跟得上。学有余力的同学还可以一边看书一边深入思考，把想到的问题、学习思路写在书上，自己尝试突破重点、难点，这种挑战充分调动起我们的能动性。

　　老师"后教"，常常根据每个人遇到的学习问题，引导我们看例题自学。慢慢地，我们也找到了学习规律，理解能力、思维能力都得到发展。老师也会面向全体同学讲课，但都是针对我们的共性问题进行点拨，这样一来，每个人听课都格外认真。

　　第二步：小组合作。一开始，我们都不懂小组合作学习的内涵，大家聚在一起就是说说话、聊聊天。后来，在尝试的过程中，我们慢慢体会到小组合作学习其实是一个"兵"教"兵"的过程。同龄人之间分享好的解题思路、学习方法，甚至比老师教更让人印象深刻。

　　现在，小组合作学习已经成为我们最期待、最喜欢的课堂环节。这不仅是因为它促进我们学习，更是因为它培养了我们的团队精神和合作能力。比如，我们有一门综合实践活动课。这门课需要采集、分析大量的实际数据，仅靠一个人的力量不可能完成。于是我们分组多头行动，组内按兴趣和特长分工，各组还要及时交流分享成果，最终实现共赢。这种合作的意义远远超过了学习本身。

　　第三步：当堂检测。我们的课堂尝试自由但不散漫，无定式却有规矩。尝试课堂的"边界线"就在每节课结束前的10分钟当堂检测里。

　　"当堂检测"能使我们及时了解自己对课程目标的达成效果，也是老师获取教学反馈信息的有效途径。更重要的是，"当堂检测"增强了我们学习的目的性和紧张程度，杜绝了作业的抄袭现象，促使我们学习态度端正起来，令我们自学、合作都认真。

　　"先学后教""小组合作""当堂检测"，这种三部曲的尝试课堂充分给予我们展示自己的时间和空间，我很享受，同学们都赞成！

尝试教会我成长

山东省青岛第五十八中学 2014 届高中毕业生　王俞培

春风悄无声息地溜进五十八中的校园，唤醒了一树又一树的芬芳。

犹记得三年前，也是在这样春色满园的时节，我有幸踏上这片向往的神圣土地。自入校起，这座以尝试教育著称的岛城名校就给我应接不暇的惊喜。

这惊喜就在"学案导学，以学定教"的课堂里。

开学第一天，我们收到了一份精心制作的"礼包"——导学。轻薄的纸面上倾注了老师们厚重的智慧与热情。我至今记得那些循循善诱的句子："你希望老师怎样构建课堂？""你还有哪些疑问请写下来，老师会帮你解答。"……我第一次有这样的感受：课堂是由学生主导的。

在这样的课堂中，我们无须狂抄老师的笔记，无须背诵专家的标准答案。我们要做的仅仅是课前熟读课本，提出问题；课上紧跟节奏，各抒己见；课后总结反思，巩固提升——学习的全部过程都是"自己的"，收获和成长自然也属于我们自己。

这惊喜就在"自主规划，深思审问"的自习里。

自入校起，老师便细致入微地指导我们自主规划学习。我逐渐养成了制订学习计划的习惯，自觉规划时间，有条不紊地完成学习任务，不知不觉已坚持到了现在，受益匪浅。人们都说，会自习的五十八中学生是一群"十万个为什么"，而五十八中的老师则是一本本"百科全书"。敬业的老师们总会坚守岗位，随时迎接我们的"叨扰"，做到"问题不过夜"——这也慢慢变成了我的习惯。我们就这样一点一滴尝试着，迎接每天的朝阳，似乎总能听到自己拔节成长的声音。

这惊喜就在"大胆尝试，放手去做"的活动里。

在五十八中这块尝试的沃土，身边的同学似乎都成长为具备莫大潜力的优质树苗。也正因如此，学校在许多活动中大胆放手，让我们学生自己组织策划。大到运动会、艺术节等校园活动，小到班级的日常管理……我们在其中收获了志同道合的益友，也积累了丰富的人生阅历。

校园活动有时十分庞杂，也常常出现突发事件，作为班级团支书和学生会宣传部部长，在活动的统筹安排中，我收获了做事严谨有序、遇变稳而不慌的能力和素质。穿上了这样的"保甲"，我有信心在进入大学甚至踏上社会时也能坚强勇敢地去尝试。同时，在各种活动的"压迫"下，我学会合理分配时间，以最大效率完成任务，学习成绩不仅没受影响，反而逐渐稳定在级部前10名。我想，也只有在五十八中这种尝试的环境里，才会出现"高分"与"高能"兼具的惊喜吧。

时间就在这一岁又一岁的春风中来了又去，尝试的惊喜不胜枚举。何其有幸，我得以亲历五十八中这三年来的种种惊喜。怀念青春，不如少些遗憾，愿五十八中学子不负三载勤学，人生梦圆，再添惊喜。

我们寻觅的"偶像"

大连师范学校三年级（1）班

我们是通过《师范教育》这本杂志认识您的。读了您的事迹后内心很受感动。因此，我们一致认为您就是我们寻觅的"偶像"。

我们还有几个月就要毕业了，但心里总不踏实，因为，我们虽然知道上好第一堂课很重要，但不知从何下手。还有，怎样才能处理好师生之间的关系？只有严厉才能树立起教师的威信吗？另外，您是怎样安排一天的时间的？您只有工作，没有业余生活吗？

我们知道您很忙，但您若能抽出一点儿时间给我们回一封短信，我们将终生感谢！

听邱学华老师在澳门大学演讲有感

澳门大学小学教育学位课程专业四年级　姚伟

有幸听了从大陆来的教育专家邱学华先生的报告，他的报告对我们即将走上工作岗位的澳门大学生实在太有帮助了。

在听毕邱学华老师的讲座后，对邱老师好学不倦的探究精神实在敬佩不已。讲座上，邱老师以轻松幽默的手法，将他累积多年的教学经验及研究心得跟与会者分享，令澳门的教师获益良多。

"要学生学好数学，首先要使学生喜欢数学"，这一点大家都非常认同。若学生喜欢数学，对教师可说是一件乐事。相反，假若学生因常常体验不愉快的学习经验而对数学产生恐惧，日后其他的教师无论如何竭尽所能，可能也是事倍功半，也可能不易改变学生害怕数学的事实，教学对于这些教师来说也成了一件苦事。当然，要学生喜欢数学，那就要看教师的本事了。

至于学生的"双基训练"，也是非常重要的，但我认为"双基训练"应由教师开始，包括加强基础数理知识训练及教学能力的训练。

邱老师所提倡的"尝试教学法"对提升学生的自学能力及探究精神实在不可置疑。当然，要将这套教学法引进澳门的学校，也要视学生对数学的学习与兴趣是否浓厚，数学双基训练是否恰当，同时因为要照顾学生的个别差异问题，所以也要考虑每个学生的自学能力是否足够去适应这套新式教学法。

总括来说，邱老师今次到澳门的讲座，实令本地的教师得益不少，有助于大家今后对数学教学的反思。

附录:

尝试教学研究之第一

[编者按] 尝试教学实验研究从1980年正式开始,历经四十多年,从1个实验班发展到超百万个,实验教师近百万,受教学生达三千多万,应用范围遍及全国31个省、市、自治区以及港、澳、台地区,成为全国规模最大的一个教学流派实验,也是世界上规模最大的教改实验之一。其发展为何如此迅速,久盛不衰,除了社会制度优越,改革开放后教学改革形势迅猛,尝试教学本身生命力强大,还有一个重要原因是受到了方方面面人士的支持和帮助,更有一批志同道合,具有奉献精神,不怕困难,顽强工作的开拓者。其中有教育专家、各级教育行政领导、教研室教科所研究人员、教育媒体记者以及广大的一线教师。"尝试教学研究之第一"记载了最早作出贡献的一批单位和一批人。我们不能忘记他们对尝试教学研究作出的贡献,他们都是尝试路上的开拓者,应在尝试教学研究史上记上浓墨重彩的一笔,永载史册。

这份资料佐证了尝试教学的发展史,有人对尝试教学法的发展规模和速度曾产生怀疑,这份资料提供大量的事实和证据,证明尝试教学法是在中国的大地上成长起来,在改革开放以后迅速发展起来的,这是无可争辩的事实。

一、研究人物方面

1. 第一个正式提出"尝试"的是古代教育家孟子。

2．第一个在语文教学中全面论述尝试教学思想的是现代教育家叶圣陶。

3．第一个用"尝试"作书名的是近代学者胡适，他的新诗集取名为《尝试集》。

4．第一个提出"尝试错误说"的是美国教育心理学家桑代克。

5．第一个指出桑代克"尝试错误说"的局限性的中国心理学家是北京师范大学冯忠良。

6．第一个提出"尝试教学法"的是江苏省特级教师邱学华。

7．第一个把尝试教学法上升到尝试教学理论的是邱学华。

8．第一个提出以"尝试指导，反馈矫正"为核心的"青浦经验"的是上海特级教师顾泠沅。

9．第一个在邱学华受到打压情况下（1983年）站出来支持尝试教学法的是《福建教育》杂志总编辑龚玉书。

10．第一个在邱学华受到打压情况下（1984年）公开站出来评价尝试教学法的省级教研员是上海市教育局教研室顾汝佐，并撰写《浅谈尝试教学法》发表在《福建教育》（1984.6）。

11．第一个对尝试教学法全面评价的教育家是华东师范大学名誉校长刘佛年。

12．第一个为尝试教学理论著作题词和作序的是中国教育学会会长顾明远教授。

13．第一个为尝试教学理论著作题词的教育部领导是总督学柳斌。

14．第一个支持尝试教学研究的江苏省教育厅领导是周德藩。

15．第一个（1985年）支持尝试教学法研究的常州市教育局领导是党委书记赵宗昌。

16．第一个提出"尝试，是教学改革的核心理念"的是中国教育学会常务副会长郭振有先生。

17．第一个支持尝试教学法研究的江苏省科教所领导是成尚荣所长，并在《人民教育》杂志上撰文支持。

18．第一个把尝试教学法编入教育学著作的是常春元教授主编的《中国社会主义教育学》。

19. 第一个（1997年）同邱学华合作编写《邱学华小学数学教学法探究》，系统评论尝试教学法的是中央教育科学研究所课程研究中心研究员戴汝潜。

20. 第一个把尝试教学法编入辞典的是杭州大学朱作仁教授（其所主编的《教育辞典》）。

21. 第一个把尝试教学法论文编入教育学文集的是华东师范大学瞿葆奎教授（其所主编的《教育学文集》）。

22. 第一个把尝试教学理论编入书中作为教学思想提出来的是苏州大学朱永新教授（其所著的《中华教育思想研究》），朱永新现任中国教育学会副会长。

23. 第一个把尝试教学法写入《当代中国著名教学流派》一书的是山东临清市教研中心王彦军。

24. 第一个把尝试教学法编入师范学校课本的是邱学华（其所主编的《小学数学教学法》）。

25. 第一个系统研究评价尝试教学法的是鲁东大学教育科学学院苏春景教授。

26. 第一次由全国教育科学规划办公室金宝成主任亲自主持，组成专家组对全国重点研究课题《尝试教育理论实践与研究》进行成果鉴定。专家组成员有查有梁、朱永新、姜乐仁、戴汝潜、翟天山等。时间1996年，地点湖北省十堰市，在全国第八届尝试教学学术年会期间举行。

27. 第一个作为"尝试教学理论研究"国家课题鉴定专家组组长的是四川省社会科学院查有梁教授。

28. 第一个（1984年）提出尝试教学法是"有胜于古，有胜于洋"的是河南大学教育系陈梓北教授。

29. 第一个提出把尝试教学法应用到语文教学中的学者是华东师范大学李伯棠教授。

30. 第一个从心理学角度研究尝试教学法的是中国科学院心理研究所张梅玲教授。

31. 第一个把尝试教学法写入《大学教学论》的是华东师范大学于美方教授。

32. 第一个为研究生开设"尝试教学研究"课程的是鲁东大学教育科学学院苏春景教授。

33. 第一个指导研究生撰写有关尝试教学论文的导师是杭州师范大学汪刘生教授。

34. 第一次（2014年）尝试教学研究成果获2014年基础教育国家级教学成果一等奖，课题负责人邱学华，核心成员有苏春景、李永云、王俊、王春梅、顾志平。

35. 第一个承担江苏省教育厅前瞻性教育科研项目"尝试教学法的推广"的学校是常州市武进区湖塘实验中学，负责人顾志平、张伟俊。

36. 第一个把尝试教学法介绍到日本的是华东师范大学比较教育研究所所长钟启泉教授。

37. 第一个在日本介绍尝试教学法，并把论文推荐日本《新算数研究》杂志发表的是日本国立横滨大学片桐重男教授。

38. 第一个来中国参加尝试教学法学术年会的日本数学教育学会会长是荒木勇教授。

39. 第一个邀请邱学华赴日本讲学，宣讲尝试教学法的是日本新算数教育研究会副会长片桐重男教授和古藤怜教授。

40. 第一个把尝试教学法介绍到德国的是德国巴州督学、上海师资培训中心专家岗特·雷诺先生。

41. 第一个把尝试教学法介绍到东南亚的是老挝万象大学的高鹏先生。

42. 第一个把尝试教学法编入著作的国外学者是日本的佐藤三郎教授，主编《世界有特色的教学法》。

43. 第一个来中国参加尝试学习理论国际研讨会的美国学者是国际著名智能专家、佛州大学瓦格纳教授。

44. 第一个来中国参加尝试学习理论国际研讨会的澳大利亚学者是澳大利亚南澳州教育厅课程开放中心主任约翰·纳特。

45．第一个来中国参加尝试学习理论国际研讨会的乌克兰专家是基辅市苏霍姆林斯基实验学校校长瓦·哈依鲁莲娜。

46．第一个把尝试教学法介绍到澳门的是澳门大学教育学院汪甄南先生。

47．第一个把尝试数学法介绍到香港的是香港现代教育研究社顾问《现代小学数学》课本主编余荣燊先生。

48．第一个把尝试教学法介绍到台湾的是台湾省屏东师范学院黄金钟教授。

49．第一个研究在职业教育运用尝试教学法的是华东师范大学职教研究所徐国庆教授。

50．第一个从脑科学视角研究尝试教学法的是湖南省教师黄勇。

51．第一个系统研究在语文教学中运用尝试教学法的是浙江省绍兴县教研室特级教师周一贯。

52．第一个把尝试教学法论文翻译成日文的是华东师范大学比较教育研究所沈志敏。

53．第一个把尝试教学法论文翻译成德文的是上海师资培训中心的德语翻译陈雁飞。

54．第一个把尝试教学法译成英文的是华东师范大学王孝玲教授。

55．第一个把"尝试学习理论的实质与策略"论文译成英文的是北京科技大学官群教授。

56．第一个把澳大利亚约翰·特纳"东方的尝试学习与西方的引导探索学习"英文稿译成中文的是深圳市南山区松坪学校饶春平。

57．第一个把尝试学习理论论文译成俄文的是苏霍姆林斯基教育思想研究中心吴盘生先生。

58．第一个把尝试教学法译成韩文的是鲁东大学国际教育交流中心张德强教授、高洁教授。

59．第一个把尝试教学法论文翻译成藏文的是西藏自治区拉萨师范学校教师米玛。

60．第一个把尝试教学法论文翻译成蒙文的是内蒙古自治区阿拉善盟

279

阿左旗教研室萨仁格日勒。

61. 第一个向常州大学尝试教育科学研究院申请成立研究所的是天津市红桥区教师进修学院徐长青，成立简约教育研究所。

二、研究论著方面

62. 第一篇尝试教学法论文是邱学华撰写的《尝试教学法的实践和理论》，发表在《福建教育》杂志（1982年第11期），责编陈辉、陈笑晴。

63. 第一篇尝试教学理论的论文是邱学华撰写的《尝试教学理论研究与实践》，发表在《尝试·成功·发展》一书（湖北人民出版社1996年10月出版）。

64. 第一本尝试教学方面的书《小学数学尝试教学法》由《福建教育》编辑部编辑，由福建教育出版社1986年出版，责编陈辉。

65. 第一本尝试教学法专著是邱学华著的《尝试教学法》（福建教育出版社1988年出版），获全国首届优秀教育理论著作奖。

66. 第一套"尝试教学理论研究丛书"是邱学华主编的，由教育科学出版社出版（2002—2007年），责编鲁民、周益群。

67. 第一篇尝试学习理论的论文是邱学华撰写的《尝试学习的原理与实践》，发表在《人民教育》2004年第10期，责编程淑华。

68. 第一篇论述尝试教学理论与新课改关系的论文是邱学华撰写的《尝试学习与新课程改革》，发表在《福建教育》2002年第8期，责编陈笑晴。

69. 第一篇论述尝试教学理论与素质教育关系的论文是邱学华撰写的《尝试教学是实施素质教育的有效途径》，发表在《湖南教育》1997年第10期，责编叶仁波。

70. 第一次在报纸开辟专栏介绍尝试教学理论的是《中国教育报》，开辟"邱学华谈尝试与创新"专栏，从2006年6月16日起，连续刊登邱学华撰写的六篇文章，责编张玉文。

71. 第一本撰写"邱学华教育家之路纪略"的是南京素养教育研究中心主任姜广平的《尝试之路》，由福建教育出版社出版，责编李惠芬。

72. 第一篇邱学华撰写的《尝试教学法的诞生与发展》在《中国教育科学》杂志"大家论坛"栏目（2015. 3）上发表，引起国内外教育理论界的关注。

73. 第一本（2020 年）《邱学华尝试教学法简明读本》，作者邱学华、黄勇，由福建教育出版社出版，负责人成知辛，责编沈群。

74. 第一本幼教应用尝试教学思想的著作，是由邱学华主编的《幼儿尝试教育活动设计》，由教育科学出版社出版，责编鲁民。

75. 第一本研究小学数学尝试教学法的著作是邱学华主编的《小学数学尝试教学设计》，由教育科学出版社出版，责编鲁民。

76. 第一本研究小学语文尝试教学法的著作是周一贯主编的《小学语文尝试教学设计》，由教育科学出版社 2000 年出版。

77. 第一本研究中学尝试教学法的著作是邱学华主编的《中学尝试教学设计》，由教育科学出版社出版，责编鲁民。

78. 第一本研究职业学校应用尝试教学法的著作，是楼建儿主编的《职业学校尝试教学设计》，由教育科学出版社 2009 年出版。

79. 第一本研究尝试教学的工具书是邱学华主编的《尝试教学全书》，由北京工业出版社 2006 年出版，16 开精装本，一百多万字，责编郝勇。

80. 第一本把尝试教学法作为"中国新教学法实验"的典型代表的是鲁东大学苏春景著的《中国新教学法实验研究》，中国文联出版公司 1998 年出版。

81. 第一本尝试教学理论专著是邱学华著的《尝试教学论》，由教育科学出版社 2005 年出版，责编周益群。

82. 第一本研究尝试德育方面的著作是《基于尝试教育思想德育工作》，主编黑龙江省鸡西市教育局局长俞景福，列入"尝试教育理论研究丛书"。

83. 第一本论述一所学校全面推行尝试教育思想的著作是《尝试，改变了一所学校》，作者黑龙江省鸡西市园丁小学王春梅校长，列入"尝试教育理论研究丛书"。

84. 第一次列入"中国当代著名教学流派丛书"，是邱学华和苏春景编著的《邱学华与尝试教学法》,丛书主编张新洲,由中国青年出版社于 2002 年出版。

85. 第一次列入"教育家成长丛书",是邱学华著的《邱学华与尝试教育人生》,教育部师范教育司主编,由北京师范大学出版社于 2006 年出版,负责人张新洲、倪花。

86. 第一次在教育杂志上出版尝试教学专辑,后又出版尝试教育专辑的是《人民教育》杂志,总编傅国亮先生。

87. 第一本配合应用尝试教学法的教案集是由邱学华主编的《小学数学尝试教学法教案精选》,由气象出版社 1992 年出版。

88. 第一套配合小学生学习的《小学数学尝试学习准备》,由邱学华主编,海南出版社 1999 年出版。

89. 第一篇全面评论尝试教学法的论文是华东师范大学李伯棠教授撰写的《从尝试中来走自己的路》,发表在《福建教育》1984 年第 5 期。

90. 第一篇全面评论尝试教学理论的论文是鲁东大学教育科学学院苏春景教授撰写的《尝试教学理论的实质、特点与启发》,发表在湖北人民出版社 1996 年出版的《尝试成功发展》一书中。

91. 第一篇全面论述邱学华教学改革实验思想的文章,是鲁东大学教育科学学院苏春景教授撰写的《邱学华的教学改革实验思想及其启示》,发表在教育科学出版社出版的《尝试成功的学习》一书中。

92. 第一篇把邱学华作为教育家评论的是杭州师范大学汪刘生教授的《当之无愧的教育家——邱学华》,发表在"教育家成长丛书"中。

93. 第一篇研究《红楼梦》中体现的尝试教育思想的论文,是天津市北辰区教科室赵叔撰写的《〈红楼梦〉与尝试教学法》,发表在湖北人民出版社出版的《尝试成功发展》一书中。

94. 第一篇全面研究幼儿尝试教学活动的论文,是江苏省常州市教研室庄春梅撰写的《尝试教学理论运用于幼儿教育活动的效应》,发表在由教育科学出版社出版的《幼儿尝试教育活动设计》一书中。

95. 第一篇幼儿尝试教学实验报告,是江苏省常州市天宁区幼教办乔玲毛等撰写的《培养幼儿尝试精神的实验研究》,发表在湖北人民出版社出版的《尝试成功发展》一书中。

96. 第一篇研究在高中物理教学中应用尝试教学法的论文，是山东省齐河县第一中学张普军撰写的《尝试教学法在高中物理教学中的应用研究》，发表在由教育科学出版社出版的《尝试成功的学习》一书中。

97. 第一篇在大学运用尝试教学法的研究报告，是西安石油学院刘树信撰写的《尝试教学法在大学教学中的应用》，发表在由教育科学出版社出版的《尝试成功的学习》一书中。

98. 第一篇聋哑学校运用尝试教学法的研究报告，是江苏省常州市聋哑学校姚再卿撰写的《聋哑学校实施尝试教学十年回顾》，发表在由教育科学出版社出版的《尝试成功的学习》一书中。

99. 第一套由一所中学编写的尝试教学研究系列丛书：《领悟尝试》《实践尝试》《分享尝试》，广东省佛山市乐从中学，负责人叶清光、张朝煌。

100. 第一篇职业学校应用尝试教学法的研究报告，是浙江省绍兴市职教中心校长楼建儿撰写的《中职尝试教学法的探索与实践》，发表在《长三角教育》，2008年第6期。

101. 第一个把尝试教学与结构教学结合起来，形成独特的结构尝试教学法的是江苏省宜兴中学特级教师王俊校长。

102. 第一个把情境教学与尝试教学结合起来，写成论文《小学数学情境教学初探》的是浙江省台州市黄岩区宁溪镇中心小学特级教师林文伟。

103. 第一个把反馈理论与尝试教学结合起来，形成"尝试反馈教学模式"的是苏州工业园区跨塘实验小学缪建平。

104. 第一个在尝试教学思想的基础上形成独特的"学帮理练教学法"的是山东省青岛市黄岛开发区教科所刘永春。

105. 第一个把师徒合作融入尝试教学模式的是河北省邯郸市永年区第五实验学校门社强。

106. 第一个把游戏教学与尝试教学结合起来，形成独特的游戏尝试教学法的是四川省特级教师眉山师范附小李志军。

107. 第一个把全脑理论与尝试教学理论结合起来，形成独特的全脑语文尝试教学模式的是北京朝阳区师范附属小学特级教师王红梅校长。

108. 第一个把自主讨论式教学与尝试教学结合，形成自主讨论式尝试教学模式的是江苏省淮安市教研室方学法。

109. 第一篇把尝试教学理论与愉快教育结合起来的研究报告，是河南省罗山县教研室鲁家宝撰写的《龙山乡"愉快尝试教学法"实验报告》，发表在湖北人民出版社出版的《尝试成功发展》一书中。

110. 第一个研究把洋思经验同尝试教育思想结合起来的是江苏省泰兴市洋思中学特级教师刘金玉。

111. 第一个研究把杜郎口经验同尝试教育思想结合起来的是山东省茌平县杜郎口中学特级教师徐利。

112. 第一篇把尝试教学理论与目标教学结合起来的研究报告，是浙江省三门县教研室陈德郎撰写的《目标尝试教学理论研究》，发表在湖北人民出版社出版的《尝试成功发展》一书中。

113. 第一个把尝试教育思想融入自主课堂教学模式的是江苏省常州市武进区湖塘实验中学顾志平、张伟俊。

114. 第一个把尝试教育思想融入英才教育中的是香港天才教育学会会长、香港优才学校总监李业富博士。

115. 第一篇把尝试教学理论与三算结合教学结合起来的研究报告，是湖南省桑植县教研室黎克干等撰写的《尝试教学理论在三算结合教学中的运用》，发表在湖北人民出版社的《尝试成功发展》一书中。

116. 第一个把尝试教育思想应用到研学旅行课程化中的是黄山市实践教育科学研究院黄传骅院长。

117. 第一次由尝试教学理论研究会组织进行的实验学校研究成果专家鉴定会于2001年5月2—5日在江苏省常州市举行，专家组由郭享杰、于美方、汪刘生、苏春景、邱学华组成。

118. 第一篇研究尝试德育的论文：《尝试教学升华为尝试教育的客观必然性与现实可能性》，作者是北京市西城区教育研修学院朱洪秋博士，文章编入《尝试教育研究》一书中。

119. 第一本介绍尝试教学流派的著作《尝试教学流派——尝试路上的开拓者》一书由福建教育出版社 2023 年出版，主编邱学华，副主编黄勇、张伟俊、杨占良、徐斌、冀要朋、王成。

三、媒体推介方面

120. 第一个公开发表尝试教学法论文《尝试教学法的实践和理论》的杂志是《福建教育》（1982 年 11 月），总编龚玉书，编辑陈辉、陈笑晴。

121. 第一个报道尝试教学法的全国性报纸是《中国教育报》（1984 年 4 月 24 日），标题为《常州等地开展小学数学尝试教学法实验》，记者张玉文。

122. 第一个出版《尝试教学法》专著的是福建教育出版社（1988 年），责编陈辉、李南元。

123. 第一个出版《尝试教学论》专著的是教育科学出版社（2006 年），责编周益群。

124. 第一个出版"尝试教学理论研究丛书"（一套 8 本）的是教育科学出版社，责编鲁民、周益群。

125. 第一个发表尝试教学论文的理论性刊物是《教育研究》（1986 年 4 月）。

126. 第一个向海外报道尝试教学法的全国性报纸是《人民日报（海外版）》（1992 年 5 月），记者陈琪。

127. 第一个向海外报道尝试教学法的全国性刊物是《中国新闻》（1992 年 4 月 2 日）。

128. 第一次由中央人民广播电台播发尝试教学研究消息是在 1996 年 10 月 27 日，新华社记者袁正洪。

129. 第一个刊登尝试教学法的日本教育杂志是《新算数研究》（1989 年第 4 期）。

130. 第一个刊登尝试教学法的德国教育杂志是《教育世界》。

131. 第一个刊登尝试教学法的韩文杂志是《中国语文论译丛刊》（2017 年第 1 期）。

132. 第一次作为新华社电讯稿，标题为《尝试教学正在改变中国传统教学模式》，1998年10月14日向国内外报道，新华社记者胡作华。

133. 第一个全面报道邱学华与尝试教学法的记者是《新华日报》记者匡启键，撰写的《邱学华与尝试教学法》发表在《新华日报》1986年6月6日。

134. 第一个撰写邱学华创立尝试教学法专访的是《河南教育》记者冯振山。

135. 第一个在全国性报纸的头版头条刊登《邱学华和尝试教学法》的是《中国教育报》（1994年7月15日），记者张玉文。

136. 第一个把邱学华作为教育家进行报道的是《教育家》杂志，作者方健华。

137. 第一个把邱学华作为教育家进行连续5期系列报道的是《小学教学（数学版）》（2022年第2期—第6期）编辑室主任殷现宾。

138. 第一本同尝试教学理论研究会合作，连续刊登尝试教学论文的教育杂志是山东省教育科学研究院主办的《现代教育》杂志，负责人黄海涛。

139. 第一个以口述历史形式记录邱学华和尝试教学法的是江苏教育报刊社和南通大学口述历史研究中心，负责人陈宁、韦晓东。

140. 第一个公开拍摄发行邱学华尝试教学法讲座录像的是江苏省电化教育馆，主要负责人张建民。

141. 第一个公开拍摄发行邱学华尝试教学法课堂教学录像的是湖南省湘西自治州电化教育馆，策划人文金声。

142. 第一个公开拍摄并在中央教育电视台播放"邱学华与尝试教学法"的是山西省电化教育馆，主要负责人安秀堂。

143. 第一个作为开放学院培训教材的尝试教学法讲座录像片是华东师范大学开放学院拍摄的5集《邱学华与尝试教学法》，负责人赵娜。

144. 第一届全国协作区尝试教学法研讨会由全国24家单位联合发起，得到常州市教育局的支持，1985年在江苏省常州市召开。

145. 第一个以电视台记者采访的形式播放《邱学华与尝试教学法》

的是常州电视台《小倪会客厅》，主持人倪绥英，时间 2020 年 5 月。

146．第一个兼具教学生涯回顾和学术研讨的会议"邱学华从教 60 周年暨尝试教学法研讨会"，2014 年由常州市教育局主办，教育局局长韩涛，教育部和江苏省教育厅领导参加。

147．第一个以网络形式召开的年会，是 2020 年第 20 届尝试教育学术年会，超越时空，全国有 10 所学校现场展示，参与教师有一万多人次。承办单位常州市湖塘实验中学，校长顾志平、张伟俊，技术支持是大教育网，负责人张虎。

148．第一个举办"邱学华教育思想报告会"的是 2005 年由常州市教育局主办，常州市教研室承办，主要负责人韩涛、丁伟明、朱志平。

149．第一个举办邱学华数学教育思想研讨会的是杭州大学教育系，主要负责人刘力。

150．第一个举办首届尝试学习国际研讨会，在广东省深圳市南山区，教育局局长曾令格，拨款 15 万元。承办单位南山区松坪学校，校长罗楚春。

151．第一个在全省举办尝试教学理论报告会的是广西小学教师培训中心。

152．第一个举办"中国当代教育改革家邱学华教育思想报告会"的是山东省教育科学研究所所长王坦。

153．第一个规模最大的观摩会在广东省佛山市举行，有近五千人参加，承办单位佛山市第九小学，校长邓泽棠。

154．第一个建立"邱学华尝试教育史料陈列室"的是常州市教育局，局长杭永宝，2019 年 10 月开放，设立在湖塘实验中学内，校长顾志平。

155．第一个批准成立"尝试教学理论研究会"是在 1993 年，中国教育学会数学教育研究发展中心，主任方运加。

156．第一个批准成立尝试教育科学研究院（2014 年），是常州大学，校长陈群、芮国强副校长亲自授牌。

157．第一个批准成立"邱学华尝试教育思想研究会"的是常州市教育局，局长杭永宝，2019 年 2 月，研究会靠挂在常州市教育学会。

158. 第一个以整版版面介绍"尝试与创新"的是《教师报》，2003年3月3日，责编邵晓东。

159. 第一个尝试教学网站是"邱学华尝试教学在线"，2001年5月18日正式开通，网管钟仕清。

160. 第一个建立尝试教育研究QQ群的是华东师范大学张静博士。

161. 第一个建立尝试教学流派微信公众号和尝试教育研究微信群的是黄勇。

162. 第一个邀请邱学华为研究生讲课的是华东师范大学教育学系系主任袁振国。

163. 第一个（1984年）邀请邱学华到北京作专题报告的是崇文区教研室，负责人刘梦湘。

164. 第一个（1986年）邀请邱学华到上海作专题讲座的是上海师资培训中心培训基地，负责人黄建弘。

165. 第一个（1985年）邀请邱学华到深圳作专题讲座的是深圳市教研室，负责人陈永林。

166. 第一个（1983年）邀请邱学华去广州作专题报告的是荔湾区教师进修学校，负责人陈持、朱亮尧。

167. 第一个在香港举办邱学华专题报告会的是香港朗文教育出版集团。

168. 第一个在澳门举办邱学华专题报告会的是澳门大学教育学院。

169. 第一个举办华人尝试教学研究论坛的是澳门大学教育学院，负责人汪甄南、江春莲。

170. 第一个制作邱学华尝试教学法线上系列讲座视频的是常州市教师教育学院，负责人戴晓萍。

171. 第一个在教育网站开设尝试教学法系列课程的是"大教育"网站，负责人张虎。

四、实验教师方面

172. 第一个（1961年）在小学数学中初试"先练后讲"教学法的是

上海华东师范大学附小胡本炎。

173．第一个（1971年）在中学数学中初试"先练后讲"教学法的是江苏省溧阳县茶亭中学邱学华。

174．第一个（1980年）实验尝试教学法的小学教师是江苏省劳动中路小学徐廷春。

175．第一个实验尝试教学法的中学数学教师是湖南省龙山县第二中学鲁开国，1984年开始。

176．第一个实验尝试教学法的大学教师是西安石油学院刘树信。

177．第一个实验尝试教学法的幼儿教师是江苏省常州市北环幼儿园李馨。

178．第一个实验尝试教学法的聋哑学校教师是江苏省常州市聋哑学校姚再卿。原任校长刘载阳，现任校长陆轶力。

179．第一个实验尝试教学法的师范学校教师是海南省临高师范学校王立紫。

180．第一个实验尝试教学法的职业学校教师是浙江省绍兴市职业教育中心烹饪专业高级教师、浙江省烹饪大师何建水。

181．第一个蒙古族实验教师是内蒙古阿拉善盟阿左旗塔尔岭小学王旗荣，从1984年开始坚持了24年。

182．第一个藏族实验教师是西藏拉萨市实验小学卓玛，她因而被破格评为西藏第一位小学数学特级教师。

183．第一个苗族实验教师是湖南省吉首市三岔坪小学田芳丽。

184．第一个彝族实验教师是四川省西昌市大箐乡中心小学王亿万。

185．第一个哈萨克族实验教师是新疆伊犁霍尔果斯市丝路小学阿依萨勒很·努尔哈特。

186．第一个哈尼族实验教师是云南省峨山县小街中学谢天禄。

187．第一个土家族实验教研员是湖南省湘西自治州教研室文金声。

188．第一个把尝试教学法应用到小学常识教学中的是云南省昆明市盘龙区教师进修学校李维枢。

189．第一个把尝试教学法运用到中学地理教学中的是湖南省汨罗市第二中学邹令俩。

190. 第一个把尝试教学法运用到中学生物学教学中的是湖南省怀化市生物学教师黄勇。

191. 第一个把尝试教学法运用到中学物理教学中的是湖北省十堰市教研室徐乐华。

192. 第一个把尝试教学法运用到中学化学教学中的是湖北省竹溪县教研室肖家裕。

193. 第一个把尝试教学法运用到中学政治教学中的是广西壮族自治区柳城县四塘中学农世平。

194. 第一个把尝试教学法应用到高中语文教学中的是山东省青岛市五十八中宋丽瑄。

195. 第一个把尝试教学法应用于师资培训工作的是广西壮族自治区玉林市师范学校严进林。

196. 第一个在复式教学中应用尝试教学法的是江苏省金湖县马塘小学陆美莉。

197. 第一个把尝试教学法应用于数学竞赛选手培训的是香港小学数学奥赛香港代表队总教练吴重振。

198. 第一个在香港应用尝试教学法的教师是香港马鞍山圣若瑟小学谢爱琼。

199. 第一个在台湾应用尝试教学法的教师是台湾省高雄市莒光小学陈美莉。

200. 第一个在澳门应用尝试教学法的教师是濠江中学附小梁宝珠。

201. 第一个到新疆伊犁推广尝试教学法的是苏州工业园跨塘实验小学缪建平，他援疆三年，在霍尔果斯市丝路小学任校长，在全校推广尝试教学法。

202. 第一个到内地上示范课的是香港圣若瑟小学谢爱琼。

203. 第一个到内地在尝试教学法年会上示范课的是澳门培正中学附小邵敏。

204. 第一个到大陆两岸四地小学数学教学研讨会上示范课的是台湾

省高雄市博爱小学洪雪芬。

205．第一个在大学开设尝试教学法专题选修课的是鲁东大学教育科学学院，主讲人苏春景。

206．第一个组织西部地区举办尝试教学法高级研修班的是甘肃省教育厅课程教材中心，负责人张炳意。

五、实验学校方面

207．第一个开启"先练后讲"教法（尝试教学法萌芽）的实验学校是上海华东师范大学附属小学。原任校长陈先犀，现任校长虞怡玲。

208．第一个（1980年）实验尝试教学法的小学是江苏省常州市劳动中路小学。

209．第一个尝试教学实验基地是广东省深圳市园岭小学，主要负责人黎慧贤、黄爱华。

210．第一个中学实验基地是江西省修水县朱溪初中联校，主要负责人梁小兵、吴天益。

211．第一个师范学校实验基地是海南省临高师范学校，主要负责人王立紫。

212．第一个幼儿园实验基地是江苏省常州市北环幼儿园，园长徐冬妹、李馨。

213．第一个大专院校的尝试基地是湖南省吉首市猛洞河专修学院，院长李岐山，负责人王本慈。

214．第一个在小学语文教学中应用尝试教学法的学校是浙江省绍兴市漓渚中心小学，校长韩光裕、唐成焕。

215．第一个在中学各科推广尝试教学法的学校是广东省佛山市顺德区乐从中学，校长叶清光、张朝煌。

216．第一个在高中全面推行尝试教学法的是山东省临清市第一中学，校长李彦军。

217．第一个在九年制学校全面推行尝试教学法的学校是广东省深圳市南山区松坪学校，校长罗楚春。

218. 第一个在小学各科全面推广尝试教学法的学校是江苏省宿迁实验小学，校长王占聿。

219. 第一个在重庆市渝中区推广尝试教学法的学校是渝中区人和街小学，校长肖方明，主要负责人翟渝成、金岚。

220. 第一个在重庆市南岸区推广尝试教学法的学校是珊瑚实验小学，校长谭劲、陈宏。

221. 第一个在福建省福州市全面推广尝试教学法的学校是平潭县实验小学，校长陈敬文。

222. 第一个在高中各科全面推广尝试教学法的学校是重庆市开县中学，主要负责人赵永清、肖光敏。

223. 第一个在职业学校全面推广尝试教学法的学校是浙江省绍兴市职教中心，原任校长楼建儿，现任校长钱金星。

224. 第一个在幼儿师范学校推广尝试教学法的是湖南省吉首市民族幼儿师范学校，校长席金强。

225. 第一个在活动课中全面推广尝试教学法的学校是江苏省宿迁市宿城中心小学，校长石殿光。

226. 第一个以尝试教育为主题布置校园文化环境的是河南省舞阳县第一实验小学，校长霍芳欣。

227. 第一个在藏族班试用尝试教学法的学校是西藏自治区拉萨市实验小学，主要负责人卓玛，从1992年开始。

228. 第一个实验尝试教学法的蒙古族学校是内蒙古阿拉善盟左旗塔尔岭小学，校长王旗荣，从1984年开始。

229. 第一个实验尝试教学法的苗族、土家族学校是湖南省吉首市民族小学，校长胡绵舜。

230. 第一个实验尝试教学法的回族学校是宁夏回族自治区银川市唐来回民小学，校长马英玲。

231. 第一个实验尝试教学法的苗族学校是湖南省吉首市三岔坪小学，校长吴玉成。

232. 第一个全面推广尝试教学法的彝族学校是云南省峨山彝族自治

县小街中学和小学，校长姚文福、普中宏。

233．第一个在广西壮族自治区百色地区推广尝试教学法的是百色地区数学教研员卢庆权，后任《广西教育》编辑部副总编。

234．第一个采用计算辅助教学进行尝试教学的学校是广西壮族自治区柳州钢铁公司第三小学，校长韦柱文。

235．第一个作为实验基地的民办学校是广西壮族自治区南宁市英华学校，校长邹莉。

236．第一个承办全国性尝试教学课堂教学观摩会的实验学校是云南省昆明市中华小学，校长宋承淑，盘龙区教师进修学校李家永。

237．第一个承办全国尝试教育学术年会的学校是河南省洛阳市洛龙区第三实验小学，校长冀要朋。

238．第一个在蒙古族地区举行全国尝试教育学术年会的是内蒙古自治区扎鲁特旗，教育局负责人邓国范、金民。

239．第一个在广东以名师工作室的课题研究形式进行尝试教学研究的是东莞市南城区阳光三小，校长王成，推动7所学校联合研究。

240．第一个上海市实验基地是上海市浦东新区明珠小学，校长倪中华。

241．第一个北京市实验基地是北京市崇文区培新小学，校长王永增。

242．第一个北京市全国推广尝试教学法的九年制学校是朝阳区陈经纶中学帝景分校（校长刘雪梅）、嘉铭分校（校长李升华）。

243．第一个作为实验基地的聋哑学校是江苏省常州市聋哑学校（现改名为中吴实验学校），校长陆铁力。

244．第一个作为实验基地的进修学校是湖南省吉首市教师进修学校，主要负责人王本慈。

245．第一个在香港地区的实验基地是香港优才学校，教育总监李业富。

246．第一个香港实验学校同内地参访团交流的是油麻地天主教小学，校长冯立荣。

247．第一个在澳门地区的实验基地是海星中学（包括附小）。

248．第一个在台湾地区的实验基地是高雄市莒光小学。

六、推广应用方面

249．第一个且最早（1962年）实验尝试教学法的学校是华东师范大学附属小学，原任校长陈先墀，现任校长虞怡玲，教师胡本炎。

250．第一个（1982年）支持尝试教学法实验的教研室领导是江苏省常州市广化区教研室主任史瑞铨。

251．第一个（1981年）支持搞尝试教学法实验的市进修学院领导是江苏省常州市教师进修学院羊汉。

252．第一个（1990年）省级全面推广尝试教学法的是宁夏回族自治区，主要负责人周卫、蒋永欣。

253．第一个（2011年）在北京推广尝试教学法的区是朝阳区，负责人朝阳区教育研究中心主任杨碧君。

254．第一个（1984年）在地区全面推广尝试教学法的是湖南省湘西土家族苗族自治州，主要负责人文金声（土家族）。

255．第一个（1987年）在全市全面推广尝试教学法的是云南省玉溪市，主要负责人王启文、李永云。

256．第一个（2007年）在全市推广尝试德育工作的是黑龙江省鸡西市，教育局负责人是俞景福、姜长松。

257．第一个在全县小学各科推广尝试教学法的是山东省冠县，负责人苏子亭、相喜春。

258．第一个在河南省推广尝试教学法的县是民权县，负责人于传珍。

259．第一个（1983年）在县级全面推广尝试教学法的是四川省忠县，主要负责人周开域。

260．第一个以文件形式在全市范围全面推广尝试教学法的是湖北省十堰市教委，主任王福海。

261．第一个以文件形式在全县推广尝试教学法的是江西省婺源县教委，主要负责人汪炳坤。

262．第一个组织尝试教学法课堂教学比赛的是湖南省慈利县，主要负责人敖立红。

263. 第一个在全县小学语文教学中推广尝试教学法的是浙江省绍兴县，主要负责人周一贯。

264. 第一个在全县中学数学教学中推广尝试教学法的是浙江省长兴县，主要负责人高兴发、周义强。

265. 第一个（1990年）在全区幼儿教育中运用尝试教学法的是江苏省常州市钟楼区，主要负责人许璇英。

266. 第一个在全市中小学教师中普及尝试教学法的是云南省玉溪市，主要负责人李永云。

267. 第一个（1985年）在全区小学教师中普及尝试教学法的是山西省太原市南城区，主要负责人韩祖勇。

268. 第一个亲自担任全市尝试教学法推广领导小组组长的教委主任是湖北省十堰市王福海。

269. 第一个成立尝试教学研究分会的是河南省栾川县，主要负责人牛友权、陈景珠。

270. 第一个成立校际尝试教育联盟的是河南省洛阳市洛龙区尝试教育联盟，负责人冀要朋。

271. 第一个在内蒙古自治区推广尝试教学法的盟（市）是锡林郭勒盟，负责人是达日玛。

272. 第一个在上海成立尝试教学研究共同体是以普陀区联建小学为主，联合嘉定区多所学校，负责人叶玮。

273. 第一个成立全省尝试教学理论研究指导中心的是山东省教育科学研究所，主要负责人王如才和特级教师谢兆水。

274. 第一个在内蒙古自治区推广尝试教学法的是赤峰市翁牛特旗，主要负责人王为民。

275. 第一个在广西壮族自治区推广尝试教学法的县是广西博白县，主要负责人吴定华。

276. 第一个在江苏省推广尝试教学法的县是江苏省金湖县，主要负责人卢专文。

277. 第一个在浙江省推广尝试教学法的县是浙江省嵊泗县，主要负责人杨正林、李亚国。

278. 第一个在山东省推广尝试教学法的市是山东省平度市，主要负责人赵振科。

279. 第一个在海南省推广尝试教学法的市是海南省文昌市，主要负责人林树群。

280. 第一个在广东省推广尝试教学法的市是广东省新会市，主要负责人黄开南。

281. 第一个在黑龙江省推广尝试教学法的市是黑龙江省北安市，主要负责人孟宪伦、唐永巨。

282. 第一个在陕西省推广尝试教学法的是陕西省宝鸡市金台区，主要负责人李甲平、晁智。

283. 第一个在宁夏回族自治区推广尝试教学法的县是宁夏中卫县，主要负责人王俊生。

284. 第一个在甘肃省推广尝试教学法的县是陇西县，教育局负责人杨新民、贾国涛。

285. 第一个在河北省全面推广尝试教学法的是邯郸市永年县（区），主要负责人杨占良。

286. 第一个在四川省推广尝试教学法的市是四川省南充市，主要负责人吴诚洪、汤世东。

287. 第一个在四川省全面推广尝试教学法（包括中小学幼儿园）的区是宜宾市翠屏区，教育局局长黄耀学，培训中心主任唐元毅。

288. 第一个在福建省推广尝试教学法的市是福建省龙海市，主要负责人陈文福。

289. 第一个在湖南省推广尝试教学法的县是湖南省慈利县，主要负责人敖立红、杨万新。

290. 第一个在山西省推广尝试教学法的是太原市南城区，主要负责人韩祖勇。

291. 第一个在西藏自治区推广尝试教学法的市是拉萨市，主要负责人张荣扬、田立春。

292. 第一个在黑龙江北大荒农垦系统推行尝试教学法的是建三江农管局中心小学，校长刘振平。

293. 第一个在天津市推广尝试教学法的是天津市北辰区，主要负责人侯秉琛。

294. 第一个在湖北省推广尝试教学法的市是湖北省十堰市，主要负责人可传发、陈劳生。

295. 第一个在新疆推广尝试教学法的市是伊犁霍尔果斯市，负责人是刘香玲。

296. 第一个在新疆推广尝试教学法的县是新疆呼图壁县，主要负责人刘生智、刘志敏。

297. 第一个在青海省推广尝试教学法的学校是西宁市青海师范大学附属第二中学，实验教师魏兰魁。

298. 第一个在辽宁省推广尝试教学法的是大连市开发区，主要负责人赵东波、牛朝霞。

299. 第一个在河南省推广尝试教学法的县是河南省栾川县，主要负责人牛友权、陈景珠。

300. 第一个在贵州省推广尝试教学法的县是贵州省天柱县，主要负责人杨顺培、龙香锦。

301. 第一个在甘肃省推广尝试教学法的是靖远矿务局教育处，主要负责人魏晋龙。

302. 第一个在云南省峨山县彝族自治县推广尝试教学法的中学是峨山县小街中学，校长姚金福。

303. 第一个在重庆市推广尝试教学法的县是重庆市忠县，主要负责人周开域、钱正国。

304. 第一个在吉林省延边朝鲜族自治州推行尝试教学法的学校是敦化市第三小学，校长张波、副校长潘世菊。

305. 第一个在江西省推广尝试教学法的县是江西省婺源县，负责人汪炳坤。

306. 第一个在安徽省推广尝试教学法的县是安徽省广德县，主要负责人何洪涛。

307. 第一个在全地区农垦系统推广尝试教学法的是宁夏回族自治区农垦局，主要负责人王金波。

308. 第一个全面推广尝试教学法的农场是黑龙江省五大连池市二龙山农场，主要负责人韩坤、谷逢春。

309. 第一个在内蒙古少数民族地区举办全国尝试教育学术年会的是内蒙古自治区扎鲁特旗教育局，负责人金民。